JN334794

贈与と
ふるまいの人類学

トンガ王国の〈経済〉実践

比嘉夏子
Natsuko Higa

京都大学学術出版会

目　次

第1章　〈ふるまい〉としての〈贈与〉 …………………………3

1　なぜ「ふるまい」と「贈与」なのか ………………………3
2　トンガの「ふるまい」 …………………………………………6
3　トンガの「贈与」 ………………………………………………9
　（1）贈与するモノのカテゴリー ………………………………9
　（2）贈与の機会と人びとの関係 ………………………………14
4　本書がもたらす視座 ……………………………………………16
　（1）「ふるまい」とモノとの相乗としての「贈与」 ………16
　（2）贈与をめぐる研究の問題点 ………………………………18
5　「ふるまい」 ……………………………………………………20
　（1）儀礼と日常との連続性 ……………………………………20
　（2）「ふるまい」とパフォーマンスの関連性 ………………22
6　経済人類学としての本書の位置 ………………………………23
　（1）首長制に基づく経済実践の再考 …………………………23
　（2）人類学における貨幣論 ……………………………………26
7　トンガにおける先行研究 ………………………………………29

第2章　トンガの生活世界 …………………………………………35

1　トンガの社会と経済 ……………………………………………35
　（1）階層社会と土地制度 ………………………………………35
　（2）生業と経済 …………………………………………………39
　（3）キリスト教と経済 …………………………………………41
2　村落生活と平民の日常 …………………………………………46
　（1）調査地概要 …………………………………………………46

（2）村の一日 ································54
　3　海外移民と季節労働 ····························59
　　（1）村落の人々にとっての海外移住 ··············59
　　（2）季節労働の経験と収入の用途 ················63
　　（3）贈与の維持と活性化 ························71
　4　調査の概要と方法論的特色 ······················72
　　（1）調査の期間と概要 ··························72
　　（2）調査上の困難と方法の吟味 ··················74

第3章　モノを〈ふるまう〉――手放すことの意義 ············78

　1　贈与儀礼におけるモノとふるまい ················78
　　（1）贈与とふるまいに満ちた生活 ················78
　　（2）葬儀と親族の役割 ··························79
　　（3）弔問における贈与とふるまい ················84
　2　食物の贈与・分配 ······························88
　　（1）教会行事と饗宴 ····························88
　　（2）頻発する饗宴と食物分配 ····················91
　　（3）モノの積極的なやりとり ····················97

第4章　貨幣を〈ふるまう〉――宗教贈与の盛大さ ············102

　1　教会への献金行事ミシナレ *misinale* ············102
　　（1）多額の宗教献金 ····························102
　　（2）各教会の献金行事 ··························103
　　（3）自由ウェスレアン教会の組織と献金行事 ······105
　2　宗教贈与の制度と信者たちの貢献 ················106
　　（1）献金行事ミシナレのシステム ················106
　　（2）ミシナレ当日の進行 ························109

（3）集められた献金の用途 …………………………………………112
　（4）「一定の目標金額」の設定と共有 ………………………………115
 3　キリスト教と貨幣経済の歴史的もつれあい ………………………118
　（1）ウェスレー派メソジストの布教とトンガの国家形成 …………118
　（2）ヤシ油による教会への寄付 ………………………………………120
　（3）精巧に作り出された装置としての宗教的贈与 …………………121

第5章　踊りと共に〈ふるまう〉——貨幣と身体 ………………124

 1　寄付集めの行事コニセティ　koniseti ………………………………124
　（1）寄付行事における踊りの役割 ……………………………………124
　（2）寄付行事コニセティの進行 ………………………………………126
　（3）踊り手をめぐるふるまい（1）——共に踊る …………………128
　（4）踊り手をめぐるふるまい（2）——紙幣を貼る ………………129
 2　「身体に紙幣を貼る」寄付の手法 …………………………………130
　（1）寄付金額と踊り，ファカパレの相関性 …………………………130
　（2）ふるまいにおける同調性 …………………………………………133
　（3）同調的なふるまい …………………………………………………136
 3　承認の道具としての貨幣 ……………………………………………138
　（1）ファカパレの歴史的背景と変容 …………………………………138
　（2）貨幣とアカウンタビリティ ………………………………………141
　（3）貨幣のタンジビリティ ……………………………………………142

第6章　道化として〈ふるまう〉——笑いの創出 ………………145

 1　献金行事における道化的ふるまい …………………………………145
　（1）献金行事前の道化的ふるまい ……………………………………146
　（2）献金行事当日の道化的ふるまい …………………………………147
 2　寄付行事における道化的ふるまい …………………………………154

（1）「適切さ」を侵犯するふるまい ……………………………154
　　（2）「社会的弱者」を包摂するふるまい …………………………156
　3　道化による協働と達成 ……………………………………………160
　　（1）トンガにおける道化の位置づけ ………………………………160
　　（2）人びとによる「達成感」の共有 ………………………………162

第7章　所有という〈ふるまい〉の困難さ ……………………164

　1　速やかにモノを手放す日々 ………………………………………164
　　（1）現金の即時的な消費と分配 ……………………………………165
　　（2）食物の即時的な消費 ……………………………………………168
　　（3）個人所有や蓄財に対する批判的概念 …………………………169
　2　村内の貯蓄組合と消費の抑制 ……………………………………171
　　（1）現金積み立ての組織 ……………………………………………171
　　（2）貯蓄組合の仕組みと人びとの実践 ……………………………174
　　（3）積み立てられた現金の用途 ……………………………………178
　　（4）「貯蓄組合」と「奨学金のカラブ」との比較 ………………181
　3　掛け売りと「恥」：商店経営者の葛藤 …………………………184
　　（1）村の商店と掛け売り ……………………………………………184
　　（2）対照的な2つの商店とその経営 ………………………………186
　　（3）経営者の葛藤と「トンガ的」な価値観 ………………………190

第8章　〈ふるまい〉とそれを覆う認知環境 ……………………192

　1　贈与，ふるまい，認知 ……………………………………………192
　　（1）〈まなざし〉の交錯する生活 …………………………………192
　　（2）相互的認知環境と分配の発生 …………………………………195
　2　贈与や分配を回避する手段 ………………………………………202
　　（1）秘匿というふるまい ……………………………………………202

（2）所有の秘匿と恥の概念……………………………………………205
　3　つつましく所持するふるまい………………………………………206
　　（1）ブタの儀礼的重要性と粗放的飼育………………………………206
　　（2）開かれた所有のありかた…………………………………………208
　　（3）対他的なふるまいとしての家畜飼養……………………………210

第9章　〈ふるまい〉に満ちた社会 ……………………………212

　1　ローカルな概念と認識世界…………………………………………212
　　（1）「ふるまい」*anga* の束と経済実践………………………………212
　　（2）「ゆるやかに保持し，積極的に手放す」*nima homo* ……………215
　　（3）「あいだを育む」*tauhi vā* ………………………………………217
　2　「あいだ」へと投げかけつづける実践………………………………218
　　（1）二項間贈与モデルの再考…………………………………………218
　　（2）「あいだ」の維持と拡張する世界…………………………………221

おわりに………………………………………………………………………223
参照文献………………………………………………………………………229
索　引…………………………………………………………………………237

贈与とふるまいの人類学

比嘉　夏子　著

第1章
〈ふるまい〉としての〈贈与〉

1　なぜ「ふるまい」と「贈与」なのか

　本書は、オセアニアの島嶼国、トンガ王国の村落における、「ふるまい」と「贈与」の民族誌である。ここで検討する「ふるまい」とは、どのような概念なのか。また「贈与」とはいかなる実践を指しているのか。そしてこの地における人びとの「ふるまい」と「贈与」がいかに関わりあっており、なぜこの両者について並べ論じる必要があるのか。まずはそこにいたった経緯を解きあかすことから始めてみたい。
　2004年から通いはじめたトンガ王国で、私は当初、トンガの人びとに今も重用される伝統財の位置づけや、伝統財を用いた贈与儀礼の実践、そしてそれらの財をめぐる人びとの所有観などに興味を持ち、フィールドワークを開始した。冠婚葬祭をはじめ、キリスト教会の宗教行事や王侯儀礼など、トンガの人びとの生活はさまざまな儀礼に彩られており、それらの儀礼は必ずといっていいほど、盛大な贈与や饗宴を伴っていた。ここでの盛大さとは、参加者の数に比べて贈与物の量が過剰であることや、贈与物が華々しく並べられるさまを意味している。村で儀礼が行われたことによって、あるいは別の村で開催された儀礼に参加した人びとが持ち帰ったことによってもたらされる膨大な量の食物を目にする機会は、しばしば訪れた。人びとはその都度に、盛大な儀礼を執りおこなうのに必要となる金銭や物資を調達しなければならず、儀礼を間近に控えた時期はもちろん、それ以

3

外の日々でも，何らかの儀礼との関わりを持ちつづけていた。

　一般的に伝統的な経済の特色は，〈贈与経済と市場経済〉や〈伝統財と近代貨幣〉といった対比のなかで論じられてきた。しかし実際は多くの社会でそうであるように，両者は独立して存在するわけでも，また前者から後者へと排他的に移行するわけでもない。むしろそれらは相補的に，また混淆して存在している。このような事例と状況についての詳細な検討は以降の章に譲るが，たとえばトンガにおいても，近代貨幣が寄付行事などをとおして贈与経済のなかに取り込まれるいっぽうで，伝統財が市場経済のなかに流通し，取引されている。つまりトンガの経済と人びとの実践は，伝統と近代の混淆的状況のなかで活発に展開されているのである。

　人類学的なフィールドワークによって私は，そのような現代的状況を可能な限り実証的に把握しようと試みるともに，国内には数少ない現金獲得手段と就労機会しかなく，海外在住の家族からの送金に多くを依存する人びとが，いったいどのようにして経済をやりくりしているのか，その実態に迫りたいと考えた。なによりも最大の謎は，そのように限られた資源のなかで困窮と隣り合わせの日々を送るにもかかわらず，贈与が彼らの日常のなかに脈々と生きつづけていることであった。しかも贈与実践はたんに維持されているだけではなく，一部では明らかに活性化してさえもいる。いったい何が彼らを駆りたて，このような状況を成りたたせているのか。なぜ人びとは眠い目をこすり，自身の仕事を後回しにしてまで，続けざまに儀礼準備の手伝いに赴くのか。子どもが通学するバス代さえ払うことができず電気代や水道代も滞納するほどに，日々の家族の生活を困窮させてまで，どうして教会に多額の献金をするのだろうか。いわゆる古典的な贈与論をてがかりに，私は当初以下のような推測をした。まるでクラ交易[1]のように，必死に調達されやりとりされる伝統財にはよほどの価値があり，かけがえのない歴史が刻まれ，そこに個人的な感情が付与されているのかもしれない。あるいはポトラッチ[2]のごとく，互いに競合するゲームのよ

1）ニューギニア南東部の諸島群を円環状に結ぶ，贈与交換のネットワーク。2種類の装身具が財として島々のあいだで贈与され，それによって名声を獲得する（Malinowski 1922）。

第1章 〈ふるまい〉としての〈贈与〉

うに，より多くのモノを贈与すればするほど社会的地位が上昇し，権力を手中に収めることができるのかもしれない。いずれにせよその実態を追うべく私はまず，贈与されるモノの分量や性質を調べあげ，そこから何か彼らの贈与実践の核が明らかになることを期待した。

しかしモノへと着目した調査によって，人びとの物質的基盤をある程度まで明らかにできたにせよ，彼らの贈与にたいする献身や傾倒について説明するには，まだ不十分だった。またいくつもの儀礼に参与し，日常生活における贈与をとりまく実践を観察したとき，私自身が勝手な期待とともに作りあげていた「（伝統的で古典的な）贈与経済」のイメージはみごとに覆され，そのつど困惑した。人びとは，希少で重要なモノを手にいれるべく必死に奔走するにもかかわらず，いっぽうでそれを大切に管理するとは限らず，無造作に扱い，いとも簡単に誰かに譲ってしまったりもする。伝統財として用いられるばかりでなく頻繁に催される饗宴で不可欠な存在のブタでさえ，大切に囲われるのかと思いきや，村の中でほとんど放し飼いにされ，盗難などのリスクと常に隣り合わせていた。またその大きさによっては数千ドルもの高価格で取引されることもあるタパ布（樹皮布）は，村の女性たちによって多くの時間と労力をかけて製作されるが，彼女たちに話を聞いてみてもその素材や模様についてのこだわりや知識は少なく，自分が贈った布や他者から贈られた布，その各々ついての特別な記憶もあまりない。

このように人びとが日常ではいっけんすると無造作ともいえるやりかたでモノを扱い，それにあまり執着しない態度を見せることのいっぽうで，儀礼の場で見られる熱狂や，人びとの熱心な参与と相互注視は，まるで磁場のようにトンガの社会全体を包みこみ，彼ら自身もその磁場の存在を強く自覚しながら，絶えずモノをやりとりしつづけているようだった。この儀礼的熱狂と，生活空間をも覆うまなざしの網の目はいったい何なのか。モノを追い続けることの限界を感じた私は，そこからより精緻な儀礼的場

2）北アメリカ北西海岸先住民社会に代表される儀礼的贈与。大量の財の贈与や消費は，ときに富の破壊をも含み，その誇示的な競合性に特徴づけられる（Boas 1888）。

面の映像分析を始めた。さらにその場に私自身も参与し，人びとの行為空間のなかへ積極的に巻き込まれることで，以下の重要な事実に気づきはじめた。

　実際のところ人びとの主要な関心事は，互いに「何を」「どれだけ」所持しているかということよりむしろ，モノを「どのように」所持しているのか，すなわち所有というモノをめぐる「ふるまい」のしかたであり，またモノを「どのように」手放すのか，すなわち贈与という「ふるまい」のしかたであった。そしてモノを所有するといっても，それはまるでかりそめに自らの手元にとどめ置く行為に過ぎず，所有自体がゴールとはいえない。むしろいかにそれを軽やかに，あるいは華々しく手放してみせるのか，人びとのエネルギーはそのような「ふるまい」自体に注がれていた。

　つまりトンガの人びとにとって贈与とは，たんに多くのモノや金銭を獲得し，そのモノや金銭を誰かへ移転させることだけでは不完全なのだ。そこでは常に，行為者の身体的な参与およびその場にふさわしい行為のしかたが求められており，人びとはその「ふるまい」を互いに注視し，その「ふるまい」によっても互いを評価していた。そこでは「モノ」とそれに相応した「ふるまい」が組みあわさることではじめて，「贈与」が立ちあがってくる。このような「モノ」と「ふるまい」の不可分な絡み合いこそが，まさに動態的で生成的な営為としての彼らの贈与を可能にしているのである。

2　トンガの「ふるまい」

　ここで私が「ふるまい」と定義する領域は，トンガ語において「アンガ *anga*」と呼ばれる概念と密接に関わりあい，重なりあっている。*anga* という語は単独で用いられるだけでなく，その直後にさまざまな語を伴うことによって，個人の態度や性質を示す。トンガ語の辞書によれば *anga* は「習慣，性質，特徴，方法，形式，様式，行為，態度，ふるまい」等の総

体を示す概念であり，たとえば *anga* + *fakatonga*（Tongan）といえばそれは「トンガ的なやりかた」を意味し，*anga* + *lelei*（good）といえばそれは「行儀がよい」という意味となる（churchward 1959）。このような *anga* を用いた多様な表現は，人びとの間でごく日常的に，なおかつ頻繁に用いられている。たとえば自らの所有物を他者に分け与えることを惜しみ，自分の利益を追求するような行為をとった個人について人びとは *anga* + *fakapalangi*（foreigner's）＝「外国人的なやりかただ」と批判的な意味を込めて噂をするし，友達に遊び道具を奪われた子どもはその相手に対して *anga* + *kovi*（bad）＝「意地悪！」と叫ぶ。

この *anga fakatonga* と *anga fakapalangi* という2つの対照的な概念は，外国や外国人との対比のなかで「トンガらしさ」を承認あるいは主張する文脈においてしばしば用いられる。トンガの人びと自身も積極的に用いるこの対比概念については，すでに多くの先行研究が論じている。しかしそれが「トンガ人アイデンティティ」と同義なものとして，本質主義的に言い換えられてしまうことについて，私は危惧を抱いている。たとえば愛（'ofa）や敬意（faka'apa'apa）こそトンガらしさ（anga fakatonga）であり，トンガ的アイデンティティである，といった説明はしばしば用いられているが（Evans 2001, Addo 2009），これは *anga* という概念のもつ行為性を排除し，物象化することによって，人びとの能動性や行為の動態を不可視なものにしてしまっている。

ここにおいてモートンはトンガにおける子育てとしつけ，そして子どもの社会化の過程について詳細に論じるなかで，この *anga* という概念の重要性と，その行為性について触れている。*anga* は固定的で生得的なものとして用いられることがあるいっぽう，それはむしろ一時的で変動的なものとして頻繁に語られることをモートンは的確に指摘する（Morton 1996: 71）。そしてトンガの社会における，ある個人についての評判とは，「当人およびその家族の *anga* に対する他者の判断に大きく依存する」という（ibid: 75，強調部分は筆者による）。こうした *anga* の社会的重要性と，人びとが強い関心を寄せている現実について認めながらも，モートンの議論

はそこで終止し，*anga* の分析と考察はそれ以上深められてこなかった。

　つまりこの *anga* というローカルな概念の重要性を手がかりとして，以下のことが言えるだろう。トンガの社会において，人びとの日々の行為は，彼らの性格や人格と結びつけられ，結果として両者が不可分な総体として把握されること，また個人は恒常的に，他者による自らの *anga* の審判にさらされ，それが人びとの社会生活にとっても重要視されている，ということ。すなわち *anga* が生得的な性質と後天的なふるまいの総和であることを鑑みたとき，前者が後者を規定するのではなく，個人の性質はその日々のふるまいのありかたによって常に更新されつづけ，変更されていく可能性を持つといえる。それだからこそ，トンガにおいて人びとの日々のふるまいはとりわけ重要な役割を担っているのである。また各々のふるまいとは，他者の評価，まなざしに常にさらされているのだから，それは根源的に他者との関わりのなかに投げ込まれている。このように他者に向かって開かれた行為ないし態度，という意味をも含め，本書で論じる人びとの行為一般を私は「ふるまい」と呼び，それが具体的にどのようなものなのかを，多様な場面の検討から明らかにしていく。

　儀礼的な場面のみならず，日常生活においても，私のふるまい，つまり一挙手一投足は，人びとのまなざしの対象となっていた。当初それは私がよそ者の外国人であるためであり，それゆえとりわけ人目を引いているのだろうと考えていた。たとえば私が町から買い物をして帰る途中，同じバスに乗った人びとや，道ですれ違った人びとは，私が提げるビニール袋のなかに透けて見える缶詰やインスタント麺の種類までも即座に認識し，私に話しかけたときにはまるで当然のようにそれらのモノについて触れ，またそれをどうするのか，料理をするのか，皆で食べるのか等について尋ねた。このように所有物のひとつひとつが注意深くまなざされ，ときにそれについて語られ，また請われさえもすることは，そのような状況に不慣れな私にとってたびたび動揺させられるできごとだった。だがやがて，そのような状況は何も私だけを取り巻いているのではなく，この土地の誰もが同様のまなざしの網の目のなかで生きていることに気づきはじめた。そこ

で人びとが関心を寄せているのはやはり，モノそれ自体というよりも，誰かが持っているモノであり，より正確にいえばそれはモノを持つ誰かの様子であって，あるモノの持ちかたや用いられかた，やはり「ふるまい」なのであった。

3 トンガの「贈与」

(1) 贈与するモノのカテゴリー

トンガの社会空間においては，それが儀礼的空間であれ，日常的空間であれ，常にモノが行き来している。つまり贈与はさまざまな機会に，さまざまなやり方で行われており，それらなくして人びとの社会生活は成りたたない。ここではまず，トンガにおける贈与実践の全体的な見取り図を示し，それらを類型化することによって，本書でとりあつかう領域を明らかにする。

贈与を含む経済的相互行為を類型化しようとするとき，経済人類学の先行研究では，ボハナンによる西アフリカのティブ社会における交換領域の研究（Bohannan 1959）に代表される〈ヒトが交わすモノの性質に注目するアプローチ〉と，サーリンズによる親族の距離と互酬性の相関図（Sahlins 1972）に代表される〈モノを交わすヒトの社会関係に注目するアプローチ〉とに二分されてきた（Strathern and Stewart 1999）。これにならい，まずトンガにおいて贈与されるモノのカテゴリーについてまとめておこう。それは大きく3つの主要なカテゴリーに分けられる。

(i) 耐久財（*koloa*）

トンガにおいて財はコロア *koloa* と呼ばれ，一般的に「商店」がファレコロア（小屋 *fale* ＋財 *koloa*）と呼ばれるように，それは贈与の領域と商品の領域との双方にまたがる概念である。なかでも特に布を中心とする贈与の文脈では，トンガにおいて伝統的に生産されてきた財（タパ布およびマッ

ト)を「トンガ的な財 koloa fakatonga」と呼び，近年に海外で生産あるいは輸入されてきた財(市販の毛布や手作りのキルト等)を「外国的な財 koloa fakapalangi」と呼ぶ。

　サモアにおける儀礼交換ファアラベラベと，そこで交換される財のカテゴリーについて考察した研究によれば，サモアの財はトガ財（女財）とオロア財（男財）と呼ばれる2つのカテゴリーに分類され，前者のカテゴリーは伝統的に女性が生産する細編みゴザや樹皮布から成っている（山本・山本 1996）。つまりトンガの贈与の文脈におけるコロア（厳密には koloa fakatonga）は，サモアのトガ財のカテゴリーに一致するといえるだろう。一方でサモアにおいて男性が生産するオロア財はブタやイモ類を含むが，それに相当するトンガの財のカテゴリーはンゴウエ ngoue であり，広く農業生産物一般を指ししめす。したがって，サモアの事例と一致する点として，女性が生産する財は耐久財であり，男性が生産する財は消費財であるといえる。

　トンガの結婚式や葬式においては，必ずこのコロアが贈与されるが，その量や種類は場合によって異なる。一般的には葬儀のほうがより多くの参列者を呼び込み，それにともなってより多くのコロアの贈与が行われる。後にも葬儀の事例を挙げ，実際にどのようなコロアが，どのようなふるまいとともに贈与されるのかについて検討していく。

　(ii)　食物（me'a kai）
　前述したように，代表的な贈与物には男性が生産するブタやイモ類がある。贈与されるブタについては後に詳述するが，それが子豚であるのかあるいは成豚であるのか，また生きたままの状態か調理された状態か，などのバリエーションが存在する。またイモ類については，もっとも価値があるとされるヤムイモを筆頭に，タロイモ(特にカペと呼ばれるジャイアント・タロ)なども贈与の対象となる。

　贈与の文脈のなかで用いられる食物は，饗宴のその場において参加者たちに供される場合と，カト kato と呼ばれるヤシの葉で編んだカゴのなか

に多種多様な料理の皿を詰めたものを贈与する場合とに分けられる。饗宴における食物ならびにそれに伴って生じる食物贈与の流れについても，後に詳しく検討したい。

(iii) 近代貨幣 (*pa'anga*)

人類学における貨幣論においては，現地社会に近代貨幣／国家貨幣が普及することによって，それらが商品経済を構成するのみならず，いわゆる「伝統的な」贈与の文脈においても，伝統財と併存しつつ，その重要性を高めてきたことが指摘されている (Akin and Robbins 1999, Parry and Bloch 1989)。

トンガと同じポリネシア地域における近代貨幣の導入および伝統財と貨幣との関係については，ファースによるソロモン諸島ティコピア経済の考察および山本・山本によるサモアの貨幣をめぐる議論を参照しておこう (Firth 1939 ; 1959, 山本・山本 1996)。ファースによれば，1950年頃まで，ティコピアに貨幣（あるいは同様の媒介物）は存在しなかった。また伝統的な貴重財である樹皮布やヤシの繊維でできた組みひもを「原始貨幣」と位置づけることはできないと彼は論じる。なぜならこれらはあるモノを他のモノに変換する真の交換媒介物として機能しておらず，またあるモノやサービスについての価値の尺度にもなっていなかったからである。一方でサモアの事例について山本・山本は，細編みゴザ（ファイン・マット）は特定目的貨幣として儀礼的に用いられており，その意味において「ファイン・マットも貨幣と考えてよい（山本・山本 1996 : 118)」と述べている。両者の考察を総合するならば，「ポリネシアにおける樹皮布やマットは『特定目的貨幣』と呼びうる性質を持っていたが，近代貨幣のような『多目的貨幣』ではない」と結論づけられよう。

しかし，そのようなポリネシア社会においても，20世紀以降になると近代貨幣が流入し，現地社会で急速に受容されていった。近代貨幣が流入した当初は外部世界との接触領域，すなわち宣教師や貿易商との限定的な領域においてのみ用いられていた近代貨幣が，現地社会の内部においても活

発に流通するようになったのである。ティコピアにおいて急速に貨幣が受容された理由としてファースは，a. 海外での労働による「賃金」の獲得を通して，貨幣の使用方法に慣れていったこと，b. 交換手段であった食物やタバコが欠乏しても，貨幣による交換で欲しいものを手に入れることが可能になったこと，c. 外部世界との接触機会の増大により，貨幣によってのみ購入できる「西洋のモノ」への興味が発達したこと，という3点を挙げる（Firth 1959：149）。

　トンガにおける近代貨幣の受容に関しては，後にその歴史的過程を考察するが，貨幣経済化が急速に進行した現代のトンガでは，貨幣は贈与の文脈においてもさまざまに利用され，寄付や献金といった機会においては特に中心的な役割を担っている。本書では，先行研究ではほとんど論じられてこなかった，近代貨幣と贈与の関係性についての分析と考察を試みる。前述したトンガの伝統財の稀少性や歴史性，あるいは生業活動としての伝統財の生産過程については，先行研究においてたびたび詳細に論じられてきた（青柳 1991, Evans 2001, Grijp 2004）。いっぽうで，伝統財には組みこまれない「貨幣の贈与」については，その多くが送金経済の論考へと収斂しがちであり，トンガの人びとの実践として取りあげられる機会はほとんどなかった。本書では，耐久財や食物の贈与を補完する副次的な媒体としてではなく，独自の重要性を付与され，特有の位置を占めるものとしてトンガにおける貨幣の贈与を検討する。それは経済人類学の議論における〈贈与／商品〉や〈伝統／近代〉という二項対立を乗りこえる上でも重要な論点となるはずだ。さらには献金儀礼の事例検討をとおして，貨幣（モノ）を伴った「ふるまい」として贈与が展開されることも，示していく。

　「ふるまい」と「贈与」に焦点をあてる本書では，これまでの贈与交換の民族誌が主題としてきた伝統財／耐久財の領域にとどまらず，即時的に消費されゆく食物や消耗品の領域，あるいは個別的なモノ性を付与されない近代貨幣の領域に着目し，それがいかにとり扱われているのかを検討する。贈与物に埋め込まれた歴史性や贈り手の人格性が顕著なモノに代表さ

第1章 〈ふるまい〉としての〈贈与〉

れる贈与論からあえていったん離れ，人びとのふるまい全般，特に贈与というふるまいの持つ意味と力に接近するという本書の目的において，古典的な民族誌が看過しがちであり，しかしながら現地の人びとの贈与実践においてはきわめて重要な位置づけを与えられているモノの領域に焦点をあてることは，ある種の必然ともいえよう。すなわち「人びとの関係性や人格の結晶化としてのモノ」の概念の支配をいったん解体することが，本書の主要な目的のひとつである。

またモノのフローに着目してきた古典的な贈与論においては，「威信」や「負債」，「平等」や「不平等」という概念ばかりが先行し，贈与という営みの前後において，行為者間の関係性（特に社会経済的な優劣）にいかなる変化が生じたのか，あるいはいかなる方向にいかなる量の富が移動したのか，といった点に多くの関心が寄せられてきた。もちろんそのような事例分析を通して得られた多くの功績，特に人間社会における贈与の役割——贈与が人びとの社会関係を築きあげ，またそのようにして更新された社会関係が新たな贈与を促す——について明らかにされてきたことは，経済という営みへと接近するうえで，欠かすことのできないものである。

しかし一方で，膨大なモノがやりとりされ，人びとが集う「場」それ自体の構成やありよう，そして一定の時間および労力を投入し，多種多様な相互行為を伴って催される贈与の行為性それ自体については，上述したような贈与交換の後に生じる物理的変化や社会的影響の分析に比して，付随的な扱われかたをされるにとどまってきた。本書で論じるように，トンガの人びとがモノと共に熱心に「ふるまう」こと，その積み重ねこそが贈与を立ちあげるのであり，その瞬間に注目してはじめて，贈与経済の駆動力や社会生成のプロセスが理解不能となる。モノの分析とふるまいの分析を重ねあわせることから，これまで看過され，またそれ自身の非言語的な性格ゆえにほとんど明らかにされることとのなかった贈与の姿が，本書から浮かびあがるはずだ。

13

(2) 贈与の機会と人びとの関係

ここまで検討してきた「贈与されるモノのカテゴリー」から，今度は「行為者の社会関係」に焦点を移し，トンガの贈与について考察を進めよう。トンガの儀礼についてエヴァンスは，それらを以下の3つに大別することができると論じている（Evans 2001 : 127）。1つめは個人の人生儀礼，2つめは教会に関する儀礼，そして3つめは貴族や王族，政府に関係する儀礼である。またこれらの儀礼を「行為者の社会関係」に注目し，捉えなおすならば，1つめの人生儀礼は「親族関係」，2つめの教会儀礼は「信者の役割・役職」，3つめの王侯・国家儀礼は「社会階層」がそれぞれ中心的な枠組みとなっている。

ケプラーは，トンガの親族集団内での地位は，以下の3つの原則に基づいて決定されるとする（kaeppler 1971 : 177）。
1）エゴの視点から見て，エゴの父方親族は母方親族よりも高位である
2）同世代の場合，女性親族は男性親族よりも高位である
3）同性のキョウダイ間では，年長者は年少者よりも高位である

またポリネシアの親族体系についてマーカスは，兄妹／姉弟関係(brother-sister relationship)が親族関係における地位を決定すること，特に母方のオジ（とその子ども）と彼の姉妹の子どもの関係と，父方のオバ（とその子ども）と彼女の兄弟の子どもの関係が重要であることを指摘する（Marcus 1975 : 40）。マーカスはさらに，トンガの社会における親族の位置について詳述している。男性は女性や子どもに比して権威を持っており，称号を継承し，土地を父方親族から相続（長子相続）するが，儀礼的には彼らの姉妹に劣るとされる。姉妹を敬うことは，注意ぶかい忌避（タプ）によって表明されている。この原則の拡張は，姉妹の子どもと，その子どもの母親の兄弟との関係に見られ，そこで子どもは自分の母の兄弟から自由にモノをねだることが許される。また，子どもとその子どもの父親の姉妹（メヒキタンガ *mehikitanga*）の関係においては，子どもは父親の姉妹に対して，極度な敬意と服従の態度を示す（*ibid*. p.40）。

第1章 〈ふるまい〉としての〈贈与〉

　このような親族地位体系と親族関係規範に基づき，結婚式においては新郎新婦を中心として，また葬式においては故人を中心として，儀礼における各親族の役割が大幅に規定されているのである。しかし現代のトンガの人生儀礼においては，親族体系が基盤となる一方で，当事者が所属する教会を媒介とする関係やそこでの役職が重視されるという事実もまた無視できない。

　社会階層についていえば，本書では先行研究での言及が多かった王族や貴族を中心とした事例ではなく，国民の大半を占める平民の実践に特化した事例を提示している。それは調査村内に貴族が居住せず，また村落の土地についても半分以上が政府所有地であったという状況も大きく影響している。しかし調査村においても社会階層は必ずしも無関係ではなく，王族や貴族との関係性が際立ったかたちで確認される儀礼は観察された。

　たとえば，国王トゥポウⅣ世が逝去した2006年9月には，国家をあげて盛大な葬儀が執りおこなわれた。ハアモ *ha'amo* と呼ばれる伝統儀礼のプロセスに準じて国内から集められた伝統財の圧倒的な量には，目を瞠らされるものがあった。王宮前の広場には，数えきれないほどの丸焼きにされたブタや食物の入ったカゴ，カヴァやヤムイモが並べられた。葬式に参列するときの装いとして，人びとは黒服の上に腰巻き用のマットであるタオヴァラ *ta'ovala* を巻き，村落や学校，教会単位で次つぎと弔問に訪れた。その際には，食物の入った籠を木の棒に通し，それを2人でかついで持参するという形式で，人びとが王宮付近に長い列をなした。調査村でもこのとき，各世帯から5つのカゴを供出することが，村長を介して指示された。カゴの中には調理済みのイモ類と肉類をセットで入れることが求められ，肉は鶏肉やソーセージなどさまざまだった (Higa 2007)。その他にも，調査村の隣村で新たな道路が開通し，当時の王女ピロレブがその式典に招かれた際にも，盛大な饗宴が開催され，人びとからの贈与が行われた。

　このように，王族や貴族が中心となる儀礼では，平民のそれをはるかに凌ぐ多大な物資がやりとりされ，現代において多くの場合それらは体系的に，すなわち行政村や学校などを単位として，徴収されている。調査村に

暮らす平民層の人びとからすれば，王族や貴族の儀礼に参与する機会は非常に稀であり，指示があれば「義務の遂行」のために駆りだされていく。しかし逆にいえば，こうした国家単位の巨大行事は，人生儀礼や教会儀礼のように個々人の役割と義務がはっきり規定され可視化される儀礼に比べれば，平民の人びと自身にとって，さほどの重要性をもたなくなってきたともいえる。実際，個々人あるいは個々の世帯の経済的・労力的な負担を見ても，人生儀礼や教会儀礼のほうが圧倒的に重く，人びとの関心の程度もそれに伴っている。このような各種儀礼に対する人びとの認識の濃淡についても，後に詳しく見ていこう。

4　本書がもたらす視座

(1)　「ふるまい」とモノとの相乗としての「贈与」

さてここでもう一度あらためて，「ふるまい」という概念へと戻り，それを論じる意義について「贈与」との関わりから整理しておきたい。それはトンガにおける *anga* という概念に相当することは前述したとおりだが，「ふるまい」という日本語の字義的な意味は以下のとおりである。

ふる-まい【振（る）舞（い）】
1　振る舞うこと。挙動。また，態度。
2　ごちそうをすること。もてなし。供応。（松村 2006）

これが示すように，ふるまいという概念には「舞う」ことや「供応する」ことも含まれる。まさにトンガの人びとの贈与の「ふるまい」が両者の意味領域をも含んでいることについては，本書で示す多様な経済実践のうちに，「踊り」や「饗宴」が不可分的に表れることからも明らかにされる。

『ふるまいの詩学』のなかで坂部は，「〈ふるまい〉(behavior, comportement,

第 1 章 〈ふるまい〉としての〈贈与〉

Verhalten）が，本来，〈行為〉ないし〈行動〉（action, conduct etc.）一般を意味するというよりは，対他的あるいはよりとりわけて対人的，対人関係的場面において生起するかぎりでの行為ないし行動を意味することばとして使用されるものにほかならない（坂部 1997：5）」と定義したうえで，「〈ふるまい〉について考えることは，対人関係的，相互人格的(interpersonal)な場のあり方について考えること以外の何ものでもない（*ibid*. p. 5）」と喝破する。さらに，〈ふるまい〉の語が〈ふり：模倣的再現〉と〈まい：舞い〉から構成されるという点についても指摘し，〈まい〉もまた，基底的な成層をなしていることを述べる。本書でとりあげる重要な事例のひとつに，トンガの舞踊タウオルンガと献金に関する分析があるが，その場はまさにひとつの「舞い」を軸に展開しながらも，それがさらなる人びとの「ふるまい」を呼び込み，促すという意味で，この坂部のいう対人関係的な場のありかたを分析する意味で実に有効な視点をもたらすはずだ。

　また今村は，贈与と交換についての探究を行ううえで，以下のように述べる。「私たちは，状況や場面のちがいに応じて，他人に対してちがった行動にでる。私たちは，他人との交渉のなかで，複数のちがった相互行為をおこなう。この相互行為の束を，普通，『社会』と読んでいる。考えなくてはならない問題ないし課題は，他人とのつきあいという意味での相互行為の内容である。内容とは，社会内存在としての人間であるかぎりにおいて，私たちが必ずおこなうであろう身体的にして精神的なふるまい方である（今村 2000：1-2）」坂部と同様に今村もまた，「ふるまい」がたんなる一個人の行為の枠組みにとどまらず，むしろアプリオリに対他的であること，そしてそれが身体的のみならず精神的な実践でもあるとし，じつに包括的な概念としてこの語を用いている。

　「ふるまい」の身体性という点について踏みこんだ人類学的議論としては，西井が「社会は人間が身体として存在するかぎりで空間的」であり，「社会空間のマテリアリティは，身体を基点として生成される（西井 2006：22）」というように，また菅原が「相互行為の参与者は刻一刻と組織化される発話と身体の流れを同時的かつ総合的に知覚することによって，たえ

ず文脈を解釈し生成しつつある（菅原 1996：19）」というように，対面相互行為の流れのなかで非言語的情報，特に身体がもたらす情報が行為者にとって重要なことはいうまでない。だが，このことに焦点を当てた民族誌もまた，数えるほどでしかなかった。トンガの人びとが集う社会空間を，「ふるまい」という言葉を手がかりとして再検討することは，身ぶり，装い，視線，身体配置，といった諸要素がからみあって織り成される，モノをめぐり展開される相互行為の動態と，意味生成のプロセスに迫ることをも可能にするはずだ。

　トンガの贈与とは，こうした「ふるまい」とモノとが，人びとにとっての適切なかたちで組み合わされ，まなざされることから立ちあがっていく営為であり，まさしく「ふるまい」によってこそ効果的に意味づけられ，記憶に刻み込まれていくことが可能となる。つまり本書では，贈与をふるまいとモノとの総和というよりもむしろ，ふるまいとモノとの相乗として捉え，「ふるまい」の積極的かつ主要な価値を明らかにする。

（2）　贈与をめぐる研究の問題点

　上述した観点をふまえて，以下では贈与をめぐる人類学的先行研究が抱えてきた問題点を改めて整理したい。先行研究の問題は大きく分けて2つある。ひとつは，贈与における「『複数行為者の共在』という視点の欠如」，またもうひとつは，贈与を論じる際の「モノ中心主義」という側面である。

（i）　「複数行為者の共在」という視点の欠如
　贈与が複数の人びとの居あわせる場で，あるいは集団間で行われることは，先行研究においても論じられてきたことである。しかしながら，それが個人間であれ，集団間であれ，立場の異なる三者間（あるいはそれ以上の数の行為者間）での贈与について，厳密に論じてきたものは非常に少ない。サーリンズによる互酬性の分類とその議論がそうであるように，贈与も二者間の関係性への注視が先行し，贈与という行為を通して既存の社会

関係が確認され，新たな関係が創出されるということが論じられてきた（Sahlins 1972）。

一方で，贈与が生みだす二者の不均衡という考え，すなわち，与える側に「威信」を，受け取るに「負債」を生みだすという論理には，実のところ，そこに与え手および受け手と一連の行為を評価する第三者の存在が暗黙のうちに求められている。すなわち第三者の存在は根本的に不可欠であり，さらに同じ場に共在するのであれば，それは二者間関係に具体的な影響を及ぼす行為者としても重要な役割を果たす。この点についてより深い考察が必要なのは明らかだ。

例えば本書で扱う宗教贈与の事例では，大規模な献金が行われる場面を検討するが，そのような贈与においては「当事者である信者集団」「聖職者」「神」「その他の人びと」といった複数の存在が関与している。あるいは多様な人びとが集う場に限らず，日常実践のなかでも，後に物資の秘匿の事例ついて論じるように，贈与という行為それ自体が周囲の人びとに「まなざされて」おり，そのことを自覚した行為者の実際の行動にもそれが影響を与えている。この点においても，「行為者の複数性」という視点はけっして看過できない問題である。本書では，神への贈与を繰りひろげる信者間の関係性や，周囲のまなざしを取りこみ，その影響を受けながらふるまう人びとの行為について，詳細な事例の検討を行う。

(ⅱ) モノ中心主義とその限界

どのような社会にも稀少財は存在する。たとえば調査地であるトンガにおいては，伝統財の領域にあるタパ布や細編みゴザがそれに該当するだろう。しかし同じ伝統財の領域に含まれ，タパ布やマットと共に贈与される，ブタやカヴァ，ヤムイモなどは，いずれも食物（あるいは嗜好品）であり，それらはどんなに立派な大きさ，長さを誇っていても，最終的には人びとによって消費され，跡形もなくなってしまう。この意味において，いわゆる「贈り手の人格」が色濃く反映された，あるいは「歴史性の刻印された」稀少財という概念に該当しうるのは，タパ布やマットに限定される。

たしかにトンガや近隣地域の贈与交換に関する複数の先行研究（Kaeppler 1999；Herda 1999）が示すように，特に首長や王族など社会階層の高い人びとのあいだで交わされるタパ布やマットに関しては，そのモノに刻まれた歴史性が重要となり，そこに描かれたひとつひとつの模様やその意味までもが理解され，記憶されている。しかし私が平民層の贈与実践を見る限り，人びとは貴族や王族とほぼ同じやりかたで，タパ布やマットを贈与しているにせよ，それは総体として量的な意味での関心を集めることはあっても，各々のモノの質的な差異について人びとの関心は非常に少なく，またそのモノの歴史性が語られる場面も存在しなかった。

　むしろ以降で本書の事例が示すように，現地の人びとの実践においては，あるモノが自らの，あるいは自らの家族の所有物として排他的に表明される場面は非常に限定されている。あるいは所有がしばしば秘匿されることからも窺われるように，状況によっては，自らの所有物であることが巧みに「表明されない」ようになっている。そして様々なモノに関して，その場の状況に応じた即興的・即時的な分配がなされている。そうした状況下では，モノを保持するよりもむしろ，自ら手放し，そのモノを流通・循環させることが望ましいとされるのである。したがって本書では，モノそれ自体についての詳細な検討よりも，前述した「ふるまい」の概念に基づきながら，モノを伴った人びとのありかたと，その場から生起する贈与に着目するのである。

5　「ふるまい」と儀礼，パフォーマンス

(1)　儀礼と日常との連続性

　本書では，日常的場面および儀礼的場面の双方における「ふるまい」を対象としている。たとえば私が「行事」や「饗宴」と呼ぶものは，具体的な個々の行事名や「饗宴 (kai pola)」という名称によって現地の人々から

識別されており，それは時間的・空間的に区切られ，なおかつ進行を司る一定の形式や参加者の役割分担といった明示的な規則によって秩序づけられている。それらの点を考慮したとき，これらの行事や饗宴は，「日常的場面」とは差異化された「儀礼的場面」であるといえる。

しかし後に検討するように，調査地では，こうした行事や饗宴などの儀礼的場面が頻繁におとずれ，またその場面は食物分配などを通して日常的な生活空間へと地続きに連続していくことに注意しなければならない。また人々は日々の生活のなかでも，自分たちの行為がいかに他者から「見られているのか」ということについて非常に意識的であり，日常的場面さえもまた，複数の他者のまなざしに晒されている。このような状況をふまえたとき必要となる枠組みとは，いわゆる「儀礼的交換」の分析に用いられてきた狭義の儀礼概念ではなく，むしろゴフマンの論じるような対面相互行為によって生じる「儀礼的場面」なのである。すなわちここでは，「フレーム化[3]」された状況のなかで相互行為秩序が維持・攪乱されるプロセスとして，贈与の場面を検討したい（Goffman 1974）。だがこのようなゴフマンの視点を用いながらも，調査地における贈与を分析する際には留意が必要だ。なぜなら彼の議論が「自己呈示」に焦点を置き，根本的には自らに有利な形で他者の印象を操作するような「個」としての人間存在を基盤に据えているからである（Goffman 1959）。個々人が互いに自己呈示しあう場として贈与の場をとらえてしまう時点で，あらゆる贈与が功利主義的な営為へと還元され，贈り物は道具化されてしまう危険性を孕む。そこで本書では，個よりもむしろ集団や社会との関連に目を向けたパフォーマンス理論についても参照したい。

3）「フレーム」とは，相互作用場面において参与者に状況を適切に行為させる支配原理である（Goffman 1974：10）。

(2) 「ふるまい」とパフォーマンスの関連性

　贈与が行われる相互行為場面では，実は非言語的コミュニケーションの果たす役割が大きく，またその場面を支え構成する重要な要素に「贈り物」の存在がある。そこに会話やスピーチといった何らかの言語行為を伴うことが一般的であるにせよ，究極的にはたとえ無言であっても，相手にモノを差しだしさえすれば贈与という行為それ自体は成立可能なのである。このように「モノを介したふるまい」として贈与をとらえようとしたとき，それを「パフォーマンス」と定義して検討する視座もまた，「ふるまい」を検討する本書のアプローチと重なりあう。

　例えばパフォーマンス理論の先駆者であるターナーによって提示された「社会劇」という概念は，儀礼的秩序の維持を議論の中心に据えていたゴフマンとは対照的に，社会的な葛藤の表出として社会構造が転倒し再統合されるプロセスが演じられることを示している（Turner 1969；1974）。本書で中心的な論点のひとつとなる「道化的ふるまい」の事例はまさに，ターナーに倣えば，既存の構造や価値の体系を転倒しうる行為であり，人びとの注目を集めつつ公の場で繰りひろげられる「パフォーマンス」のひとつとして分析することが可能である。しかしここで検討するように，この道化が「既存の構造を転倒」する存在であるかについては議論の余地がある。また「パフォーマンス」とは基本的に「パフォーマー」と「オーディエンス」によって構成され成立する現象だが，本書の事例からは，そのような単純な二分法があてはまらない，より流動的で重層的な参加者の存在のしかたと，「ふるまい」の束としての行為空間も浮かびあがる。

　上述した視点，すなわち非言語的コミュニケーションの領域と大きく重なりあう「ふるまい」の占める重要性については，特に調査地トンガを含むポリネシア地域の先行研究においても活発に論じられてきた。口承文化が発達したオセアニア社会において，人びとの日常における演説や会話の重要性は多くの先行研究によって指摘されてきた（Arno 1993；Duranti 1994；Besnier 2009）。たしかに口承や会話はこの社会において重要な領域

を形成しているのだが，そこで相互行為場面を構成するのは言語ばかりではなく，むしろ身体的な人びとの共在と相互の「ふるまい」が重要であることを忘れてはならない。

　ティコピア島民の挨拶行動について微視的に分析したファースは，身体の動きや姿勢をとおして人々の上下関係が表明され，そこにミクロな社会空間が構築されることを指摘した（Firth 1972）。またサモア人の挨拶における身体の用いかた，および空間的配置に着目したデュランティも，サモアの社会的文脈において，「社会的に誘導された知覚（見ること，あるいは見られること）」や「社会的に効果的なコミュニケーション資源として身体を利用すること」が，いわゆる「儀礼的挨拶」には含まれていると論じた（Duranti 1992 : 659）。「モノを伴ったふるまい」としての贈与に焦点をあてた本書はまさに，未だ議論の尽くされてこなかった，なおかつこの社会の基盤を考えるうえでは決して看過することのできない，重要な領域を明らかにしようとする。

6 経済人類学としての本書の位置

(1) 首長制に基づく経済実践の再考

　こうした理論的背景をふまえて，本書では現代トンガ村落に生きる人びとの経済的なふるまいについて検討するが，それはオセアニアを中心とする経済人類学の潮流とどのように呼応するのか，特にポリネシアとメラネシアの対比に留意しつつ，触れておきたい。

　マリノフスキー以降，長らくオセアニア地域は人類学における贈与・交換論のメッカとして君臨してきたが，特に近年提示されてきた民族誌事例の多くは，メラネシア地域，なかでも特にパプアニューギニアの事例を中心に構成されてきた。そしてそれらの傾向は経済人類学の議論の流れにも大きく影響している。ビッグマン社会であるメラネシアで見られる贈与儀

礼の多くは、「クラン間の競合」に根ざした「威信をめぐる争い」であり、数々の事例から導かれるのは「競覇的な贈与」のモデルであった。また同地域では「原始貨幣」についての事例も多く存在し、それにまつわる議論も盛んにおこなわれた。

その一方で、同じオセアニア地域とはいえ、トンガ王国を含むポリネシア社会は首長制の政治形態を基盤としており、ファースやサーリンズによって構築された古典的な贈与交換理論からは、「首長への財の集積と再分配」という経済モデルが導かれてきた。あるいは20世紀後半以降になると、この地域においては海外移民の存在が、国内経済に対して圧倒的に大きな影響を与えてきた。そのような状況から、ポリネシア地域では貨幣経済化や商品経済化の側面が強調され、メラネシアで見られる「伝統的な贈与」のコンテクストとの対比において論じられる機会が急増した。このようにメラネシア／ポリネシアという地域的な特有性が贈与論のうちにも存在することを認めつつ、ここでは地域を越えた議論の有効性を探り、既存の議論のさらなる発展をめざす。

たとえば本書では、キリスト教会への献金すなわち宗教贈与について事例と共に検討する。トンガでは海外移民からの送金に経済的基盤を依存し、限られた国内現金収入で生活する人びとが多く存在する。そのような現代トンガの社会状況下において、教会への莫大な献金という経済実践がなぜ活発に行われ続けるのだろうか。またその宗教経済実践は、トンガの社会形態とどのように関連しているのだろうか。

上記の問題について考察するうえで、ここでは「神への贈与」と「人への贈与」との構造的差異について指摘したグレゴリーの刺激的な論考を参照しておきたい (Gregory 1980)。メラネシア地域のパプアニューギニア（以降 PNG とする）における、教会への献金額と伝統的クラン組織の関係性を検討したうえでグレゴリーは、メラネシアにおける「神への贈与」のシステムはポトラッチでの贈与形態、すなわち「破壊型」のシステムと構造的に類似している、と指摘する。グレゴリーによると調査地域の人への贈与システム（gifts-to-man system）は古典的なポトラッチ型の神への贈与シ

ステム (gifts-to-god system) に取って代わられたのであり，それはポトラッチのように贈与物としてのさまざまなモノが物理的に破壊されるのか，あるいはこの事例のように贈与物としての現金が，破壊される代わりに教会に割り当てられるか，という違いだけである。

　ポトラッチの場合には媒介となるのは炎であり，それが贈与物を破壊する（すなわち燃やす）。しかしPNGの場合においては，媒介となるのは教会であり，それが象徴的に現金を破壊しながらも，それらが献金の主体である贈り主には戻ってこないことを確証する。従って，伝統的な贈与交換のシステムを修正しながらも，教会はクランおよび個人の階層を永続させてきたのであり，このことが教会が法的責任を負うことなしに蓄財すること，すなわち資本の蓄積を可能にしているのである。逆説的ではあるが，神への贈与システムにおける「破壊」の要素こそが，この資本の蓄積の発生を可能にしているのである (*ibid.* p.647)。

　この議論の焦点である，PNGにおける教会への贈与とポトラッチとの構造的類似性は，トンガのキリスト教における宗教贈与の実践に通底する構造を理解するうえでも貴重な手がかりを提供してくれる。ポトラッチで見られる財の破壊がひるがえってキリスト教実践における資本の蓄積を可能にする，という彼の示唆は，本書で議論するトンガの事例にも適用することができるはずだ。贈与物が活発に人びとの間を巡り続ける社会においては，当事者である人びとにとっての最重要課題はその贈与物の流れを永続させることであり，これは個人の財の蓄積とは相容れない傾向をもつのである。

　しかし社会組織形態という観点で比較すれば，両者の固有性が浮かびあがる。たしかにPNGにおけるクランのランクシステムに内在する競合性は，教会の贈与実践におけるシステムおよび競合性と重なりあう。一方で，本論で検討するトンガのメソジスト教会は，階層分化（王族・貴族・平民）に根ざしたトンガの社会構造の下に存在している。このことに関してバーカーは，ポリネシアのキリスト教システムとメラネシアのそれとの全体的な相違点について以下のように述べている。「多くの研究者は，ポリネシ

アの教会組織の階層的な性質，つまり村落の牧師はかつて伝統的首長が享受してきたような尊敬と特権とを享受する環境と，メラネシアの村落キリスト教に見られるより平等的な雰囲気とを，対照的なものとして示している（ibid. p. 8）。」

またトンガのキリスト教と伝統的ヒエラルキーとの関連についてマーカスは以下のように説明している。「信徒団からの現金および労働による貢ぎ物は1年に数回，教会のヒエラルキー上層部に受け渡され，一方で首長へのあらゆる貢ぎ物（国王へのそれを除いて）について人びとはかなり渋々提供していた。モノとサービスの教会への配分において，牧師はこうした活動のマネージャーとして，かつてのトンガにおけるローカル首長とおそらく相似的な位置にあり，部分的に彼らと入れ替わってきたのである（ibid. p.104）。」

このようなトンガの社会構造とキリスト教経済実践に関する議論は，メラネシアにおける先行研究と照らしあわせることで，これまであまり明確に区分されることのなかったポリネシア経済とメラネシア経済の比較検討を推し進めることを可能にする。また以下に論じる貨幣論のなかでも，先行研究において多く論じられてきたメラネシア的なありかたとの比較のなかで，あらたな視角がもたらされるはずだ。

(2) 人類学における貨幣論

前述したように，本書が主に検討するモノ，その対象のひとつに「貨幣」がある。経済人類学の領域のなかで，貨幣が中心的命題となったのは，実体主義／形式主義論争を中心に経済人類学が黄金期を迎えた70年代よりも後の，比較的最近のことである。

春日は，これまでの人類学における貨幣研究の方向性を2種類に区分している（春日 2007）。そのひとつは貨幣のもつ機能や用途による分類であり，「多目的貨幣」と「限定目的貨幣」という対概念である。このうち前者には近代貨幣が，そして後者には原始貨幣が相当するとされ，両者の使

用区分が提示された。ポランニーによって提唱された概念を人類学に適用したボハナンを筆頭として，先行研究では，「多目的貨幣」が，交換手段，支払い方法，価値基準，蓄財，計算単位という複数目的に同時に適っていることが指摘されてきた。その一方で，数々の民族誌事例からは，「限定目的貨幣」とは，特定の交換領域においてのみ用いられ，前述した目的のうち1つ（ないし2つ）だけしか満たすことができない，ということが示された（Maurer 2006）。

　2つめの方向性は「商品交換」と「贈与交換」という交換区分に基づき，前者を保証するものとしての近代貨幣を，後者を支えるものとしての原始貨幣を想定する方法である（春日 2007）。グレゴリーが提示した枠組みによれば，商品交換が交わされる財すなわち「客体」間の「量的」な関係を設定するのに対して，贈与交換はやりとりする当事者すなわち「主体」間の「質的」な関係を設定する（Gregory 1982）。

　いずれの分類も，人類にとっての貨幣の役割について，文化的差異や歴史的差異を越えて議論するための分析概念として有効であり，これらの概念は経済人類学の領域を越えて，広く貨幣論において参照されてきた。しかし多くの二項対立図式がその単純化ゆえの批判を免れえないように，この貨幣をめぐる分類もまた，その図式に収まらない多様な事例に基づく反論を受け，議論の修正が試みられてきた。このなかでもパリーとブロックによる論考は，人類学の研究対象として貨幣を焦点化した先駆的な研究として位置づけられよう。

　Money and the Morality of Exchange の序章においてパリーとブロックは，貨幣にまつわる否定的な考え，つまり「人びとの社会関係や紐帯を破壊する邪悪な存在としての貨幣という概念」は，西洋的思考の産物であることを指摘し，その偏った思考を非西洋社会に対しても適用してきたそれまでの人類学研究を批判する。貨幣観には文化による多様性があり，社会性や秩序を破壊するような否定的な役割が貨幣のなかにアプリオリに存在するわけではない。貨幣の持つ性質よりもむしろ，取引の性質によって交換は規定されると彼らは論じる。取引の性質とは，個人の競合を志向す

る短期的取引と，社会的秩序の再生産を志向する長期的取引とに区別されるのである（Parry and Bloch 1989）。地域や対象の異なった複数事例の通文化的検討を通して，この短期的／長期的取引という枠組みの有効性を提示したうえで，贈与／商品あるいは伝統／近代といったこれまでの議論の中核を占めてきた二項対立を解体しようとした試みとして，この研究の功績は大きい。

上述したパリーとブロックの研究に対して，分析対象をメラネシア地域に特化することによりさらにその議論を深め，精緻化させたのがエイキンとロビンスの研究である。前者が近代貨幣（state moneys）を中心的な分析対象に据えたのに対して，後者はメラネシアのより多様な文化的文脈で用いられる在来通貨（indigenous currencies）をおもな対象として論じた。また彼らはこれまでの人類学的交換理論を再構築するために，ボハナンによる交換領域の3分類とサーリンズによる互酬性の3類型との統合を試みた。端的にいえば，ボハナンが分類したのは「交換されるモノの性質（食料品・奴隷や家畜等の財・女性）」であり，サーリンズが類型化したのは「互酬性についての交換当事者の社会的距離（一般的・均衡的・否定的）」であった（Bohannan 1968, Sahlins 1972）。しかしエイキンとロビンスによれば，あらゆる交換を分析する際に，それらの二側面に加えてもっとも重要となるのは，分配なのか授与なのかといった「交換のモダリティ」ともいうべき領域なのである（Akin and Robbins 1999）。

本書もまた，エイキンとロビンスのいう「交換のモダリティ」に焦点をあてることで，モノ中心主義的な贈与交換論からの脱却をめざす。どのようなモノを交わすのか，ということよりもむしろ，それをどのような社会的・状況的文脈において交わすのか，ということによってこそ，人びとの経済行為は形をあらわにするからである。本書がもちいる「ふるまい」という概念は，この「交換のモダリティ」をも内包した概念として，応用していく。

7 トンガにおける先行研究

　トンガの人びとについて残されている文字記録は、太平洋航海の途中1772年のトンガを訪れたジェームズ・クックの記録（クック 2005）にはじまり、18世紀から19世紀にかけてトンガを訪れた探検家や宣教師、漂流者たちの見聞録が、かつてのこの地域の様子や物質文化を伝えるもっとも古い資料である。なかでも1806年から1810年までトンガで過ごしたウィリアム・マリナーの見聞をまとめた記述（Martin 1981）は、トンガの社会生活に関する多岐にわたった記録となっている。その後約1世紀を経て、1920年から1921年の体系的な調査に基づき、初めてトンガ社会について論じた先行研究に、ギフォードの *Tongan Society* がある（Gifford 1929）。この時代のトンガはすでに英国の保護領となっており、キリスト教の浸透した近代国家として確立していたにも関わらず、ギフォードの調査と約1世紀前のマリナーの見聞録と比較したとき、そこには「驚くべき類似性（*ibid.*, p. 3）」があったという。トンガの歴史については次章で触れるが、このギフォードの記述が示すことからも、トンガ社会がこの1920年代以降に、飛躍的な「近代化」を遂げたと理解できよう。

　以降、数々の先行研究がトンガの社会について論じてきた。たとえば階層社会のなかで、王族と平民との中間に位置づけられた貴族たちの役割は、ひとつの大きな焦点となり、そこから太平洋地域における唯一の王国となったトンガ社会とそのヒエラルキーの維持が分析された。しかし社会経済状況の変化から、実際の貴族たちは儀礼的な役割と権威のみに支えられ、日常的なレベルにおいて行使する権力性は非常に少ない、という指摘が目立った（James 1997；Marcus 1980）。それはまた平民層から「中産階級」が出現しうるという議論（James 2003；Besnier 2009）とも重なりあい、近年では活発に王国の社会変化が論じられるようになってきた。

　それと関連し、特に1990年代以降には、「移民」と「送金」をキーワードとして、トンガの平民層の実践を論じる研究が急増した。本書でも後に

論じるように,トンガをはじめとする一部のオセアニア島嶼地域において,海外への人口流出と,ディアスポラ・コミュニティの形成,そして彼らからの母国への送金,という現象は顕著であり,現代のトンガ社会にも大きな変化をもたらしているという意味で,重要な論点である。しかし移民社会を中心とした研究や,あるいは送金の経済学的分析からは,「送金される側」である母国の人びとの受動性が過度に強調されるきらいもあった。それに対して母国トンガに暮らす人びとの側から,移住という実践をとらえ,家族を単位として,いかなる契機で海外移住が行われるのかについての,詳細な研究も存在する。そこではトンガに暮らす家族たちの「戦略」としての移住実践(須藤 2008)や,移住者と母国の家族との葛藤(Small 1997)が明らかにされた。

さらにベズニエは特に20世紀以降のトンガのマクロな社会経済状況について,以下のように概観している。かつての国王であるトゥポウⅣ世のもとで生じた社会変容によって,トンガ国内では土地や生業経済の重要性が以前よりも低下していった。それに代わり,①土地を手放し海外を目指す移民の増加,②国内における都市部への移住,③自給作物栽培から換金作物栽培への移行(具体的にはコプラからバナナ,そしてカボチャ栽培),という現象が顕著になった。さらに21世紀が近づくにつれて,グローバルな経済状況の変化は①中国人移民によるビジネスの台頭,②WTO加盟などの自由経済化,③移民やディアスポラ・コミュニティによる影響の増大といった影響を,トンガにおよぼしたのである(Besnier 2011)。

またトンガの村落を単位とした民族誌的先行研究については,1960年代のトンガにおいて調査に基づく分析を行なった青柳が,土地制度や親族組織を中心とした村落生活を描いている(青柳 1991)。そして近年では,グリープとエヴァンスが,おもに村落経済に焦点をあてた詳細な民族誌を提示している(Grijp 1993 ; 2004, Evans 2001)。両者の研究はいずれも,トンガの生業および「生産様式」について論じることを出発点として,その結論として「贈与経済」の重要性を強調する,という奇妙なねじれがあるが,以下ではその問題点を詳細に検討しておこう。

まずグリープは，首長制の流れを汲むポリネシア社会の特質を指摘したうえで，その一類系としての「トンガ的アイデンティティ」を定義する。そこで彼が挙げるのは以下の4つの特徴である (*ibid*. p. 3)。

1. 首長制とそれに対応するマナ／タブ複合概念に基づいた非対称性イデオロギーのシステム
2. 生産，分配，政治の社会関係における（兄弟と姉妹の関係を強調する）共系親族の中心的な役割
3. 首長制と（共系）親族の両方の原則によって構成された土地所有の体系
4. 豚，根菜作物，魚介類，カヴァ，ゴザ，タパが主要な部分を占める生業経済と贈与経済

ここでグリープは，トンガに生きる農民がこれら4つの特徴の組み合わせから構成される「トンガ的アイデンティティ」に基づきつつも，起業家精神をもって「発展」へと向かう現代的実践を描く。そこで彼は世界システム論および MIRAB モデル[4]で展開される「外部からの力に対して受動的で脆弱な存在としての島嶼民像」を痛烈に批判し，社会経済的な変化の中でトンガの農民がいかに自発的に世界に向かって参与しているのかを示す。グリープが提示する事例の中心は，換金作物であるバニラの栽培やカボチャの輸出に取り組む農民の試みであり，それらは比較的近年になってから（1980年代以降）活発化した国内的現象である。このようにローカルな起業家精神がトンガ村落の中から立ち上がる事例から，彼はグローバルな，あるいは西欧中心的な発展観に対置されるローカルな発展のあり方について考察している。

しかしながら，ここで展開されるグリープの議論は矛盾を孕んでいる。というのも，研究対象となっている起業家たちは，その多くが大規模経営の成功者であり，平民の中でも「トンガの新興中流階級の上層部 (*ibid*. p.

---

4) オセアニア島嶼地域における国際人口移動について，Betram and Watters (1986) によって構築されたモデルのこと。移民 (Migration)，送金 (Remittance)，援助 (Aid)，官僚政治 (Bureaucracy) という特質の各々の頭文字から名づけられた。

187)」出身者なのである。この中でグリープは，起業家たちが王族や貴族でもなければ，官僚・公務員エリートでもないことを強調しながらも，一方で調査結果からは，彼らが「高学歴と海外渡航経験」という共通項を有していたと記す。グローバルな発展の論理および価値観とトンガのローカルなそれが背反するとまでは言わずとも，後者の独自性と意義を確認することを目的に据えた本書において，結局のところ彼の分析結果から示されたのは，「グローバルな価値の積極的な取り込み」と「トンガにおけるその価値の再生産」である，という批判は免れえないだろう。

またここで示される，トンガ社会に見られる「贈与の永続性」というもうひとつの論点もまた，曖昧な提示のしかたに終始している。カボチャ栽培によって大金を手にした農民起業家が，銀行に入金された自らの収益を即座に現金化し，個人的にあるいは教会や村落の寄付として速やかに分け与えてしまう事例や，経営者が親族を従業員として雇用することの葛藤・失敗の事例など，いわば市場経済と贈与経済の接触面の存在を指摘しながらも，トンガの人びとに対してそれほどまでに強い影響力を持つ贈与の倫理については，「拡大家族」「愛」「互酬性の実践」を基盤とした伝統あるいは文化の永続性であると言及するにとどまっている (*ibid.* p.166)。これは冒頭で批判的に論じた *anga fakatonga* の物象化および固定化をともなう本質主義的解釈のひとつに相当するだろう。

いっぽうで，トンガにおける贈与に基づく価値観の永続性に関して，より明確な形で主題化し，事例と共に論じたのがエヴァンスの研究である (Evans 2001)。エヴァンスは人びとの間で伝統的な贈与交換が活発に行われ続ける現状を描きだし，贈与の論理の持続性を示すことによって，近代世界システム理論へのアンチテーゼを提示する。中心—周縁理論からみれば最周縁に位置づけられうる調査地の「辺境の村落」の生活でさえ，貨幣経済や近代化の影響から免れないことを承認しながらも，外部から辺境の村落へと流入する貨幣や物質は，伝統的贈与交換システムの論理や村人たちの自律性に基づいて運用されている，と主張するのである。

また本書の主題とも深く関わることとして，エヴァンスはトンガの人び

との経済活動について，生産および資本の蓄積というプロセスよりも，むしろそれが消費，そして「社会的資本の再生産」に傾斜したものであることを，明確に指摘している。

「多くのトンガ人にとって，現金の使い道は限られている。このことは人びとが現金を使う方法を見れば明らかである。島の経済の発展途上的な性質を考えれば，ほとんどの平民にとって資本の蓄積から得られる価値はほとんど存在しない。漁具の購入のような，資本投下が有利になるわずかな領域においてさえ，分かち合いと相互扶助という伝統的実践が，このような投資による利益を純粋に経済的というよりも社会的な利益に変容させているのである（*ibid.* p.158）。」

しかしここで論じられている，伝統的実践から得られる「社会的な利益」と呼ばれるものの実態もまた，ここでは不明瞭な議論に終わる。獲得した現金が資本の投下あるいは蓄積よりもむしろ，村内を覆う贈与あるいは再生産の文脈の中に取りこまれ，積極的に用いられていくという指摘は非常に重要である。しかしエヴァンスがそれをあくまで「伝統的実践」のカテゴリーに押しとどめることで，商品経済や貨幣経済領域の補集合としての「伝統的贈与空間」が想定されているままである。

このように経済について論じることが，どこかしら人びとの現実世界における認識と経験を疎外し，特に贈与の領域について固定的なイメージを与えてしまうというこれまでの傾向は，資本主義経済というシステムそれ自体の問題ももちろんあるだろうが，そのような枠組みから論じられ続けてきたことの問題点も深くかかわっているだろう。現代では，情報や資本がめまぐるしいスピードで流通し，身体など不在であっても，そこで自己完結するような領域が拡大しつつある。「ふるまい」を基軸とするトンガの人びとの日々は，いっけんすると近代のもつ「脱＝身体化」の志向とは完全に逆行するような営為に見えるかもしれない。それはその場に必ず自らの身体を伴わねばならないという点において，かなり不自由で，非効率な方法に思われるかもしれない。

しかし本書で検討するように，彼らは近代的な枠組みをも軽やかに取り

入れ，みずから積極的に動きながら，人びととの相互的な関わりを巧みに維持している。それを儀礼や日常と言った枠組みを超え，国内や国外といった場所の制約を超え，領域横断的に可能にしているのが，まさに「ふるまい」なのである。近代貨幣さえもかれらは「ふるまい」のなかにとりこみ，モノをともなったふるまいとしての贈与が持続する。本書で明らかにされるように，トンガの人びとが資本主義経済というシステムの波にさらされながらも，人間存在が疎外されてしまうことを巧みに回避しているのは，まさにそのようなささやかな日々の実践の積み重ねと「ふるまいの束」にこそ依っているのである。

第2章

トンガの生活世界

1　トンガの社会と経済

(1)　階層社会と土地制度

　トンガが王国として成立したのは，1845年に当時のハアパイ諸島を支配しトゥイ・カノクポル王朝の末裔であったタウファアハウが各諸島の首長間での長きにわたる戦乱の時代を制してこの地域を統一し，トゥポウⅠ世として国王の座についたときのことである。その後1875年には，英国人宣教師および英国のシステムに強く影響を受けた近代憲法を制定し，この憲法がその後130年以上にわたって王国の基盤を形づくってきた。生存・所有・平等などの権利を人民に保証したこの近代憲法は，それまでの伝統的階層社会における首長の権限を大幅に制限する一方で，王族・貴族・平民という厳然たる階層社会を再定義し，国家運営において国王の絶対的権力を確定し，議会制度や土地制度の分野においては貴族の特権性を一定の範囲で認めるものであった。その後1900年から70年間は英国の保護領となるものの，1970年には独立し，直接的な植民地支配を免れ続けた王国として現在に至っている（須藤 2008；大谷 2010）。

　トゥポウⅠ世による近代国家の設立以前から，王・首長・人民によって構成される伝統的な階層制度が人びとの社会的なありかたを支配してきたトンガでは，その体制が憲法の規定により王族・貴族・平民として再編成

された今日においても，各階層の間に存在する差異と境界は主に儀礼的な場面において確認されている。この3つの階層間では，使用されるトンガ語の基本的な語彙でさえも異なっており，その意味では国王の神聖性や貴族の特権はあらゆるレベルで現前しているのである。貴族所有地の村落に居住する平民にとっては，新たな借地を求める場合だけではなく，王族・貴族による行事のための伝統財の拠出や饗宴の準備，舞踊の催しなど，「ファトンギア *fatongia*」と呼ばれるさまざまな義務を通じて，貴族との非対称的な関係性が日々確認され続けている。王族・貴族と平民との関係性もまた，さまざまな行事の開催およびその準備に伴って生じる人びとの義務を通して，直接的な形で日々再確認されている。

　トンガでは憲法によって，「すべての土地は，王位にある者の財産である（第15章土地　第1部第3条）」ことが規定されている。つまりあらゆる土地は原則的に国王に帰属しており，その一部が33の称号を持つ各貴族およびかつての首長に仕えたマタプレ[1]に領地として授与された。またそれ以外の土地は政府によって管理されている。これによって実質的に現在の国土は，①王の直轄地，②貴族所有地，③政府所有地の3種類に分けられている。つまり本論で対象とする平民層の人びとは，自らが居住したり耕作したりする土地に関してその所有権を保持しているのではなく，用益権のみを保証されているにすぎない。

　土地法では，16歳以上の男子には8.25エーカーの課税用割当地（すなわち耕作地）と0.75エーカーの居住用割当地が交付されることが定められている。そして耕作地に関して，人びとは自らの土地面積に応じた借地料を，王の直轄地や政府所有地であれば「税金」として毎年政府に納める。あるいはそれが貴族所有地であれば，同じ金額を貴族に納めることになっている。しかし人びとに聞く限りでは，貴族所有地に居住する場合，定められた金額を支払うよりもむしろ，貴族が必要とする場合にヤム芋やブタを拠出したり饗宴を開いたりすることで，借地料の代替とする場合が大半だと

1）伝統的首長（*'eiki*）に仕える人びとの称号。首長のスポークスマンの役割を果たす。

いう。青柳はトンガタプ島内の村落において,またグリープは北部ヴァヴァウ島の村落において,共に貴族所有地に属しているため,村民から貴族への伝統財の貢納が定期的に行われていることを報告している(青柳 1991, Grijp 2004)。いっぽうエヴァンスの調査したハアパイ諸島の村落の事例では,貴族所有地に属していながらも,貢納を求められることはほとんどなかったという(Evans 2001)[2]。

　本書の舞台となる村落には貴族が居住しておらず,この村の土地は政府所有地および国王の直轄地に該当していた。このように貴族所有地ではない村落については,日常生活のなかで階層間の関係性が顕在化する機会が比較的少ない。また上述したように,貴族所有地においても,土地を介した貴族―平民関係において,貢納の頻度やその必要性は地域によってさまざまである。特に近年では,貴族自身が海外で多くの時間を過ごし,必要に応じて時折帰国するだけであることも稀ではない。そのように貴族が長期不在の貴族所有地に暮らす人びとの場合には,貢納の義務が頻繁に発生することもない。しかし逆に,貴族所有地以外に居住していても,毎年開催される国王の誕生祭や,王族の冠婚葬祭,あるいは何らかの行事で王族が来訪した際など,平民たちが貴族や王族への貢納を求められる機会は存在する。例えば調査村落の人びとも,国王トゥポウⅣ世の葬儀で全国から伝統財や食物が集められた際には,各世帯から5つのカト *kato*(ヤシの葉で編んだカゴ)にそれぞれ肉類とイモ類を入れて拠出することが求められ,人びとはその要請に応じた。

---

2) トンガの土地所有に関しては,現行制度と実際の利用状況のずれが顕著であり,現状把握の困難さについて多くの先行研究が指摘している。こうした現状をもたらした背景について,以下のようにまとめることができる。
　1. 須藤(2008)も指摘しているように,1950年代以降の急激な人口増加によって土地不足が生じ,法で定められた土地の割り当てが不可能となっていった。
　2. 国内での移動(トンガタプ島や首都ヌクアロファ近郊への移住)や,海外への移住が盛んになるにつれて,正式な権利所有者が土地を離れる場合が増加した。その場合に土地所有者は,同じ村に残る親族に土地を譲る,あるいは一時的に貸し出すようになった。
　3. 上述した理由によって生じた課税用割当地の分割や権利所有者の変更について,土地省での登記はほとんど行われてこなかった。また人口集中の著しい首都近郊では,非合法な形での土地の「売買」が行われ,そのような所有者の移転についても正式には把握されていない。

《国王―貴族（あるいはマタプレ）―平民》という首長制を踏襲した伝統的社会階層と並び，あるいは重なりあう形で現代トンガの統治機構を組織しているのは，《政府―村長―村民》といういわゆる近代官僚制の枠組みである。前者と後者の統治機構が密に重なりあっていることについては，大臣をはじめとする政府官僚に王族・貴族出身者が多い点，村長を兼任する貴族が存在する点が指摘されている（Marcus 1980, Grijp 2004）。

　村長は村民の選挙によって3年ごとに選出される。調査村では約10年以上にわたって村長を務めつづけた人物が2009年に死去し，その後で行われた選挙によって，前村長の息子ではなく，別の世帯の人物が村長に選出された。村長の具体的な役割は，毎月開催される村の集会フォノ *fono* の進行や，首都での定期的な会合への出席，村人への郵便物や公共料金の請求書の配達などである。このように調査村における村長の位置づけは，村民に対して何らかの権力を有するというよりもむしろ，村民から一定の信頼を得た人物として，政府と村落とをつなぐ，連絡や調整の役割を担っていると考えられる。

　しかしこのような伝統的な階層社会であるトンガも，国内の経済発展や海外への移民流出など，20世紀後半の急速な社会変化に伴って，変化しつつある。1875年の統一国家形成および憲法制定以降，トンガは国王を頂点とする立憲君主国として政治的安定を維持してきた。しかし最高権力者である国王および国王が任命する枢密院が実質的な行政権を有し，議会制度においても貴族の特権性が認められてきたことから，人口の大半を占める平民の政治参加は大幅に制約されていた。1980年代以降には王族・政府関係者による汚職事件の発生や，そうした情報の隠蔽に対する不満も高まり，平民代表議員を中心として民主化運動が活発化した。前国王トゥポウⅤ世は，父であったトゥポウⅣ世の逝去に伴い2006年9月に王位を継承し，2008年8月に戴冠式を行ったが，公務員が大幅な賃上げ要求を訴えたストライキ（2005年）や，民主化運動急進派の集会を発端とし，中心部に壊滅的な被害を与えた首都ヌクアロファ暴動（2006年）など，近年になって活発化した国民の要求を受けて，国王[3]の権限の多くを議会に移譲することを宣

言した。

(2) 生業と経済

　近年のトンガの国家経済は，諸外国の援助および移民からの送金に大きく依存してきた。外貨獲得手段として観光業の振興にも力を入れているが，リゾート開発の進む隣国のフィジーなどに比べれば，トンガを訪問する外国人観光客数は圧倒的に少ない。主要産業である農業は小規模で営まれ，イモ類などの自給作物の生産が主である。商品作物の生産については，従来の農作物輸出（コプラ，バナナ，スイカ，イモ類）に加え，80年代以降は端境期を利用して日本に輸出するカボチャの生産が盛んになったが，輸出量の増減は激しく，2000年代以降にはカボチャ生産をやめたことによる耕作放棄地も増加した。漁業もまた小規模で営まれ，投網漁や素潜り漁によって得られた魚は自家消費されることが多い。食生活についても後に触れるが，近年のトンガの食生活には輸入食品が浸透しているため，肉と同様に魚の消費についても，ローカルな鮮魚よりもより安価な缶詰あるいは冷凍魚を食べることが一般的になっている。

　調査地の人びとの経済活動をより具体的に把握するために，まずここでは世帯収入および支出について，政府の世帯収支調査統計を概観しておきたい（Government of Tonga 2010）。本書の冒頭で，トンガの経済実践においていかに贈与が中心的な位置を占めているかについてはすでに述べたとおりだが，この事実は世帯の収入および支出のデータからも明らかに浮かびあがってくる。

　まず世帯収入についてみれば，トンガ国内における平均世帯収入（月額）は T$2,043（約92,000円）[4] であり，その内訳は，賃金 T$786，生業 T$485，送金 T$347，不定期な贈与 T$335，その他 T$51 となっている。そのうち生業収入は金額の高いものから順に，手工業，農業，牧畜業，漁業となっ

3）その後トゥポウV世もまた2012年3月に逝去し，弟のトゥポウトア・ラバカ・アタ皇太子がトゥポウⅥ世として国王に即位した。

ており，女性の生産するタパ布やマットといった伝統財が，単に儀礼的な機会で流通するのみならず，貴重な現金収入源として世帯収入をも支えていることがわかる。

また後に詳しくみるように，人びとの多くが海外移住を行っている現状を背景として，送金が世帯収入に占める割合の高さも看過できない。さらに「不定期な贈与」という項目は送金に匹敵する額を示している。これは主に国内の家族らによってもたらされる収入であり，こうした収入は各種行事や饗宴の開催を可能にするうえで重要な役割を占めている。したがって海外からの「送金」と国内からの「不定期な贈与」を合わせると，それだけで収入全体の約33％を占めていることがわかる。すなわち世帯収入全体の3分の1が，いわゆる「贈与」によってもたらされた現金なのである。

一方で世帯支出について見ると，トンガ国内における平均世帯支出（月額）の内訳は，消費支出 T$1,550，非消費支出 T$460，その他 T$48であり，合計 T$2,058となっている。一般に「非消費支出」と呼ばれるものは税金や社会保険料など世帯の自由にならない支出のことを意味する。しかし以下に示した消費支出および非消費支出の内訳からもわかるように，トンガにおいて非消費支出とは実質的に寄付など，「他者への贈与」を意味し，それが支出全体の約22％を占めている（Government of Tonga 2010）。ここでも世帯収入の結果と同様に，人びとが現金贈与を活発に行っていることが読み取れる。

世帯の現金収入源について，私が聞き取ることのできた村内62世帯のデータをまとめると，表2-1のようになっている。この表からも明らかなように，今や生業による自給的な経済のみに頼ることは困難であり，その傾向は離島よりも首都を有するトンガタプ島で，そして村落部よりも都市部において，いっそう顕著となっている。しかしトンガタプ島に暮らしていてもなお，安定した現金収入を得られる職業につく者は限定されているために，人びとは海外からの送金に頼らざるをえない。だからといって

4）トンガの通貨単位パアンガは2006～2010年の間，1パアンガ（T$1）＝40～60円と変動している。換金レートは主に米ドルに準じ，T$1 ≒ USD0.5が平均的なレートであった。

彼らはいつでも自由に送金を手に入れるわけではなく，送金の依頼が行われるのは宗教贈与や冠婚葬祭に迫られた場合や，子どもの学費など必要が生じた場合が中心である。このように稀少な現金をやりくりしながら，なおかつ多大な贈与をくりひろげながら，調査村の人びとはいかに生きているのだろうか。

(3) キリスト教と経済

　日曜が厳密に「安息日」として定められ，礼拝に行くことが基本とされているトンガにおいて，宗教は人びとの生活を規定する重要な要素の一部である。宗派によって形態は異なるが，日曜礼拝だけではなく平日にも，礼拝や聖歌隊の練習や聖書の勉強会があり，また子どもたちの多くは自らが所属する教会の運営する中等教育機関に通う。また本書でも検討するように，数ヶ月あるいは一年ごとに，献金や饗宴など様々な行事が行われ，それらの行事の準備と開催は，多くの信者が果たすべき役割である。

　すなわち村の人びとが多くの時間を宗教実践に費やしていることは明らかであり，このことは当然ながら彼らの社会関係のありかたにも影響を与えている。だが確認しておきたいのは，人びとの社会関係は，必ずしも宗派の違いによってのみ分断されているわけではない，という点である。親族関係を基盤とした結束はもちろんのこと，村内ではカウタハと呼ばれる作業集団が男女別に複数存在し，共同作業が行われている。またカラプと呼ばれるカヴァ飲みのグループや，貯蓄組合なども存在する。宗派を超えた組織や関係性と，宗派ごとの関係性とが重層的に重なりあうなかで，村の人びとの日常は構成されているといえよう。

　居住区画構成の図にも示したように，調査村には宗派の異なった5つのキリスト教会（メソジスト系の3宗派とカトリック，そしてモルモン教）が存在しており，人びとはいずれかの宗派に所属している。これら5教会を村落内における信者数別にまとめると，図2-1のようになっている。

　このうちメソジスト系の3宗派は，元来1つの宗派だったものが19世紀

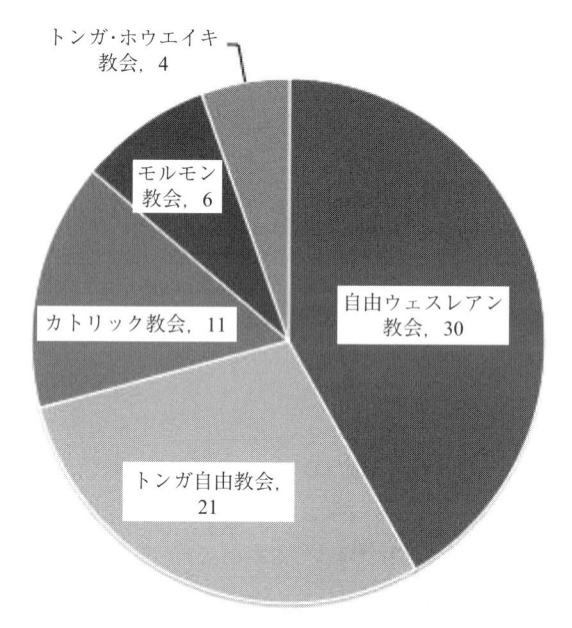

図 2-1 調査村におけるキリスト教宗派の構成（単位は世帯）

後半に分裂し，現状に至っている。そのため教義の大半を共有するのみならず，教会組織の形態や献金のシステムなど根本的な部分では共通項が多い。1831年にウェスレアン教会の洗礼を受け，後に初代国王となったトゥポウⅠ世が，教会組織におけるオーストラリア本部からの自治独立を求め，トンガ独自の教会として自由ウェスレアン教会を設立した。これに対し，新たな教会の設立に反対した者たちはトンガ自由教会として自分たちの教会を存続させた。またその後，20世紀に入ってからトンガ自由教会は更に分裂し，新たにトンガ・ホウエイキ教会が設立された。

　一方で，ウェスレアン教会よりも後になってからトンガでの継続的な布教を開始したカトリック（1842年）およびモルモン教（1891年）については，本国（ローマおよびアメリカ）と比較的密接な関係を保ちながら運営されており，教義はもちろんのこと，教会組織や献金のシステムについてもメソジスト系宗派とは大きく異なっている。

トンガのモルモン教に関しては，近年における信者数の顕著な増加と存在感の高まりについて指摘されている（Gordon 1990，大谷 1994）。特に大谷は，トンガのモルモン教が当初はいわば異端視されながらも，儀礼的な側面を介することによって国家あるいはマジョリティである他宗派との関係性を構築し，拡大してきた経緯について検討している（大谷 1994）。ここで指摘されているように，モルモン教会のトンガでの拡大戦略はその後も展開を続け，現在に至るまで信者数は増加しつづけている。2006年の国勢調査では，モルモン教信者数はついにカトリック信者数を超えて，フリー・ウェスレアン教会に次ぐ国内第二の規模となった。つまり，量的な意味においてはもはや彼らを「マイノリティ」と呼ぶことはできないのである。しかし調査村に関して見れば，その信者数分布からわかるように，モルモン教の世帯は少数派であった。そして私は調査村の内外において，いくつかの異なった宗派の人びとと関係を取り結び，各々の家に滞在する期間を設けていたものの，全体としてはモルモン教世帯に最も長く滞在していた。

　調査村に入ったきっかけに，タクシー運転手をしていたテカキの存在がある。彼に頼んで島内を巡っていた際に，「私の家に寄っていくか？　妻が小学校の先生をしていて，英語を話すこともできる。彼女は外国人のゲストを連れて行けばきっと喜ぶから」と彼は言った。村落部の生活をどうにかして垣間見たいと考えていた私にとって，それは渡りに船のような申し出だった。ぜひ訪れてみたい旨を彼に伝えると，島内を一周する途中にもかかわらず，テカキは筆者を妻の待つ自宅へと連れて行った。それがこの調査村との最初の出会いであり，彼らはモルモン教の信者であった。

　その後本格的に調査を開始し，この世帯で暮らすようになってしばらくの間は，毎週日曜になると彼らと共にモルモン教会へ通った。後にその他の地域や島でもモルモン教会に足を運ぶ機会があったのだが，それらの様子に比べれば，調査村の教会は参加者も少なく，ひっそりとした印象を受けた。それでも調査村の信者たちは，他村のモルモン教会と同様に，世代・男女別に分かれて勉強会を行ったり，アメリカやトンガ国内から派遣され

てやってくる若い宣教師たちを受け入れ，彼らに食事を提供したりしていた。

　一般的なキリスト教とは異なった独自の教義を持つことで知られるモルモン教だが，教義のレベルのみならず，信者たちの日々の宗教実践において他宗派との差異は顕在化している。村内にあるメソジスト系教会はその構成員が主に村民であるのに対して，モルモン教会には他村からも信者たちが車でやってくる。また服装に関しても，メソジスト系教会の信者はいわゆるトンガ的な正装，つまり男女問わず腰巻きの着用，また男性は巻きスカートのような腰布トゥペヌの着用で礼拝に参加するのに対して，モルモン教会の信者は欧米的な正装，つまり女性ならスカートにハイヒール，男性は白シャツにネクタイとズボンで礼拝に参加するのが常である。このように，彼らの装いそれ自体が，他宗派との信仰の差異を浮き立たせている。

　モルモン教信者であることの特異性が露わになるもうひとつの場面に，フロフラ *hulohula* と呼ばれるダンスパーティーがある。本書でも詳細に検討するように，メソジスト系教会やカトリックが寄付金を集めるために主催する集いはコニセティ *koniseti* と呼ばれ，それは伝統的なトンガの舞踊を中心に構成される。一方でモルモンのダンスパーティーは，ときに伝統的なトンガの舞踊が登場する機会もあるが，基本的には欧米的なダンス，つまり特定の踊り手が前へ出て観客に見せるというトンガで一般的な形式ではなく，参加者が自由に中央に出て，皆で踊るという形式である。

　トンガの社会空間において，男女の身体が近接することは巧みに回避されており，それが夫婦間であっても例外ではない。しかしこのモルモンのダンスパーティーにおいては，夫婦はもちろんのこと，未婚の男女であっても手をつなぎ，肩や腰に手を回し，身体をかなり密着させて踊る。もちろん彼らも教会の外へ一歩出ればそこからはトンガの社会空間規範を遵守するのだが，このダンスパーティーの場面だけは例外である。他宗派，特にメソジスト系教会の年長の信者たちがモルモン教への抵抗感を示す理由のひとつに，こうしたダンスパーティーでの信者たちのふるまいが挙げら

れる。子どもや若者たちにとっては「非日常」的な行為が許される空間として魅力的に映るこのイベントも，年長者から見ればそのようなトンガ的規範への「侵犯」は納得がいかない様子であった。それでもなお，モルモンのダンスパーティーが教会に隣接したテニスコートで開かれる夜になると，多くの村人がテニスコートを囲むフェンスにしがみつき，DJが流す音楽に耳を澄ませ，人びとが踊る様子を眺めていたのだから，他宗派の人びともけっして無関心なわけではなかった。

　私はその後，テカキ夫妻の海外渡航や離婚問題などによって滞在先を移り，この世帯（世帯番号Ａ７）と最も親交の深かった同村内の世帯（世帯番号Ｄ２）に引き取られることになった。この世帯に暮らす家族たちもまたモルモン教の信者であり，庭先に建てられた専用の小屋には宣教師たちが滞在することもあった。このような経緯から，調査期間中，基本的にはモルモン教の信者の家に滞在していた時間がもっとも長かったのである。

　しかし特に2006年以降の調査では，村内の多くの人びとと親交を深めていくなかで，同村内の他宗派の家に招かれて食事をしたり，宿泊したり，一緒に礼拝や教会，さまざまな行事に連れて行ってもらう機会が増えていった。特に村内で多数派を占めるFWCの礼拝や行事には，頻繁に出席していた。このような調査が可能になった理由のひとつは，以前のホストファミリーであったテカキの妻が調査村出身であり，両親および同村に居住しているキョウダイは敬虔なFWC信者であることだった。特にテカキの妻の父は長年FWCの牧師を務めた人物であり，信者たちからも尊敬を集めていた。この世帯（世帯番号Ｅ５）の人びとと親交を深めたことで，FWCへのアクセスが非常に円滑に行えたことは疑いない。またその後のホストファミリーとなった家族も，私が村内の調査を目的としていることを理解し，他宗派に頻繁に出入りすることについても大変協力的であった。

2　村落生活と平民の日常

(1)　調査地概要

　トンガ王国は南太平洋上，フィジーの東，サモアの南，西経173度—177度，南緯15度—22度に位置するトンガ諸島からなっており，南北に延びた約150の島々から構成されている（図2-2）。そのうち36の島に人びとが居住し，地理的には3つの群島（北からヴァヴァウ，ハアパイ，トンガタプ）から成り，また行政区分としては5地域（北からニウア，ヴァヴァウ，ハアパイ，トンガタプ，エウア）に分かれている。国土面積は総計697km²，首都ヌクアロファのあるトンガタプ島が最大で260km²である。人口，面積

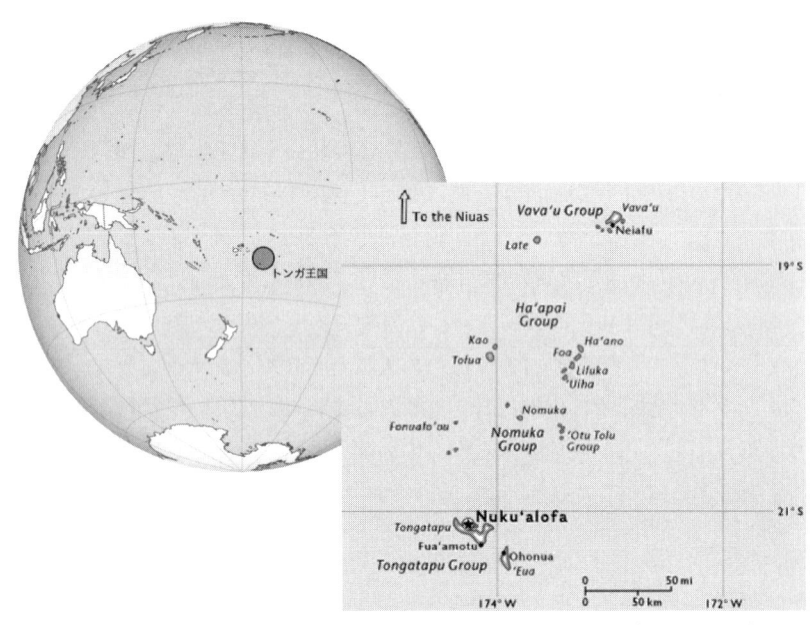

図2-2　トンガ王国の位置と全体図（Polynesian triangle.svg（by Gringer）より一部改変）

ともに最大のトンガタプ島は南部に位置し，島中央のラグーンを臨む場所に首都ヌクアロファがある。官公庁や銀行，マーケットのある首都中心部は徒歩で容易に歩き回れるほどの小さな面積だが，2006年の首都暴動以降はその様相も大きく変化した。焼け野原と化した中心部の立ち入りが長期間制限されたことで，焼失してしまった銀行や商店の仮店舗は，港湾部に沿って首都東側に展開した。暴動から5年が過ぎてもなお，中心部の再建は未だにその途上にあった。

首都暴動を境に一部の光景が変化したにせよ，今日もヌクアロファの町は，海に面した一角に建つ赤い屋根の王宮や，その付近に広がる王家の墓，そしてウェスレー派やカトリックの立派な教会建築などがランドマークとなっている。またそこが首都の町であることは，朝晩の交通渋滞と排気ガスに煙る光景からも明白である。それに加えて，公務員をはじめとする人びとがトンガ的な正装，すなわちタオヴァラ *ta'ovala* やキエキエ *kiekie* と呼ばれる腰巻きを着用し，いっぽう外資系企業で働く人びとが欧米的な制服を着用している姿も，よく目にとまる。あるいは開発援助や観光の目的で訪れている外国人が歩いている姿も珍しくない。いくつかのカフェでは店員の女の子たちが流暢な英語を話し，観光客の期待する「アイランドスマイル」を浮かべながら，「トンガ的ホスピタリティー」を，熱々のカプチーノや焼きたてのサンドイッチと共に提供している。この店を訪れる客の半数近くはトンガ人だが，彼らの多くが海外移住者あるいは移住経験を持つ人びとであり，彼らの会話にふと耳を傾けると，頻繁に聞こえてくるのはトンガ語よりも英語である。その会話の内容もまたビジネスの話題が多く，村人の噂話や日々の食事の話が中心の村世界とは大きく異なることがわかる。

調査村に暮らす私の友人達は，誰しもがそういった首都の飲食店の存在を認識していたが，実際にその店に足を踏み入れた経験のある者は（店員などとして働いた者を除いて）1人として存在しなかった。私は所用のたびに首都を訪れ，無性にコーヒーが飲みたくなると時々このようなカフェで休息していた。しかし村での日常生活とは完全に異なり，トンガ人に囲ま

れているにも関わらずまるで異国のようなその空間には，絶えず戸惑いを感じていた。店員たちとトンガ語で雑談するようになってようやく，その違和感を多少なりとも拭うことができたが，村の生活から大きく隔たれた空間にいるだけで，なんともいえない後ろめたさがあった。家族や来客に対して「こちらへ来て，一緒に食べよう」と声をかけながら，手もとの食べ物を分かち合いながら食事することと，自分一人だけでコーヒーを楽しむことは，あまりにも乖離した経験だった。

　ここでは首都ヌクアロファと称したが，実際にトンガ人の口からその言葉が発せられる機会はほとんど存在しない。ヌクアロファあるいはその周辺地域を指して，人びとはコロ *kolo*（町）と呼ぶ。それ以外の場所について言及する場合には各々の村の固有名を用いるため，ヌクアロファだけは例外ともいえる。したがって村の生活のなかでは，「今日は町に行ってきた」「これから町へ買い物に行く」という表現が頻繁に用いられる。一方で，出会った「町」の人びとから問われ，自分が暮らしていた村の名を告げると，ウタ *'uta*（畑やブッシュ）から来たことにひどく驚かれ，時には揶揄されもした。確かに，調査村に暮らす外国人は私だけであり，首都を中心に国内に点在し商店を経営する華僑や，教員として派遣されるアメリカ人／日本人さえもいない村のひとつだった。

　調査村から首都までは距離にすると20km程度だが，実際に移動したときの体感距離はより長く感じられる。それはおそらく，畑の間を抜ける近道が，未舗装ので こぼこ道であり，突如として道の真ん中に現れる穴を慎重に避けながら運転する技術を要することや，あるいはそのような道を通らないバスでさえも，村々で乗客を乗せながら，遠回りをして，運転手である青年は自分の好みの音楽（トンガ人DJが編集したレゲエやトンガ音楽）を大音量でかけながら，走っているからだろう。実際のところ，村の道路にたたずみ，いつ来るともわからぬバスを誰かとおしゃべりしながら待ち続ける時には，徐々に近づいてくる音楽でバスの存在を認識した。高校生くらいの若者達であれば，流行の音楽を流しているバスを「サイ *sai*（良い）」とし，そうでなければ「タエオリ *ta'eoli*（退屈だ）」と評価したりす

るのだから面白い。日本の中古車の中でも，廃車寸前の車までもが多く走り回るトンガの中で，小型バスの多くも日本車である。おそらく日本では幼稚園児を送迎していたであろう小さな座席のバスに，ほとんどが私よりも大柄な高校生や，体格のよい女性達が身体を押し込めるようにして座っている姿は，なんともほほえましい。

　村には2006年当時，68世帯，合計389人が居住していた。1世帯あたりの構成員は平均6.3人である。地理的には調査村は首都から約20km離れており，トンガタプ島東部に位置している。この村の居住区画の構成は図2－3に示した通りだが，村の南北を貫く道路が村のメインストリートとも呼ぶべき道であり，隣村へとつながる道である。調査村の南北に位置する隣村へは，北にある村まで約1km，南にある村まで約2kmの距離がある。両村の人びととは多様な交流があるが，基本的な人びとの生活においては村落ごとの自律性が高い。また相対的にみれば北側の村落との交流がより深いといえる。それは調査村と北側の村でひとつの小学校を共有していることや，町に行くための幹線道路へは北側の村を必ず経由することが具体的な理由のひとつだろう。

　調査村の「世帯」を構成するのは，表2－1にも示したように核家族を基本とする成員であり，人びとは現在それをファミリ famili と呼んでいる。トンガの親族概念については後にも述べるが，ここでは伝統的な拡大家族概念カインガ kainga よりも，核家族概念ファミリ famili が人びとによって参照されていることを指摘しておく。地図上の各区画がアピ・コロ 'api kolo と呼ばれる居住区画だが，図を見ればわかるように，ここには空き地も多く存在している。これは首都や海外への移住者によって放置されている土地であり，なかには廃屋となった家もそのまま建っている。しかし一方では，一区画のなかに複数世帯がそれぞれ家を建て居住している場合もある。

表 2-1 調査村の世帯と世帯人数・主要現金収入源・所属宗派

番号	世帯人数	主要な現金収入源	所属宗派	付記
A 1	6	商店経営，送金	FWC	妻：US 在住 子 3 名：NZ 在住
A 2	3	送金	FTC	子 2 名：NZ 在住
A 3	2	送金	FWC	
A 4	3	送金，商店店員	FWC	
A 5	3	牧師	CT	CT 牧師
A 6	4	送金	CT	子 2 名：NZ，AUS 在住
A 7	6	小学校教員	MC	子 1 名：US 在住
A 8	6	土地省職員	CT	
A 9	5	バス経営者	CT	
A10	4	送金，農作物販売	FTC	子 1 名：US 在住
A11	3	n/a	FWC	子 3 名：NZ 在住
A12	7	小学校教員，商店店員，送金	FWC	子 1 名：NZ 在住
A13	8	送金，農作物販売	FWC	子 1 名，娘婿：NZ 在住
A14	7	送金	FWC	村長（2006年当時）
B 1	8	n/a	RC	
B 2	4	n/a	RC	
B 3	8	送金	RC	
B 4	7	農作物販売	RC	
B 5	3	送金	RC	子 2 名：NZ 在住
B 6	1	n/a	FWC	子 4 名：NZ 在住
B 7	3	農作物販売	MC	
B 8	4	送金	FCT	
B 9	4	農作物販売，大工	FCT	
B10	6	送金	FCT	
C 1	9	送金	RC	子 1 名：NZ 在住
C 2	8	農作物販売	RC	
C 3	8	商店経営	FWC	

C 4	7	修理工	FWC	
C 5	2	n/a	FWC	子1名：NZ 在住
C 6	6	労働省職員，送金	FWC	
C 7	3	n/a	FCT	子1名：US 在住
C 8	4	送金	MC	
C 9	2	送金	FWC	子1名：Samoa 在住
D 1	3	送金，看護士	RC	子1名：US, 子2名：AUS 在住
D 2	9	商店店員，農作物販売	MC	
D 3	4	送金	FCT	子2名：NZ 在住
D 4	5	送金	FCT	
D 5	7	n/a	FCT	
D 6	2	n/a	FCT	
D 7	4	n/a	FCT	
D 8	5	小学校教員	FCT	
E 1	7	送金	FWC	
E 2	5	貴族付き運転手	FCT	FCT 牧師
E 3	7	農作物販売	FCT	
E 4	5	修理工	FCT	
E 5	3	商店店員	FWC	子3名：US 在住
E 6	3	送金	FWC	
E 7	5	n/a	FWC	
E 8	5	送金	FCT	
E 9	7	保健省職員，送金	FWC	
E10	5	農作物販売	FWC	
E11	7	漁業	FCT	
E12	10	漁業	RC	
F 1	9	送金	RC	夫：US 在住
F 2	6	送金	FWC	子2名：US 在住
F 3	4	送金	FWC	

51

F4	7	送金	FWC	
F5	7	n/a	RC	
G1	6	牧師	FWC	FWC 牧師
G2	7	小学校教員	FCT	
G3	5	送金	FCT	
G4	7	送金	FWC	
G5	2	n/a	FWC	
H1	5	送金	MC	夫：NZ 在住
H2	6	小学校教員	FCT	
H3	8	手工業	FCT	
H4	8	送金	MC	息子の嫁と孫：NZ 在住
H5	3	送金	FWC	子1名：NZ 在住
H6	4	商店店員	FWC	
H7	10	商店店員，送金	FWC	
H8	8	農作物販売	FWC	
H9	5	送金	FWC	
	389			

FWC：自由ウェスレアン教会
FCT：トンガ自由教会
RC：カトリック教会
CT：トンガ・ホウエイキ教会
MC：モルモン教会

＊世帯番号の A～H までの記号は，居住空間の近接性をもとに筆者が便宜的に分類したものである。

第 2 章　トンガの生活世界

塗りつぶし部分は空き地，網掛け部分は教会を示す。また略語はそれぞれ以下の宗派を指す。

FWC：自由ウェスレアン教会
FCT：トンガ自由教会
RC：カトリック教会
CT：トンガ・ホウエイキ教会
MC：モルモン教会

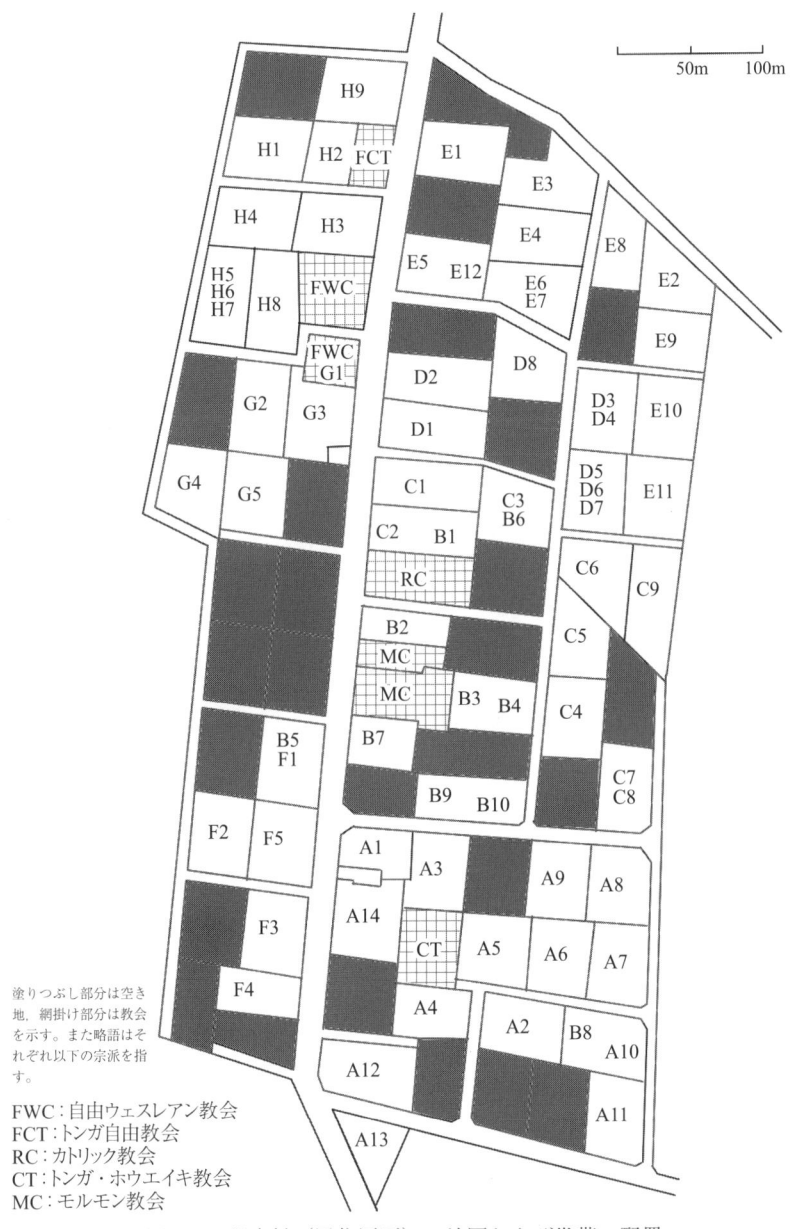

図 2-3　調査村（居住区画）の地図および世帯の配置

53

(2) 村の一日

　村の朝は早い。ひとつには教会に朝の礼拝に行く人びとのためである。後に述べるように，所属する宗派によって礼拝の有無や時間帯は異なっている。礼拝がある場合には，そのことを告げる金属製の鐘あるいはラリ *lali* と呼ばれる木製の太鼓の音が，夜明けの前後から村中に響き渡り，その教会の信者ではなくても，村内の誰もが礼拝の存在を知る。また皆が早起きするもうひとつの理由として，町への通勤・通学が挙げられる。高校生をはじめ，自家用車や乗り合いさせてもらえる知人が確保できない多くの人びとは，数少ないバスを逃すことないよう，早起きをして支度しなければならないからだ。

　人びとがいわゆる朝食を食べることはほとんどない。食べ盛りの子どもたちは昨夜の食事であった茹でたイモ類の残りをつまむか，運良く手もとに小銭があれば，朝から開いている商店に立ち寄りケケ *keke* と呼ばれる揚げパンを買う。それも当然自分だけで食べるのではない。周りにいる子どもたちと一個ずつ分け合って，袋の中の5～6個の揚げパンは一瞬にして消えてなくなる。大人であればケケよりもパンあるいはクラッカーとバターを買う人が多いが，それを持って職場に行き，皆で分け合って食べる様子は子どもたちと大差ない。

　午前6時から7時にかけて，町に向かう人びとが数台のバスに乗り込んで出発した後には，朝から元気な小学生たちが村のなかを走り回っている。隣村との境界に建てられた小学校には，調査村と隣村の両方から子どもたちが通学している。小学校は村からは徒歩5分ほどの距離にあり，8時を過ぎたころから生徒たちは連れだって学校へと駆けだしていく。その時間にもまだ村のメインストリートの路肩に立っている人びとは，朝のバスを逃してしまった者たちである。朝には通勤・通学の客を乗せるため数台のバスが立ち寄るも，日中になると2～3時間に1本くらいの頻度でしか現れないために，交通手段を必要とする人びとに残された選択肢は他の村人の自家用車に乗せてもらうことしかない。そのように路肩に立っていると，

未だ空席を残した自家用車はたいてい止まり，バスが頻繁に往来する近くの村まで，あるいは首都付近まで乗せていってくれる。私が滞在していた家にも自家用車はあったが，ガソリンの不足や頻繁な故障によって，他の交通手段を使わざるをえない場合が多くあった。なかでもガソリン代の高騰は，村落部に暮らす人びとの悩みの種であった。

　農業に従事する男性たちは，集合時刻が決められている労働交換の場合には早朝から畑に出かけて作業を行う。一方でそうでない場合，つまり自らの畑を手入れし，自家消費用の作物を収穫する場合には，必ずしも毎日畑に通うわけではなく，その日の天候や家の食糧の残り具合に基づいて畑に行くかどうかを判断し，各々が自律的に農作業をしている。このような村の居住地（アピ・コロ）の周辺に広がる耕作地（アピ・ツクハウ）へは，徒歩や自転車で通う者も少なくない。あるいは多くの作物を収穫する必要がある場合，自らの所有する，あるいは他の人に借りた自動車に乗って，出かけていく。

　一方で女性に目を向けると，調査村に暮らす既婚女性のうち，小学校教師などの公務員や，村内で商店を経営する数名を除くと，大半が日々を自宅で過ごしている。しかし彼女たちはタパ布（樹皮布）の生産によって，トンガの冠婚葬祭の際には必ず必要となる伝統財を確保し，またそれを国内外の知人や親族に販売することで貴重な現金収入を得ているのである。女性が生産する伝統財はコロア・ファカトンガ *koloa fakatonga*（トンガの財）と総称され，それはさらにキエ *kie* と呼ばれるパンダナス（タコノキ科タコノキ属）の葉で編んだマットと，ンガトゥ *ngatu* と呼ばれるカジノキ（クワ科コウゾ属）の樹皮を伸ばして作る通称タパ布に大別される。トンガでは島によって，あるいは村によって，マット生産が盛んな地域とタパ布生産が盛んな地域があると言われるが，一般的にトンガタプ島はタパ布生産が盛んな場所として知られている。どの村にも必ずタパ布生産のグループが存在し，それらグループごとにタパ布を作る。初期工程（樹皮をはぐ・なめす・叩いて伸ばす・複数枚をつなげ，乾燥させる）については各々

が自宅で担うことが可能だが，その後の工程（布をつなぎ合わせる・2枚を表裏として貼り合わせる・模様を描くための印を入れて乾燥させる・模様を描く）については大がかりな作業となるため，村の集会所など広い場所の確保と，複数人の協力が欠かせない。このなかでもっとも時間と労力を必要とするのが樹皮を叩いて伸ばす工程であり，この作業は各人が自宅で行うことが普通である。安息日として定められている日曜日や，村内に死者があった場合を除くと，ほぼ1年を通して，村の中にはこの樹皮を木槌で叩くカンカンカンという高らかな音が鳴り響いている。朝，あちこちの家からカンカンと聞こえてくる労働の音によって，女性たちは互いに，近所の誰が今その作業をしているのかを自然と聞き分け，「もうメレ（一般的な女性名）はトゥトゥ（タパ布を叩いて伸ばす制作過程）を始めているね」などと理解している。

　女性たちがタパ布作りや，あるいは洗濯，庭掃除などの家事をしているうちに正午が過ぎると，小学校の子どもたちは昼食のためにいったん家に戻ってくる。また畑仕事に出かけていた男性たちが早々と戻ってくることも珍しくない。昼食といってもバナナなどの果物とクラッカーなどがあれば上等だが，子どもたちに人気なのは袋入りのインスタント麺を生のまま食べることである。いわゆる正式な食事はメアカイ *me'akai* と呼ばれ，それは主食イモ類と肉・魚類の組み合わせを意味し，パンやクラッカーなどはこのカテゴリーに含まれない。こうした食事は一日に一回，夜に食べることが基本である。主食イモ類はマニオケ，クマラ，タロ，ヤム等で構成され，そこにバナナやパンの実が加わることもある。市場での取引価格や人びとの認識によれば，後者になればなるほど価値が高く，来客をもてなす際や饗宴における主食としては，ヤムが一番望ましいと考えられている。逆にマニオケなどは季節を問わず収量も多いことから，市場で取引されることも稀であり，もっとも日常的に食されている。

　それらを煮たものは総称してハカ *haka* と呼ばれ，その時期に収穫可能であったイモ類や購入可能であったイモ類が何種類か混ざっていることも

多い。またハカにはココナツミルクやイモの葉を一緒に入れる場合もある。主食と共に食べる肉・魚介類はキキ *kiki* と呼ばれるが，漁で自ら得た魚介が食される頻度は低く，現代の人びとはその多くを輸入食品である缶詰や冷凍肉に依存し，それらを商店で購入している。そうなれば当然現金が必要となり，世帯の収入状況によってキキの種類やそれを食べる頻度には差が生じる。1960年代のトンガの食生活の記録によればその時点ですでに輸入食品への依存度の高まりが指摘されている（青柳 1991）。脂肪分の多い冷凍肉をはじめ，小麦粉や砂糖といった比較的安価な食料の消費量が増大することは，人びとを経済的に圧迫するのみならず，健康面での懸念も大きい。肥満や糖尿病率の高さとトンガの現代的食生活との関連については，村の人びと自身も充分に自覚しているが，限られた現金で入手可能となる食料の重要性は，長年の嗜好と同様，簡単に変えられないのが現状だ。

　夕方になると，学校や仕事から帰る人びとが町からのバスや自家用車に乗りあって戻ってくる。前述したように，村までやってくるバスは本数が少なく，あったとしてもそれは非常に遠回りのルートをとる。そこで学生や若者たちの中には，幹線道路を走る本数の多いバスに乗って近隣の村まで行き，そこから約5 kmの道のりを歩いて帰ってくる者も多い。そのようにして歩いているところに通りかかった車は，朝と同じようにほぼ間違いなく止まり，「どこに行くんだ」と尋ね，方向が合えば，彼らを一緒に乗せていく。運良く誰かに乗せてもらって帰宅できたとき，子どもたちは「(直行の)『シャトル』で帰ってきたよ」と誇らしげに言う。
　こうして帰ってきた人びとによって，夕暮れ時は村内がもっとも賑やかになる。若者たち，特に女子は「散歩に行こう」と互いに連れだって出かけることが多く，私もよくその誘いに応じて散歩していた。ただし「散歩」といっても多くの場合それは，村の中の商店を目指してのんびり歩き，そこで何を買うわけでもなくまたのんびり歩いて戻ってくることや，道端に座って人びとの様子を観察しつつおしゃべりに興じたりすることが主だった。そして男子は空き地でのラグビーやバレーボールに興じ，日が暮れて

ボールが見えなくなる間際になるまで，走り回っていた。

　夕方の5時からは国内のテレビ番組が放映され，日中は主にラジオを鳴らしていた多くの世帯も，テレビを所有していればテレビの前に家族が集っている。各世帯のテレビやDVDプレーヤーなどの所有率は高いが，その多くは海外移住家族が購入して送ってくれたものである。テレビ番組を見るだけでなく，誰かから借りてきたDVDで映画を楽しむ夜も，近年では珍しくなくなってきた。

　日が暮れてしばらく経つと，どこからともなく男性たちの歌声やギターの音が聞こえてくる。人びとが集まり，村の集会所でカヴァを飲み始めるのだ。同じカヴァを飲む集まりでも，そこには2種類のカヴァ飲みがある。ひとつは村内男性のグループとして組織され，現金を持参する集まりのクラブ *kalapu* におけるカヴァ飲みがあり，もうひとつには個人的な集まりとして楽しむためのファイカヴァ *fai kava* がある。いずれにせよ，トンガにおけるカヴァ飲みは男性たちの社交場であり，その輪に女性が参加して一緒に飲むことは決して起こりえない。唯一の例外として，カヴァの入った液体を混ぜ，カップに注いで渡すトウア *toua* という役割の女性（未婚女性）が存在する。村落における日常生活のなかでは会話の機会さえ限定される未婚の男女にとっても，ここでは自由に会話を楽しむことが許されており，重要な出会いの機会として認識されている。

　カヴァ飲みは夜更けまで続き，午前3時頃まで続くことが多く，あるいは空が白み始めるまで続いたことさえあった。こうして木曜や金曜の夜は，美しくハーモニーを奏でる男性たちの歌声と，時おりの大きな笑い声がいつまでも村の中で鳴り響き，私もトウアに借り出されなければ，その音を背景に安らかな眠りについた。村の一日はこうして終わりを告げる。

3 海外移民と季節労働

(1) 村落の人々にとっての海外移住

このように村の生活はある種のリズムを刻むように営まれ，一見するとそれは平穏で「閉じた」島嶼のコミュニティであるかのような印象を与えるかもしれない。しかし実際のところ彼らの生活は現在さまざまな形で島外の世界と接続しており，それら外部世界なしには成立しえないものになっている。このことは経済の領域において特に顕著であって，人びとが積極的に海外移住を行い送金することが，前述したような島の暮らしを大きく支えている。ここではそうした社会的背景について概観したうえで，村の一部の人びとが従事した季節労働の例を挙げておきたい。

限られた資源に基づく国内産業を背景とするトンガの国家経済は，ニュージーランド・オーストラリア・日本を上位3カ国とする諸外国からの資金協力に多くを頼っている。さらには国内総生産の約半分を占めると推定される海外移住家族からの送金によって支えられているのである。オセアニア島嶼国経済についてはバートラムとワターズによって構築された「MIRABモデル」を用いてしばしば説明され，そのモデルは移民（Migration），送金（Remittance），援助（Aid），官僚政治（Bureaucracy）という特質の各々の頭文字から名づけられた（Bertram and Watters 1986）。トンガ経済もまた，これらの特質に依存する国家のひとつとされてきた。特に開発経済学者の間では，MIRABモデル自体が該当地域の「持続的な開発」につながるものなのか，あるいはそれは政治経済的に脆弱な島嶼国家の対外依存を深めるだけなのか，という争点をめぐって活発に議論されてきた（Bertram 1999, 2006）。それに対して人類学的先行研究の多くは，この経済的現象の背景にある社会文化的な側面に焦点をあて，親族ネットワークの地理的拡大のプロセスや，移住先におけるディアスポラ・コミュニティの形成について，よりミクロな観点から分析した（James 1991；Evans 1996；

Small 1997；青柳 1991；須藤 2008）。本書がここで注目しておきたいのは，多くの先行研究によって検討されてきたディアスポラ・コミュニティの事例ではなく，近年新たに生じた現象としての短期労働移民についてである。村落部で暮らしてきた人びとが，どのようにして母国と訪問先との往来を繰りかえす「季節労働」に従事しているのか，またその労働によってもたらされた現金収入と新たな経験は村での生活にいかなる影響を及ぼしているのだろうか。

　トンガでは前述したように伝統的階層社会の枠組みが維持されている一方，移民の増加に伴う近代化の波によって，昨今では平民から「教育・ビジネスエリート層」が出現していることは，新しい現象であるだけではなく，その後のトンガの社会を大きく変化させる重要な契機となった。前述したように，70年代から80年代にかけて急増した海外移住と国内外を往来する人びとの存在は，次世代以降のトンガの人びとに対し，国内では受けられない高等教育や，高収入の仕事に就く機会を与えてきた。かれらが帰国しはじめたことで，それまでは王族や貴族の子女の特権であった学位取得，ビジネスへの参入といった機会が，平民層にもひらかれるようになり，かれらの中から「教育・ビジネスエリート層」が出現したのである。
　この新たな社会階級形成の動きについて，特にこの現象を「中産階級」の出現と呼ぶべきか否かをめぐってはさまざまな見解があるが（James 2003；Besnier 2009），ここでは彼らを「中産階級」とは定義せず，より限定的に「教育・ビジネスエリート層」と呼ぶことにする。学位取得の重要性が顕著な現代トンガの社会状況を考慮した場合，そこから得られる社会的地位と，ビジネスの成功や海外での就労で築くことのできる経済的地位とはそれぞれ独立して検討する必要があり，一概に「中産階級」と呼ぶことは適切でないと考えるからである。
　平民のなかでも当然，移住の機会に恵まれた者とそうでない者が存在したが，拡大家族の相互扶助実践が持続するトンガの社会において，今日ではほとんどの世帯で，世帯構成員あるいは近しい親族のうち必ず誰かが海

外移住している。移住者，特に移民第一世代の人びとは送金を通して母国の家族を支える一方，母国に残る家族は土地や家屋を管理し，伝統財のタパ布やマットを彼らのために生産し送る。また結婚式や葬儀に出席するためには，トンガから海外に，あるいは海外からトンガへと可能な限り人びとは移動する。このような積極的な往来をとおして，移住者と母国民の関係性はこれまで維持されてきた。そして当然ながら，移民による送金や移民の往来は，調査村の経済活動にも直接的な影響を与えている。それどころかその軽やかな往来をみると，人びとの感覚としては，移住先や出稼ぎ先として，あるいは親族が暮らす場所として，海外さえも地続きの世界であると捉えているかにみえる。

　トンガがグローバル化の影響を大きく受け始めたのは，移民としての人口の海外流出およびそれに伴う送金経済の発展に依るところが大きい。20世紀の中頃に至るまで，トンガの人びとは自給的な生業経済を維持しつつコプラの産出によって外貨を獲得してきたが，1950年代以降の急速な人口増加に伴って，島内の土地不足が生じはじめた。憲法は16歳以上の男性すべてに一定面積の農耕地と宅地を割り当てることを保障していたが，急激な人口増加と都市部への人口流入がこれを実質上不可能にしてしまった。そのため農耕地を持つことができず，雇用機会もない都市部の若者たちは，積極的に海外をめざすこととなった。

　ちょうどこの頃深刻な労働力不足を抱えていたニュージーランドでは，1960年代から短期労働移民の受け入れ制度を開始した。それを皮切りとして，トンガからの移民数は加速度的に増加していった。またサモアやクック諸島など近隣のポリネシア諸国と同様に，その後はオーストラリアやアメリカへの移民も増加していった。トンガ人に関していえば，それまで王族やその周辺の限られた層のみが訪問可能だったニュージーランドに，その時代から徐々に平民層の海外移住が浸透していった。しかし短期ビザが失効した後にも不法滞在する移民が多かったことから，1974年にはニュージーランド政府が不法滞在者による取り締まりを強化した。このとき「暁の急襲」と呼ばれた警察の取り締まりによって多くの不法滞在者が摘発さ

れ，即座の国外退去を余儀なくされたが，こうした摘発の手法には批判の声も多かったために，2 年後には恩赦が与えられ，当時の移民はニュージーランドに滞在し続けることとなった（Taumoefolau 2011）。今日では，移民二世以降の世代を含めると，海外在住トンガ人の数は，国内の総人口約10万人を上回ると推定されている。そうした海外移住者からの母国の親族への送金は，国家経済にも大きな影響を与え，諸外国からの資金援助とともにトンガの経済を根幹から支えている。

　一概に太平洋島嶼民と言っても，出身国とニュージーランドとの政治的関係によって人びとの置かれる状況は大きく異なっている。クック諸島，ニウエは1901年から，またトケラウは1916年から出身者が原則自由にニュージーランドへ出入国できるが，トンガ人を含むその他の太平洋島嶼民（サモア人，フィジー人を含む）はビザ取得における制約がある。現在トンガ人のニュージーランドビザ申請は「パシフィックアクセスカテゴリー」の項目で取り扱われ，最低限の英語力およびニュージーランドでの雇用契約および予定収入が証明され審査に通らなければ，移住は許可されない。

　2006年の国勢調査によれば，現在ニュージーランド国内には50,478人（ニュージーランド総人口の約19％）のトンガ人が居住し，その数は太平洋島嶼民のなかではサモア人，クック人に次いで 3 番目である。しかし，彼らの移住先社会における経済水準はけっして高くはなく，トンガ人移民の成人（18歳以上）人口の中では，約20％近くの人びとが無収入であり，全成人の平均年収 N$17,500（≒1,137,500円）という数字もまた，ニュージーランド国民平均年収と比べればその約70％にすぎない。そして実際はその数字にも各種保護が含まれており，トンガ移民（成人）の約28％が政府から生活保護や失業手当などを受けている。この生活保護受給率の高さについては，他の太平洋島嶼民も同様の状況にある。

　このように，太平洋島嶼国から海外への人口流出は顕著であり，この現象がもたらす社会・経済的影響については先行研究でも活発に議論されている。トンガにおける海外移住についての人類学的先行研究(Morton 1996,

Small 1997, Marcus 1981, 須藤 2008) においても，移住した人びとと母国の家族との関係性が，冠婚葬祭などの機会における母国への送金や，彼ら自身の往来を通して，いかに保持あるいは構築されているのかが論じられてきた。またそのような移民からの援助によって，母国の家族がいかに社会・経済的地位を拡大する機会を与えてられているのかについても，検討されている。

　さらにその後，二世や三世が誕生し移民人口が増大してきたことを背景として，移住者たちが移民先のホスト社会と母国との間で葛藤しながら，さまざまな文化的枠組み（ホスト社会，母国，太平洋島嶼国あるいはオセアニア）を場面に応じて援用し，自らを世界の中に位置づけ，生きぬいていく様相も論じられてきた。しかし長期移民およびディアスポラ・コミュニティに焦点を当てた先行研究では，母国にいるトンガの人びとが「経済的な外部への依存」によって生活しており，まるで受動的な存在であるかのように描かれている場合すらある。しかし実際のトンガでは多くの人びとが，現金獲得手段を求めて，短期的な出稼ぎに行った経験を有している。あるいはこれまで海外に出たことがなくとも，将来的にそのような機会を獲得しようと試みている人びとは少なくない。

　この流れの中で，ニュージーランドとオーストラリアが国内労働力不足の解消を目的として近年再開した季節労働者受け入れプログラムは，海外移住を希望していながらもその機会に恵まれなかった人びとが，短期移民として働き，現金収入を得ることを可能にした。

(2) 季節労働の経験と収入の用途

　前述した労働ビザ取得の制約を背景として，トンガの人びとが新たにニュージーランドに移住し仕事を探すことは，そのビザ取得条件を満たさない限り，近年では困難な状況にあった。その状況を大きく変えたのが，2006年の太平洋諸島フォーラムでニュージーランドと太平洋島嶼国の間で合意され，2007年に策定されたRSE（Recognized Seasonal Employer）政策

である。園芸農業が盛んなニュージーランドにおける労働力不足の解消と，太平洋島嶼国における雇用機会不足の解消を目的として，ニュージーランド側が一時的な季節労働者の受け入れを開始したのである。当初は太平洋島嶼国のうち6カ国（フィジー，バヌアツ，キリバス，サモア，ツバル，トンガ）がこの政策の対象となっていたが，その後フィジーは2006年の軍事クーデターに対する制裁によって排除された。

　このRSE政策によるビザ発給によって，2007年以降，毎年対象となった島嶼国全体から5,000～7,000人の労働者がニュージーランドでの季節労働に従事し，そのうちトンガからは毎年1,000人以上がプログラムに参加してきた。この政策プログラムの特徴のひとつに，政府主導の採用プロセスが挙げられる。労働者の円滑な採用を実現するため，トンガでは村落ごとに応募者を募り，ニュージーランドの政府担当者と雇用者による面接もトンガ国内で行われた。また採用が決定すると，渡航前に説明会が実施され，現地での生活や仕事内容についても，トンガ語による詳細な説明がなされた。そして調査村からも毎年10名前後がこのプログラムに参加することを希望して採用され，季節労働に従事した。同じ村落の出身者はひとつのグループにまとめられ，現地の生活に適応しやすいよう，同じ会社で働くことができるようになっていた。

　調査村の人びとの派遣先となったのは，ニュージーランド南島のネルソン市にある果物工場だった。ネルソンはニュージーランド南島の北端に位置する港湾都市である。晴天率の高さから果樹栽培が盛んなワインの名産地として知られ，風光明媚なこの土地には，国内外からの移住者（特に定年後の白人層）が近年増加している。約43,000人の市の人口のうち，太平洋島嶼民が占める割合はわずか2％でしかないこの土地も，RSEプログラムが実施されて以降，季節労働者が訪れる時期（南半球の夏から秋にかけての季節）になると，太平洋島嶼民の姿で賑わうようになった。

　2010年には調査村から14名が，ネルソン市内の果物工場において，2月中旬から6月中旬まで約4ヶ月間（あるいは3ヶ月間）の労働に従事していた。参加者は20代から50代までの男女各7名であり，うち未婚の男女が

10名で，既婚者は4名にすぎない。この14名のちょうど半数にあたる7名は，前年にもこのプログラムに参加しており，雇用契約が更新された人びとだが，残る7名は初めて参加する人びとだった。また彼らの海外渡航経験についてみると，14名のうち5名にはニュージーランドを含む諸外国への渡航経験があり，家族の葬儀やその他の短期労働，教会関係の行事のために短期滞在をしたことがあった。その一方で残る9名にとっては，このRSEプログラムによるニュージーランドへの渡航が初めての海外経験だった。

　ここで参加者たちの世帯経済状況について見ておこう。同一世帯から親子で参加している2組を含む，参加者の全12世帯の家計状況を参照すると，その全世帯の成員について，恒常的な賃金労働へのアクセスがなく，人びとは生業活動，より具体的には農業あるいはタパ布の生産による現金収入と，海外からの送金とによって生計をたてていることがわかった。このような参加者世帯の経済状況は，賃金労働へのアクセスが限られている島嶼民にその新たな機会を提供するというRSE政策の目的とも合致している。

　村からの労働者たちは，リンゴと洋ナシの出荷工場で働いていた。この工場の基本的な勤務時間は平日の朝8時から夕方5時であり，40分ほどの昼休みと20分ほどの休憩時間を除く時間は，連続して工場内での立ち仕事に従事しなければならない。作業内容は担当部署によって異なっていたが，ほとんどの人びとは，工場から貸し出された上着と帽子に身を包み，農園で収穫され運ばれてきた，リンゴの選別および梱包の作業を担当していた。

　工場の内部は広々としており，リンゴの品質保持のための空調管理によってひんやりと肌寒い。そのなかで作業着を着た労働者たちが，リンゴや箱を移動させるべく忙しく動きまわっている。中央部分には巨大なベルトコンベアがあり，村からの労働者たちを含むトンガ人労働者の多くが，そのベルトコンベアの前に向かいあうようにして並んで，作業をしていた。まずはベルトコンベアに乗って運ばれてくるリンゴをひとつひとつ確認していき，その中から，傷がついているリンゴや，色の悪いリンゴ，サイズ

の小さいリンゴなどをすばやく見つけると，規格外の商品であるとして取りのぞいていく。次の工程では，選別の完了したリンゴのひとつひとつに会社名の書かれたシールを貼っていく。そのようにしてシールの貼られたリンゴを，ベルトコンベアの終着点にいる労働者が丁寧に箱詰めし，できあがった箱を工場内の一角に次々と積みあげていく。基本的に女性たちは選別の部門を担当することが多く，シール貼りや箱詰めの工程を主に男性たちが担当していた。各々の担当はときどき交替させられることもあったが，基本的な配属はニュージーランド人の上司が決定していた。この工場内では全体で100人近くの労働者が勤務していたが，そのうちトンガ人は調査村出身の14名と，トンガタプ島内の他村出身者9名の計23名であり，その他大半の労働者は地元に暮らすニュージーランド人だった。同じネルソン市内でも，他の工場や農園では，RSEプログラムによって働きにきたサモア人などの太平洋島嶼民や，ワーキングホリデーのビザによって滞在する中国人などのアジア人が勤務しており，労働者の国籍はさまざまである。調査村からの労働者たちは，現地の労働者と同様に，このような単純作業をそれほど苦労せずに身につけることができたが，一連の作業はほぼ同じ姿勢で延々と続くため，特に女性たちのなかには手や足の痛みを訴える者も少なくなかった。またトンガとは異なった比較的寒冷な気候のなかでの生活に，寒さによって体調を崩すときもあったという。

　勤務には残業や休日出勤もあり，繁忙期になると工場に勤務する者のなかから超過勤務の希望者が募られる。そうして残業を希望する場合には，夕方5時に平常勤務を終えた後に約1時間の休憩を挟み，再び6時から夜11時まで働くこととなった。ここでの賃金は時給制であり，最低賃金として1時間あたりNZ$12[5]が保証されていた。すなわち1日8時間の労働に従事すれば日給NZ$96を稼ぐことができ，さらに残業した場合1日13時間の労働によって，その日給はNZ$156にまで上がる。残業をせず週に5日間働くだけでも，これをトンガの小学校教員の給与水準（年収T$14,000）

5）2010年時点での為替レートでは，1 NZD（ニュージーランドドル）が約T$1.4（トンガパアンガ）である。

と比べれば，その収入が約2倍近くにも及ぶ。つまりトンガでいえば上級公務員や管理職レベルの収入に匹敵しているのだ。

　人びとの賃金は2週間ごとに現金で渡され，支払われる賃金からは宿泊費（1人あたり2週間につきNZ$120）および税金が事前に差し引かれる。この果物工場は食品工場などが立ち並ぶ地区に立地し，それは市街地からも比較的近い場所だったが，14人の宿泊先はそこから7kmほど離れたゴルフ場に隣接する平屋建てのモーテルだった。そこでは2人あるいは3人ごとに一部屋が与えられており，この季節労働期間は実質的に彼ら14人で貸し切り状態になっていた。モーテルを経営する白人夫婦によれば，労働者の宿泊場所の選定はニュージーランド政府が行っており，彼らに打診があったという。調査村出身の労働者たちは，毎日そこから2台のワゴン車に分乗し，そのなかで免許を持つ者の運転によって通勤していた。

　食事は基本的に，自分たちでまかなわなければならない。昼食にはパンを持参するか，そうでなければ休憩所に置かれた規格外のリンゴやナシを食べることになる。夜もまた，モーテルの部屋でパンや缶詰などを食べることがほとんどだったが，残業を終えて帰宅した場合にはすっかり疲れてしまい，何も食べずに眠りにつくことも多かったという。休日になれば皆で買い物にでかけ，ファーストフード店での食事をすることもあった。トンガでは食べることのできないファーストフードや，種類の豊富な菓子，アイスクリームなどについて「とても美味しい」と人びとは言うが，基本的にトンガの食事，特に主食イモ類を食べる機会はほとんどなく，「トンガの食事が恋しい」という声をよく聞いた。

　調査村出身の14人の労働者は，この季節労働で得た収入をその後どのように使ったのか，私が聞き取り，その用途を集計した。賃金に関しては上述したように時給制であり，残業や休日出勤の有無および労働期間（3ヶ月間から4ヶ月間のあいだで）はそれぞれ異なるので，人びとの収入は必ずしも一律ではない。しかし現地での生活費や税金などを引くと，彼らの手もとに残る平均的な金額は2週間あたりNZ$500程度であり，4ヶ月間の

労働に従事すると，合計で約 NZ$4,000（≒T$5,600）が得られていたことになる。前述したようにこの14人全員が，トンガにおいて恒常的な現金収入が得られる労働に従事しておらず，農作物やタパ布の販売によって限られた現金収入を得ていたにすぎない。すなわちこのRSEプログラムに参加したことによって，彼らは短期間のうちに，これまでの日常では考えられなかったような金額を稼ぐことができたのである。その収入の用途とは，いったいどのようなものだったのだろうか。

そもそもこのRSEプログラムに参加しようと思った動機について尋ねると，ほぼ例外なく全員が「家族[6]を助けるため」だと答えた。実際にこの季節労働で得た賃金に関しては，多くの人びとが，ニュージーランドに滞在している間にトンガの家族へ送金を繰り返していた。しかし他村出身の一部の若者のなかには，新しい環境に放りまれ多額の現金を手にしたことから，過度の飲酒に走ったり，夜遊びをして遅刻し勤務態度を咎められたりした者もあったという。次に挙げるのは，「家族を助ける」ことがより具体的にはどのような用途だったのかを示す例である。

【事例2-1】自宅の増改築
　季節労働に参加した理由として，50代既婚女性のサネ（世帯番号D2）は次のように語った。

> 私は家族を助けるために海外に行こうと思った。それはただ働くためであって，とにかく働いてお金を稼いだらトンガに帰って，家族を支えようと思った。ニュージーランドにはたくさんの店があって，きれいな洋服もたくさんある。稼いだお金で買い物をすることもあったけれど，私はN$2やN$3の安い古着しか買わなかった。家族のために節約しなければならないと思ったから。けれどトンガ人のなかには働きながらも酒を飲んだり，無駄遣いをしたりして，ほとんど稼ぐことができなかった若者もいた。こういう人たちは愚かだ。仕事にだけ集中して，賢く働けば，家族を助けることができるのに。

6）ここで用いられた「家族」とは，拡大家族を指すカインガ *kainga* ではなく核家族とほぼ同義のファミリ *famili* であった。

このように語った彼女は，実際にニュージーランド現地での買い物もほとんどせず，子どもたちへの土産として「安い古着」や大袋に入ったチョコレートなどの菓子類をいくつか買っただけだった。そして同じく季節労働に従事していた次男の収入とあわせて得られた4ヶ月分の収入合計約T$10,000のうち，T$4,000を自宅の増改築のための費用に，T$3,000を購入済みの中古車ローンの支払いに，T$1,000を子どもたちのうち高校生である2人の学費に充て，T$1,000は他村に暮らす自分の両親にあげ，残るT$1,000をモルモン教会へ寄付した。

　このサネの事例のように，14人中4人がここで得られた収入の大半を「自宅の増改築」に使ったと答えており，彼らはトンガに戻ってきた後で，コンクリートブロックやワイヤーなどを購入し，自分たちの手で自宅の改築を行っていた。概して村の人びとは，「家をきれいにする」ということに対して一定の熱意をもっている。家の周りには通常ブタや鶏が駆けまわり，裏庭はそのエサの残りや，人びとの食物から出たゴミ，落ち葉などですぐに汚れてしまう。それでも人びとは毎日ヤシの葉で作ったほうきで周囲を丁寧に掃き，庭の植物のまわりの雑草を取る。海外の家族などが遊びに来るとなれば，カーテンや客用の寝具を洗うことはもちろん，その出費の許すかぎり，外壁のペンキを塗りかえたり，家の床を覆うプラスチック製の敷物を新調したりする。「自宅の増改築」とはもちろん，世帯人数に対する部屋の狭さを物理的に解消することを第一の目的としているだろうが，このように「外観をよくみせる」ことへの関心も働いている。
　また金額として占める割合はそれほど多くないにせよ，季節労働で得た収入の用途について，多くの人びとは「学費」を挙げた。トンガ国内の生活における現金の需要は高まりつづけているが，そのなかで重要な位置を占めるのが子どもたちの学費である。学期ごとに支払うべき学費がなかなか支払えず，卒業が遅れてしまう学生や，途中で退学してしまう学生も珍しくはない。なんとか学費を工面し，子どもたちが卒業できるようにすることは，学歴志向の高いトンガの親たちにとっての懸案事項である。子ど

もたちが学歴を積むことこそが，国内における少ない職を得て，安定した収入を得る生活につながるという考えは，今日のトンガにおいて広く共有されている。

そして人びとの回答のなかで収入の用途としてもっとも多かったのは，「教会」に関する費用であった。14人中6人が，「教会」の費用に使ったと答えた。より詳しくいえばそれは，教会への献金行事における献金と，その他の教会関連行事における饗宴開催費用とに分けられる。この14人の所属宗派の構成についてみると，その割合は多いものから順に，カトリック教会（6人），トンガ自由教会（4人），モルモン教会（3人），自由ウェスレアン教会（2人）となっている。このうちモルモン教会をのぞく3教会すべての信者たちが，季節労働収入を「教会」のために使ったと回答していたが，先に見たサネの事例にあったように，モルモン教信者である彼女もまた，その収入のうち多くの割合ではないにせよ，一部を教会への献金にあてていた。すなわち宗派を問わず，季節労働収入が「教会」費用に充てられる傾向がある。

以下に挙げるのは，学費とカトリック教会への費用にその収入を充てた例である。

【事例2-2】学費と教会への献金

20代既婚女性カタ（世帯番号C1）は，父親とともにこのプログラムに参加したが，夫婦と11人の子どもで構成されるこの世帯の次女（長女は離島へ婚出済み）として，家族を養うことの責任について話してくれた。

　私たちは貧しくて，けれどキョウダイがたくさんいるでしょう？　彼ら〔妹や弟たち〕を学校に行かせるためには，とてもお金がかかってしまう。だから私たちはニュージーランドに働きに行って，彼らに必要なものを買ってあげることができた。それに学費だけでなく，掛け売り代金や電気代の支払いも済ませることができた。工場での労働は時間も長くとても疲れたけれど，また来年も行きたい。

カタは父親と共に3ヶ月間の季節労働に従事し，この世帯では2人分の収入計 NZ$6,000（≒T$8,400）を稼いだ。彼女のキョウダイのうち3人は高校に通っており，その学費が必要となるだけでなく，授業料が不要な小学生であっても，制服やサンダル代などの諸費用が必要となる。そこでカタはこの収入によって，制服とサンダルと腕時計とを，学校に通うキョウダイたち全員に新調した。さらに，カトリックの献金行事のためにそこから T$500 を供出し，またそのとき開催された饗宴で2テーブル分の料理を用意する費用約 T$1,800 にも充てた。

　この世帯主である彼女の父ウヒラは，漁（投網および素潜り）と自給的農業によって家族を支えており，主な現金収入は妻がつくるタパ布やマットによって得ている。そしてこの一家は畑近くに小さな自宅を所有するものの，多くの時間を妻の実家で過ごし，そこで食事をし，妻の母やキョウダイに頼って生活している。国内で現金収入をほとんど得ることのできない一家にとって，季節労働はかなり貴重な現金獲得の機会であったことがわかる。

(3) 贈与の維持と活性化

　これまで見てきたように，トンガに暮らす人びとの生活そして経済は，長期の移住者によるディアスポラコミュニティの形成や，毎年の季節労働への従事といった事象をとおして，海外とも直接的に接続している。そこからもたらされるさまざまな影響，より具体的にいえば現金収入や多様な物資や情報の流入によって，村の生活も「欧米化」し，「貨幣経済化」していることは疑いない。貴重な現金収入は，子どもたちの学費や光熱費の支払いなど，多くの人びとにとって必要度の高い支出へと回されている。季節労働に従事する人びとは「家族のため」に働き，またそのために得られた収入を使うと語る。しかしその「家族のため」の支出を詳しく検討したとき，先の事例にあった「教会」費用に代表されるように，それが「家族」よりも大きなコミュニティのために，あるいは多様な贈与の機会のた

めに用いられていることも重要な事実であった。つまり島の人びとの手元に渡った現金は，必ずしも各々の世帯を個別的に潤しているだけではない。むしろそれは贈与の領域を活性化させ，海を越えてまでもその領域を拡大させている側面が強い。

　次章以降では日常的な贈与の場面から，葬儀などの人生儀礼，そして教会の寄付行事に至るまでさまざまな事例を検討していくが，それはたんに村社会あるいは伝統的な営みとして続けられているだけの事象ではない。前述したように，またトンガのディアスポラコミュニティに関する研究でもたびたび指摘されるように，トンガの人びとの生活実践は，それが国内であれ海外であれ，また貨幣であれ伝統財であれ，贈与を基盤としながら営まれている。さらに出稼ぎによって得られた収入や海外移住者からの援助は教会行事や人生儀礼のために惜しみなく充てられる。またそのような行事や儀礼を結節点として，人びと自身も可能な限り島から島へ，海外からトンガへと活発に往来する。このような状況を駆動する人びとの「ふるまい」とはいかなるものなのだろうか。

4　調査の概要と方法論的特色

（1）　調査の期間と概要

　本書で扱う主なデータは，私が以下の期間で実施した断続的なフィールドワークによって得られたものである。トンガ王国での調査については，初回の予備調査を除く大半の時間を同じ村で過ごしている。またニュージーランドでの調査は，調査村出身者の短期移民動向を追跡することを目的とし，南島の都市ネルソンで行った。

　［トンガ王国での調査］通算約1年3ヶ月間
　　・2004年2月～3月，同年7月～10月

第 2 章　トンガの生活世界

・2006年10月〜2007年3月
・2009年3月，同年8月
・2010年8月
［ニュージーランドでの調査］約1ヶ月間
・2011年2月〜3月

　調査言語は，2004年の時点では主に英語を用い，2006年以降は主にトンガ語を用いた。調査村に暮らす人びとが日常的に用いるのはトンガ語である。トンガでは中等教育以上になると原則的に英語で授業が行われることから，大半の人びとが簡単な英語を聞き取ることは可能である。しかし調査村において不都合なく英語を話すことができるのは，教員などの公務員か移住経験者，あるいは積極的に英語を学ぼうとする若者などに限定され，そのような彼らでさえも恒常的に英語を話しているわけではない。

　私がまだほとんどトンガ語を話すことができなかった2004年当時の調査では，村内に暮らす高校生に調査助手として通訳を依頼することで，トンガ語話者へのインタビューが可能となった。2006年以降の調査では，助手に同席を依頼し補助をしてもらう機会もあったが，ほとんどのインタビューについては私自身がトンガ語で行っている。

　調査方法に関しては，上述したように個々人へのインタビューも適宜行ったため，当事者の許可を得たものについてはその会話を録音している。また一方で，ここで分析するデータの多くについては，人びとの「経済実践」に接近するという本書の目的から，贈与や購買活動における具体的な金額の記録を可能な限り入手し，参照している。教会関連の贈与記録に関しては，本部職員や村の秘書役の人びとから，その台帳を参照させていただいた。また行動データを得る手段として，村内で人びとが集う様々な場への積極的な参与観察を行っており，必要に応じてビデオ撮影を行い，映像資料を分析している。また村の人びとの名前に関しては，個人が特定されることのないよう，すべて匿名を用いている。なお男性名については「ウヒラ」のように3字で，女性名は「サネ」のように2字で統一した。

(2) 調査上の困難と方法の吟味

　ここで本書全体を貫く私自身の立場と調査の方法について，改めて言及しておきたい。

　私は主に調査地での生活経験のなかでトンガ語を習得していったという経緯から，挨拶をはじめとする日常会話や人びとが生活の中で頻繁に用いる語彙から順に身につけていった。こうした語彙のひとつとして「嘘」という単語を覚えたのは，比較的初期の段階であったと思う。「そんなの嘘だ」「嘘をつくのはやめなさい」「彼女は嘘を言っている」などと人びとが言う場面を，日常的に見ていたからだ。当初はそのように頻繁に「嘘」という言葉が交わされ，他者に対して用いられることを不思議に思っていた。またあるとき，村を訪れたアメリカ人女性に対して英語での会話を試みていたある少女が，何気ない会話の合間に，いつものトンガ語と全く同じ語調で「あなたは嘘をついている！」と言い，相手のアメリカ人女性が絶句してしまう場面も目撃した。この事例が示すように，日本語や英語における「嘘」という言語表現は，それが大人同士の会話で用いられ，なおかつ他者に向けて発せられた場合，強い非難のニュアンスを帯びる。一方でこれほど頻繁に用いられるトンガ語の「嘘」という言葉の意味領域は，いったいどのようなものなのだろうか。

　その後の調査地での生活を経て，やがて日常生活には多種多様な「嘘」が存在していること，あるいは人びとの会話の中で「嘘」というものが創出されることを理解していった。それは私にとっても直接的な出来事として，否応なしに直面することとなった。例えばある資料を見せてもらうように頼んだ際に，「明日には必ず持ってくるよ」と答えた女性が翌日になっても現れず，その数日後になって偶然出会ったときには「あの資料は持ってきているが家に置いてあるから，取りにおいで」と言われ，そしてその翌日になって私が取りに行ってみると，彼女の家族が出てきて「資料はまだここにはないよ」と応答したことがあった。これに類する出来事は，それ以降にも何度も生じた。そして周囲の友人たちに話すと「それは嘘だね」

「あのひとは嘘つきだもの」と必ず言われたのである。しかしそれは本当に「彼らが嘘つき」なのだろうか？

　調査期間中の2006年11月，トンガ全土では政府が10年に1度実施する国勢調査が行われ，その周知徹底を目指して，テレビやラジオでは実施日の数週間前から頻繁に，'Remember to be counted（忘れずに数えられましょう）' というスローガンのもとで国民の協力を求める告知が流れていた。このときの調査員としては全島の小学校教員が選出され，調査村に暮らす小学校教員のうち3名もこの国勢調査に携わっていた。そのうち2名はそれぞれ隣村の調査を担い，残る1名が自らの村の調査を担当した。私は調査村，すなわち自らの居住する村を担当することになった女性教員のアナに頼み，彼女が村内の全戸を訪問し国勢調査の調査項目について質問する際に，一緒に参加させてもらった。このことは，それまでは人類学徒である私自身が「調査する側」であり，村の人びとは「調査される側」であるという関係性にゆらぎが生じ，村の人びととの間で「調査する―される」の関係性が表出したという意味において，たいへん興味深い場面であった。

　国勢調査には各世帯に配布される調査票があり，世帯構成員の氏名や年齢のみならず，彼らの職業や学歴，また所有する家財の種類や世帯の収入源，そして送金の頻度など，人びとの生活を把握するためのかなり詳細な質問項目が設定されていた。例えばその項目には，家の屋根の材質やトイレの形態，調理器具の有無を尋ねる質問さえも含まれていた。

　原則として調査員は，村内の全世帯を訪問し，それぞれの世帯主から全ての質問項目についての回答を得るように指導されている。しかし結果的に，調査員であるアナは全世帯をいちおう訪問はしたものの，結果的にその質問の相手は主に男性である世帯主ではなくその妻や娘であった。また質問項目に関しても，彼女は世帯構成員の誕生日や職業についてはほとんどを確認したが，その他の項目については，例えば所持している家財道具の種類と数などは，自分で見てわかる範囲の情報を勝手に書き込んでいき，直接相手に質問することはほとんどなかった。家々を訪問する道すがら，

アナは私にこう言った。「トイレがあるか？　とか，水道があるか？　とか，そんなことをみんなに聞くのはおかしいよね，私は恥ずかしい(*fakamā*)(のでそのような質問はできない)。」

　国勢調査のやりかたに伴って人びとが感じたこのような違和感は，必ずしもアナの個人的な感想ではなく，多くの人びとに共有されているようだった。隣村の担当をしていた別の調査員もまた，こんな細かいことを人びとに尋ねるのは「面倒な」ことだと言って，自分の友人であるその村の住民や近所の子どもたちから，他の人びとについて知っている情報をある程度聞き出し，それを書き込んでいった。また調査された側である村の人びとについても，後日に村内の商店の店先で女性たちがおしゃべりに興じていたとき，皆口々にこのような感想を述べていた。「家屋の材料が何かと聞いたり，送金がどのくらいあるかを聞いたりしていたようだが，結局政府はどうしてくれるっていうんだい。」「あんな細かい質問をされるのは嫌だよ。」

　前述したさまざまな「嘘」の事例も，また国勢調査で生じた「直接質問せずに終える」という事例も，いっけんするとそれは彼らが約束事に対して「適当」であったり「不誠実」であったりするかのようである。しかしさまざまな出来事が積み重なっていくにつれて，そのように単純な解釈では納得いかないように思われた。なぜなら実のところもっとも簡単なのは，「嘘をつく」ことよりも「正直に言う」ことであり，「何かを選択的に回避する」よりも「すべて言われたとおり実施する」ことだろう。それをあえて別の形で対処していることにはなんらかの理由があるはずである。言い換えれば，このことは真偽を問う問題であるというよりもむしろ，コミュニケーションの地平における合理性の問題として，捉えなおされるべきだと考えた。そのためには，たんに彼ら自身による言語的な説明を盲目的に受け入れることからいったん離れ，彼らのコミュニケーションに特有の姿勢について，実際の行為や経済的な実践の数々を，可能な限り直接的に，つぶさに観察することから出発することが，方法論として不可避であった。

インタビュー調査における調査者―非調査者関係のもたらす困難さや，調査における信憑性の問題は，すでに多く議論されてきたところである。それでもなお，人類学を含む学問が根源的に言語的な営みであるという理由や，多くの場合に調査それ自体が，人びとのあいだでもとりわけ雄弁で卓越したインフォーマントたちの語りによって成立してきたという事情などによって，人類学的調査や民族誌記述には未だある種の偏りが存在しているように思う。それは幾分厳しい言い方をすれば，論文や民族誌を編むために，齟齬を生じるような出来事が巧みに回避され，人びとの「沈黙」の領域は淘汰されていくような，ある種の物語化の傾向を免れえなかった，ということである。そこからこぼれ落ちてきたさまざまな事象をわずかでもすくい上げようとする本書の試みは，前述したようなトンガの人びとの「嘘」や「適当さ」のなかに潜む論理を浮かびあがらせていく作業とも重なりあう。私は彼らと一定の時間を過ごし彼らの相互行為のなかに直接的に巻きこまれていくなかで，彼らが「ふるまい」に対して寄せる並々ならぬ関心を寄せていることに気づくに至ったわけだが，それはまさに当事者である彼ら自身が，言葉を操りつつもそれより実際の行為の領域に重きを置いていること，そして「嘘」や「本当」のあいだをかいくぐりつつ，それらをも包摂するかたちで多様な相互行為を繰りひろげていること，への気づきであった。そうした彼ら自身の豊かな営みと緻密なまなざしに，本書ではできるかぎり寄り添っていく。

第3章

モノを〈ふるまう〉
——手放すことの意義

1　贈与儀礼におけるモノとふるまい

(1)　贈与とふるまいに満ちた生活

　前章で示した典型的な「村の一日」は，じつは頻繁に中断され，人びとの生活は異なった様相を見せる。その要因となるのが，さまざまな行事や儀礼の存在である。村における行事や儀礼には，教会関連行事のように定期的に行われるものと，人生儀礼のように不定期に行われるものとがある。いずれにせよ，人びとはしばしば，それらの行事や儀礼に自らが関わることを指して，「フア・カヴェンガ *fua kavenga*〔重荷を負う〕」あるいは「ファイ・ファトンギア *fai fatongia*〔義務を遂行する〕」と表現する。なぜならトンガの各種行事・儀礼は大規模な饗宴や贈与交換を伴うことが常であり，そのための物資や現金の調達や，準備のための労働力の確保など，多大な労力なしには実現しえないからだ。それは必然的に，主要な当事者だけにとどまらず，周囲の人びとを数多く巻きこみながら展開していく。

　頻繁におこなわれる教会行事や人生儀礼以外にも，人びとが饗宴を開催したり食物を持ちよる必要性に迫られる機会は存在する。先に述べた国王の葬儀に伴う食物贈与のように，王族や貴族への贈与は不定期ながらも大規模に行われる。さらに各世帯からの食物の持ち寄りは，その他の催しにおいても見られる。例えば，毎年年末になると開催される村落対抗の女子

第 3 章　モノを〈ふるまう〉——手放すことの意義

バスケットボール大会では，村落チーム間での贈与交換が行われる。このとき参加者の親たちは調理済みのイモ類および肉類をそれぞれ持ち寄り，対戦相手の村落チームに贈ると，相手チームからも同様の食物の返礼が行われるのであった。

　このように，儀礼の規模や種類，そこで持ちよられるモノの量などさまざまであるにせよ，贈与を軸とした活動の中に，人びとは恒常的に取りこまれている。そして各々の贈与の場とは，たんにモノが行き交うのみならず，そこに参与する人びとの多様なふるまいによって成立している。このようにトンガの贈与をダイナミックな行為実践としてみるとき，そこでモノはどのように行き交い，また人びとはどのようにふるまっているのだろうか。以降ではまず，葬儀における伝統財の贈与や教会行事において開催される饗宴の事例から，大規模な贈与の機会について検討する。またそのように大規模儀礼のみならず，日常的な場面においても贈与の多様な機会が存在することを，いくつかの事例から示すことで，村落生活全体を覆う贈与とふるまいの磁場を明らかにしよう。

(2)　葬儀と親族の役割

　トンガではあらゆる行事や集まりに参加させてもらったが，なかでも葬儀には何度も参列する機会があった。その機会が頻繁に訪れることを理解した 2 回目以降のフィールドワークでは，必ず黒色の服を用意したほどである。老若男女問わず，葬儀に参列する人びとは必ず黒い服を身にまとい，またその上からタオヴァラ *ta'ovala* を巻いて弔意を表さなければならないからだ。多くの場合，夜を徹しておこなわれる葬儀では，故人の自宅の周囲にテントが立ち並び，そこに多くの弔問客が詰めかける。それは静寂というよりもむしろ，独特の熱気と喧噪に満ちた空間である。

　他の弔問客と共に眠い目をこすりながらも巨大なテントの下でふるまわれるパンやフライドチキンを食べていると，別のテントの下に座りこんだ人びとが声の張り裂けんばかりに歌う賛美歌が聞こえてくる。各教会の聖

歌隊によって交代で歌われる賛美歌は，その後明け方まで歌われつづける。いっぽうではその歌声に折りかさなるようにして，遺体と対面した弔問客の女性たちの激しい慟哭が部屋の奥から漏れ聞こえてくる。「オーイオイオイオイ」「オーイアウェ」「オーイオイオイオイ」と張りあげるその哀しみの声は，どこかリズミカルですらあって，次第にそれも弔いの歌の一部であるかのように聞こえてくる。

　弔問客はグループごとに列をなし，タパ布をはじめとする布やゴザから構成されるコロア *koloa* をかかげ持ち，遺族に渡した後に亡骸のもとへと歩み寄り，故人に最期の別れを告げる。トンガの葬儀では弔問客の総数が数百人にのぼることさえ珍しくないため，次々と持ち寄られるコロアは瞬く間に山積みになっていく。亡骸と対面した人びとには涙を流す者も少なくはないが，とりわけ何人かの女性たちはその大きな身体をうち震わせ，さきほど述べたような慟哭の声を張りあげては，まさに全身全霊でその哀しみをあらわす。なかには泣き崩れてしまい，周囲に身体を支えられようにしてその場を後にする者さえもいる。その建物の外では，故人の親族や隣人によって膨大な量の肉やイモが調理され，大量のお湯が沸かされ続ける。弔問客は何度も席についてはお茶を飲み，出された食事を食べ続ける。葬儀ではこのようにして，大量の伝統財が集められ，食物がふるまわれ，無数の人びとが列をなし，歌と慟哭に包まれる光景が，朝まで続くのである。

　このように葬儀は，多くのモノが行き交うことはもちろんのこと，そこに参与する人びとのさまざまな「ふるまい」が露わになる社会的な場面である。たしかに儀礼の簡略化や変容はトンガの葬儀にも及んでいるが，その形式において欧米化や簡略化が顕著に進んでいる結婚式などと比べればなお「伝統的な」慣行が比較的維持されているという意味において，葬儀は特に重要な社会的結節点として位置づけられている。こうした重要な機会でありながらも，トンガ国内の，特に平民層の儀礼的実践としての葬儀については具体的な報告が数えるほどしかなく，これまで多くの研究は王族や貴族の事例（Gifford 1929, Kaeppler 1978, Marcus 1980）あるいはディ

アスポラコミュニティでの事例（Addo 2009, Small 1997）を主な議論の対象としてきた。伝統的な形式を維持しつづけることが重要視される王族や貴族の葬儀や，移民社会のなかでトンガ人としてのアイデンティティを維持し確認するという機能的側面が強調される海外での葬儀とは異なり，国内に暮らす平民の葬儀とは，現代の社会経済状況の変化に強くさらされながら，それでも人びとが何らかの形で持続しようとしているダイナミックな実践である。

　もちろん，葬儀とは故人を中心とした親族関係が，そこで果たすべき役割の遂行によって可視化される主要な機会である。先に述べたように，トンガの社会関係は基本的に，個人を中心として，自らよりも相対的な地位の高い人間（エイキ *'eiki*）か，あるいは相対的な地位の低い人間（トゥア *tu'a*）かにまず大別される。王族・貴族・平民という伝統的な社会階層間でそうあるように，親族内においても，相対的な地位の高い人間に対してその地位の低い人びとは，つねに敬意を示すことが求められる。

　葬儀でとりわけ重要となるのはファフ *fahu* と呼ばれる儀礼的地位であり，それは故人の姉妹の子（あるいは孫）が担う。ひとつの葬儀に複数人が同席することもあるファフは，葬儀においてもっとも高い儀礼的地位をもつとみなされ，遺体の傍らに座りつづけ弔問客を迎える役割をもつ。そのいっぽうで，遺体には近寄ることもなく屋外で調理や雑用などに従事するのがリオンギ *liongi* と呼ばれる人びとであり，それは故人の兄弟の子（あるいは孫）や故人の母の兄弟の子（あるいは孫）が果たすべき役割である。彼らは人一倍大きなタオヴァラあるいは編み目の細かいゴザを，身体を覆い隠すかのように巻きつけ，それを引きずるようにして歩くことで，他者への敬意と自らの儀礼的地位の低さとを示している。女性のリオンギであれば，普段はきちんとまとめ上げられた髪も，あえて無造作に下ろしたままである。葬儀の場における人びとのこうした装い，ふるまい，空間的配置を総合的に参照することで，たとえ故人の親族関係を明確に認識していない弔問客であっても，誰がリオンギなのか，誰がファフを務めているのか，即座に判断することが可能となる。上述した儀礼的な地位や役割とは

別に，葬儀全体の実質的な指揮をとるのは故人の家の家長であり，故人の長男，長兄，あるいは父親がこれに相当する。ファフの意向も含めて決定された葬儀の規模やスケジュールに応じて，費用や役割の分担，儀礼の進行のすべては，家長の監督の下に行われる。

　このように親族関係がもっとも重要な指標となる葬儀だが，それは必ずしも人びとが固定的で絶対的な親族役割にのみ従属していることを意味しない。親族関係以外の参照点のひとつにはキリスト教会の社会的重要性があり，またもうひとつの要因としては海外移民の存在が挙げられる。トンガの他の儀礼や行事と同様に，葬儀においても聖職者は特に重要な位置を占め，人びとは特別な敬意をもって歓待する。各種饗宴の前後には聖職者によるスピーチや祈祷が欠かせず，葬儀においても特に埋葬の場面では，複数人の聖職者による祈祷が必ず行われる。このような役割を担う聖職者に対して故人の家族たちは，貴族と同様に篤くもてなし，具体的には儀礼の後にもっとも立派な返礼を贈る。つまり聖職者は，親族関係や貴族との関係とは独立して，特別な位置を占めるのである。したがって，たとえば故人が女性でその弟が聖職者であった場合に，親族関係を参照すれば彼はリオンギでありその儀礼的地位が相対的に低くなるものの，彼は他のリオンギのように労働や雑用に従事することなく，また葬儀後にも特別に返礼（食物カゴ）を得ていたという事例があった。複数の社会関係が重なり合うなかで，それらが状況に応じて適宜参照されていくといったトンガの今日的な状況は，葬儀のような場面においても明らかになっているのである。

　またより重要となるのは先にも述べた海外移民の存在である。近年の移民の増加とその社会的な影響についてはすでに述べたとおりだが，葬儀のような大規模な儀礼を開催するためには莫大な費用がかかるため，多くの場合それは海外移民の経済的援助なしには成りたたない。一般的に少なく見積もっても T$10,000（約60万円）以上，親族の渡航費用なども含めればその何倍もかかるとされる葬儀費用を，誰がどのようにして工面するのかという問題は，もちろん家族内のポリティクスにかかわる問題であり，そこで頻繁に軋轢が生じることをジェームズは指摘している（James 2002）。

第 3 章　モノを〈ふるまう〉——手放すことの意義

　一般的に，たとえ長男／年長者として葬儀を執りおこなう立場であっても，彼自身がトンガ国内に居住しておりまとまった現金収入をもたないのであれば，それよりも海外に居住する年少の親族たちが実際的に費用を分担して負担する。どれほどの費用が集められるかによって葬儀の期間や規模は決まり，その意思決定には出資する海外在住の親族たちが強く影響する。たとえばジェームズが詳しく検討しているように，葬儀費用および労働の負担を軽減するために，全体として10日間ではなく3日間の短期間で，また長時間つづく夜ではなく短時間で済ませることのできる日中のうちに，葬式を済ませるという選択も近年では頻繁に見られるようになった。また弔問客への軽食の準備には，親族や友人のみで担うよりもケータリング業者に依頼する場合も増えてきた。私が調査期間中に参加した11件の葬式においても，その7割近くはケータリング業者を利用していた。ケータリングを頼むのか，あるいは親族や隣人の手を借りて給仕するのか，といった選択も，予算や人員などを勘案して即座に決めなければならない事項である。このように葬儀における海外在住者の役割は，その経済的な意味において，親族関係によって規定される儀礼的役割よりも重視され，優先されることが多い。

　このように葬儀を執りおこなう遺族たちは，互いの儀礼的地位や実際的な役割の分担などを家族内で調整しつつ，大小様々な意思決定を積みかさねながら葬儀を準備し，当日には時に数百人にも及ぶ弔問客をもてなさなければならない。そこで実際にかかった費用やその収支については家長がおおまかに把握しているが，詳細に至っては誰もが「わからない」と口を揃える。ましてや食物や伝統財の数や量については，弔問客から集められたものがすべてひとつにまとめられ，またそこから速やかに分配されており，断片的にしか記録されていないことが大半であった。伝統的な贈与交換の枠組みでいえば，結婚式では新郎側親族と新婦側親族とのあいだで婚資の「贈与／交換」がおこなわれているのに対して，葬儀では弔問客からの「贈与」が遺族へと寄せられ集められたのちに，それらが「再分配」される。以下ではひとつの事例をもとに，個々の弔問客たちがどのように伝

統財を集め，持参しているのか，特に布類を持ち寄る女性グループを例にとり，よりミクロな視点で検討する。

(3) 弔問における贈与とふるまい

【事例3－1】葬儀での女性グループの贈与

　2006年10月に，調査村の出身者ダニエの妻マリの兄が死去し，大規模な葬儀が首都近郊の村で執りおこなわれることとなった。弔問には本来ダニエ自身が訪れる予定だったが，彼は当時イギリスに赴任しており帰国することができなかった。そこでダニエに代わり，調査村に住む弟のシオネ（世帯Ｄ２）が弔問することになった。トンガでは葬儀への弔問は，基本的に複数人ずつのグループ単位でおこない，そのグループごとに布類コロアや食物を持参し，贈与する。グループの規模は数名から数十名までさまざまであって，またその構成員も，親族，教会メンバー，隣人などの多様なつながりを基盤としている。またそれ以外の人びとであっても，現地で出会った知人のグループと即座に合流することもあり，その構成は流動的であった。

　シオネとその妻サネを中心に，弔問の贈与の準備がはじまった。このとき故人の妹であるマリはシオネの家を訪れ，そこに布類の財コロアや食物をまとめるようにと指示を出した。葬儀の前日，朝から女性たちがヤシの葉でカゴを編み始める。近所に住む女性たちが４名，手伝いにやってきた。皆で合わせて30個のカゴが編みあがる。昼頃になるとマリが食パン約200斤を持ってやってきた。これらを用意してあった30のカゴに６斤ずつ入れていくと，20斤が余った。残りの食パンはカゴ編みを手伝ってくれた４世帯を含む近隣の９世帯に２斤ずつ分配し，残る２斤は家族で消費した。さらに夕方になると，何人かの女性たちはコロアを持ってシオネ宅に集合した。そこに集まった人びとと，各々が持ちよった財は表３－１の通りである。

　女性たちが持ちよった上記の財によって，世帯Ｄ２の部屋は埋めつく

第3章　モノを〈ふるまう〉——手放すことの意義

表 3-1　葬儀における参列者の贈与財と返礼財

女性名	葬儀への参列	贈与した布	返礼された布
②マウ：世帯D2の家長の妹（隣村に婚出）	○	タパ布1枚（両面タパ製），ゴザ1枚，毛織物1枚，	タパ布1枚（両面タパ製），ゴザ1枚，化繊布1枚
③サネ：世帯D2の家長の弟の妻	○	タパ布2枚（両面タパ製／片面のみタパ製）	タパ布2枚（両面タパ製），ゴザ1枚
④世帯G3の女性：世帯D2の向かいに居住		毛布1枚	
⑤世帯E5の女性：世帯D2の隣に居住		タパ布1枚（裏地無し），化繊布1枚	化繊布1枚
⑥世帯D1の女性：世帯D2の隣に居住		タパ布1枚（両面タパ製），化繊布1枚	
⑦世帯A12の女性：世帯D2と同宗派	○	ゴザ1枚	タパ布1枚（片面のみタパ製），タパ布1枚（裏地無し），化繊布1枚
⑧世帯H8の女性：家長同士が友人関係	○	タパ布1枚（両面タパ製），化繊布1枚	タパ布1枚（両面タパ製），化繊布1枚
⑨世帯C1の女性：世帯D2の2軒隣に居住		タパ布1枚（両面タパ製），化繊布1枚	

された（図3-1参照）。その後これらの布は，ダニエが他村の所有者からT$1500で入手した生きたままの成豚 *puaka toho*，およびT$200で購入した食パン200斤，と合わせて，死者の家族へと贈られた。また以上の人びとに加えて，葬儀会場では他村（トンガタプ島西側）に暮らすシオネの妹と同村の友人たちとも合流してひとつのグループを構成し，贈与を行った。

葬儀ではまず，グループの代表者が死者の家族に弔いの演説をおこなう。その後，死者の家族の代表者から応答の演説がなされ，感謝の意が示される。この場において男性たちは肉やパンなどの食物あるいはブタを贈与する。

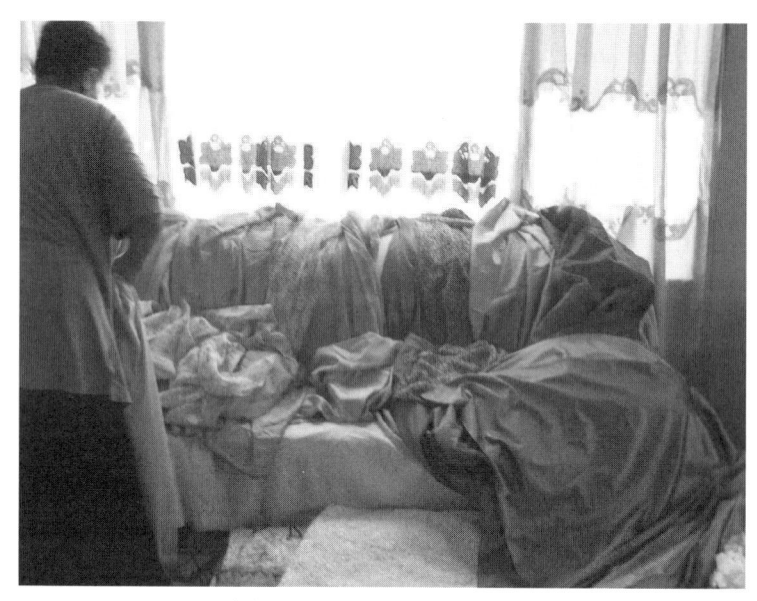

図3-1 女性たちによって持ち寄られた化繊の布

　これらの演説が終えられたのちに，女性たちは布やカゴ等の財を各々に持つと，遺体が安置されている場所を弔問する。このとき持参されたタパ布は，表側に描かれた模様がよく見えるようにという配慮から，周囲を内側に折りこむようにして畳まれた。またタパ布やゴザといったトンガの伝統財 *koloa fakatonga* の上には，化繊でできた華やかな色彩の既製布が載せられ，各々の女性たちはそれらを両手で掲げつつ，列をなして弔問した。遺体が安置されている場所の手前で持参したそれらの財を置き，1人ずつ遺体にかがみ込んでは祈りをささげて部屋を立ち去る。
　屋外のテントの下では，死者の家族の男性たちがカヴァを囲んで座っている。また他のテントでは，教会の聖歌隊の人びとが座り込み，夜通しで聖歌をうたいつづける。更に離れた別のテントはより多くの人びとで賑わっており，そこでは弔問客が軽食によってもてなされている。このときの軽食はタロ，キャッサバ，フライドフィッシュ，フライドチキン，パン，ドーナツの盛り合わせが1人1皿配られており，さらに飲み物として手も

第3章　モノを〈ふるまう〉——手放すことの意義

図3-2　葬儀の弔問と布の贈与（写真は本事例とは別の日中の葬儀の事例）

とのカップにココアが注がれた。これは一般的な葬儀に比べると，かなり豪華なメニューであった。またこのときの軽食は，ケータリング業者によって準備されていた。

　多くの人びとは夜のうちに車で帰宅したが，この葬儀に朝まで滞在していたのは，シオネとその妻サネ，隣村に住むシオネの長姉マウ，調査村に住む世帯Ｈ８の女性であった。朝になると死者の家族から弔問客に対して，グループごとに返礼がなされていった。彼らのグループがそのとき得たのは，布類（タパ布5枚，白い上質なゴザ3枚，既成布5枚），冷凍鶏肉1箱（約20kg），花輪数本であった。

　このような返礼の品をひとまず自宅へ持ち帰ったサネたちは，共に葬儀に参列したグループ内において，返礼として受けとった布類を以下のように分配した。表3-1からも明らかなように，まずグループ全体として，贈与した布類の枚数や種類と返礼で得たそれらの数とは，まったく均衡で

87

はないことがわかる。さらには個々人のレベルにおいても，持参した布類と返礼で得た布類の数とは対応しているわけではない。これらはどのような基準で分配されたのだろうか。

表からもわかるように，このときタパ布などの返礼を受けとったのは実際に葬儀に参列した女性たちであった。そして返礼を受けとった女性たちに関していえば，贈与した布と返礼された布とはその種類や量において概して均衡している。つまりこのグループ内における葬儀の返礼の分配は，その場に居あわせるという状況を主要な参照点としながら，そこに居あわせた人びとが持参した贈与物の種類や量を勘案したうえで，実施されていたことがわかる。

このように「その場に居あわせる」という状況を起点として発生する分配は頻繁にみられ，同様の事例については後においても詳しく検討する。しかし不在だった人びととのあいだ，つまりこの事例でいえば贈与物を持参したものの葬儀には参列せず，返礼を受けとることのなかった女性たちと，返礼を受けとった女性たちのあいだに，はたして何の軋轢も生じないのだろうか，という疑問も残る。表向きには人びとは，分配を自ら促し要求するような言動をみせることはほとんどない。しかし潜在的な軋轢の存在することはある種のふるまいによって明らかになっていた。これについては後ほど考察したい。

2 食物の贈与・分配

(1) 教会行事と饗宴

ここまで見たように，トンガの葬儀とはまず親族関係を基盤として役割や地位が定められ，さらに近所づきあいや宗派ごとのつきあいにもとづく周囲の人びとの協力に支えられながら，多くの伝統財がやりとりされ，大

第3章　モノを〈ふるまう〉——手放すことの意義

量の食事がふるまわれながら進行する場面であった。女性たちはタパ布を模様のある美しい面を表にして折りたたみ，さらに色鮮やかなサテン布を重ねてはかかげ持ち，次々と差しだしていった。

つぎにみるキリスト教会行事としての饗宴は，教会の所属メンバーであることを関係の基盤としながら，食物が主として「ふるまわれ」，やりとりされる事例である。

教会関連行事の種類は宗派によって異なるが，村内の各宗派に関しては，信者による饗宴の開催頻度が高いメソジスト系教会と，それに次ぐ頻度のカトリック，そして饗宴開催頻度のもっとも低いモルモンに大きく分けられるだろう。メソジスト系教会では，次章で詳述する献金行事をはじめ，キリスト教の祭日における饗宴がたびたび開催される。

表3-2は，調査村の自由ウェスレアン教会（FWC）における祭日と，その日の饗宴担当世帯を示している。形式的には，各祭日について毎年ごとに教会は信者から希望を募り，名乗りを挙げた人びとのなかから饗宴を開催する世帯を選ぶことになっている。しかし実際には，表に示した世帯が数10年間同じ祭日の饗宴を担当している場合がほとんどである。つまり毎年，それぞれの担当世帯がほぼ同じままに更新される傾向が強い。たとえば1月最初の木曜（朝および夜）と聖金曜日の担当をしている世帯E5についていえば，世帯主に長男が誕生したことを記念して聖金曜日の饗宴を担当したことを発端とし，それ以降55年間，延々とこの饗宴を担当してきたという。また担当世帯の判断によっては，実際に饗宴を開催せず，牧師や説教師への贈与だけで済ませる場合もある。そうした場合も含め，この表によれば，年間に12日，のべ26回の饗宴が開かれていることになるが，これら以外にも信徒が対処すべき饗宴の機会は少なくない。たとえば年に一度数日間にわたって開催される教会本部の会議や，献金行事，母の日などについては，ある1世帯が担当するのではなく，信者世帯全体が協力しあって饗宴を開催するのである。

さらにこの自由ウェスレアン教会の饗宴開催頻度とほぼ同じ頻度で，同じメソジスト系であるトンガ自由教会の信者たちも饗宴を開催する。また

表 3-2　FWC における祝祭日と饗宴担当世帯

祭日	日程	饗宴担当世帯番号
年始	1月最初の日曜	牧師世帯
祈りの週	1月最初の月曜（朝／夜）	牧師世帯／E7
	1月最初の火曜（朝／夜）	青年信徒団／C6
	1月最初の水曜（朝／夜）	H5／A11
	1月最初の木曜（朝／夜）	E5／E5
	1月最初の金曜（朝／夜）	H8／H7
教育聖日	1月第3日曜	G4
聖金曜日	復活祭前の金曜	E5
復活祭	春分の日以降最初の満月の次の日曜	A3
宗教改革記念日	10月最後の日曜	A13
クリスマス	12月25日	C9
大晦日	12月31日	F4, A13, A12, C4, F2, A3, G4, C6, E1, G5

　それよりいくらか低い頻度ではあるが，信者数の比較的少ないトンガ・ホウエイキ教会や，カトリック教会の饗宴がある。信者からの物質的・金銭的な貢献をもっとも要求しないモルモン教会でさえも，年に一度の教会会議の際には必ず饗宴を開催する。饗宴では他村からの聖職者たちや，村内の信者などが招かれる。

　トンガの一般的な饗宴はカイポーラ (kai pola) と呼ばれ，カイ kai〔食べる〕+ポーラ pola〔ヤシの葉で編んだ食台〕という意味である。この言葉が示すように，ヤシの葉の上に食物を載せ，床に座ってそれを囲むように食べるのが伝統的な饗宴の形式だったが，近年ではそれが金属製の台やテーブルに取って代わり，参加者も椅子に着席することが多くなった。カイポーラの特徴には，この台の上に並べられた食物の豪華さがある。日常的な食生活に比べて明らかに量的かつ質的に豪華な食物が，台の上には山となって積まれる。そしてそれぞれの台の中心には必ず，美しく焼きあげられた豚の丸焼きが据えられるのがトンガの饗宴の特徴である。それを

取り囲むようにして，サラダや酢豚，ココナツミルクで煮た魚介類など，日常の食事では食べることのないさまざまな料理と，立派なヤムイモやタロイモが積まれ，さらに果物やスナック菓子で美しく飾りつけられる。これらの食物は常に，招待客の人数に適した量を大幅に超過しており，このことは饗宴の終了後，必ず多くの食糧が手つかずのままにテーブルに残され，それらを人びとがビニール袋などに詰めて持ち帰っていることからも明白である。また主催者がゲストをもてなすカイポーラとは異なり，人びとがそれぞれに食物を持ち寄りあう場合にはルクルク *lukuluku* と呼ばれる。

　饗宴で主賓となっている人物，例えば教会の聖職者などに対しては，「コロア・ファカトンガ *koloa fakatonga*〔トンガ的な財〕」と呼ばれるタパ布やゴザが贈られるが，それと同時に食物贈与として前述した食物カゴも贈られるのが常である。このカゴもまた，豚の丸焼きがその中心に置かれ，ポーラを思わせるような溢れんばかりの食物が詰められている。こうして食物贈与を受けた主賓は，すべての食物をその世帯だけで消費するようなことはけっしてしない。彼らは贈られたカゴの食物を，隣人や近くに居住する親族などにさらに分配するのである。その一方では，饗宴の主催者を務めた人びとが残った食物を一カ所に集め，饗宴準備の手伝いをしてくれた人びとにそれらの食物を次々と分配していく光景が見られる。こうしてひとつの饗宴が開催されることによって，複数の食物分配の流れが生みだされるのである。次節ではその具体的な事例を検討しよう。

(2) 頻発する饗宴と食物分配

【事例3-2】大晦日の饗宴の一連の流れ

　表3-1にあるFWCの饗宴担当世帯のうち，ある信者世帯（世帯番号A12）は，2005年の大晦日の饗宴を担当した。この世帯は，2人とも60代である世帯主夫妻に加えて，長男夫妻とその子ども2人，そして未婚の三男の計7人で同居している。次男は結婚し，妻とともにニュージーランドに

在住していた。この世帯の長男は電力会社の会社員，三男は教員であり，長男の妻も町の小売店で店員をしているため，村内では世帯収入の高い世帯のひとつである。

　FWCでは毎年，大晦日の夜の礼拝には10人のマランガ *malanga* と呼ばれる説教師が呼ばれていた。説教師は教会の地区長によって毎年選ばれており，このときの説教師のうち4人は調査村の信者であり，残る6人は他村の信者であった。この10人の説教師の1人ずつそれぞれに対して食事を提供することをファカアフェ *fakaafe* と呼び，饗宴担当世帯はそれぞれの説教師を自宅に招き，饗宴によってもてなす。世帯A12の開催した饗宴はこの日村内で開催された饗宴のなかでも，もっとも盛大なものであった。

　(i)　饗宴前日までの準備
　饗宴の準備は，数日前から始めなければならない。さまざまな料理に必要となる材料や使い捨ての食器類を町の商店で大量に購入すること，ヤムイモなどの上等なイモ類を畑から収穫しておくこと，豚の丸焼きに適したサイズの仔豚を所有していなければ，近隣の世帯に頼んで購入することなど，必要な物資の調達だけでも時間がかかるからである。このようにして用意された食物は多岐にわたっていた。

　これらのなかで一部の食物（コンビーフの缶詰や数頭の仔豚）は，この日の饗宴に招かれた人びと（説教師を除く6名）のうち数名が，事前に饗宴主催世帯へ贈ったものだった。基本的には説教師を接待するのがこの饗宴の目的だが，説教師だけではなく他のFWC信者や他宗派の隣人なども招くことが一般的である。私もこの招待客の一人であった。またここには私が滞在していた世帯D2の三女も招かれていた。先日に行われた公立トンガ高校の入試に合格したことを祝うため，世帯A12の世帯主の妻であるルピが，彼女を呼ぼうと決めたのでる。これに伴って，招待された三女の母サネは，前日に2.72kgのコンビーフ缶を持参しただけでなく，当日の饗宴準備にも朝から参加した。

(ii) 饗宴当日の準備

　饗宴開催当日の早朝6時頃になると，この世帯の庭には手伝いの人びとが次々と集まってきた。世帯員を除くと，ここには男女各7人の計14人が手伝いに参加していた。この14人のうち2人は，他村から来た世帯主の妻ルピの妹夫婦であったが，残る12人は村内の人びとだった。また14人のうち9人はFWC信者だったが，残る5人は他宗派の信者であった。

　まずは男性たちが豚の丸焼きをつくる準備を始める。用意された仔豚を屠殺して内臓を取りだし，きれいに洗う。見た目の美しさを際立たせるためだけでなく皮をおいしく食べるために表面の毛をカミソリで丁寧に剃ると，鉄の棒を口から肛門に通す。庭で火をおこし，豚をその火の上でゆっくりと回転させながら，焦がさないよう注意して焼きあげていく。またその他の男性たちは，ウム（地炉料理）の準備を開始する。地面に掘った穴の中で石を焼き，その上にイモ類と肉類を並べ，蓋をして蒸し焼きにしていく。男性たちの仕事はここまででほぼ終了する。一方で女性たちは，その他のさまざまな料理を作らなければならない。普段はほとんど作ることのない饗宴用の料理だが，若い女性たちも，このように手伝いに参加することを通して，その作り方を見よう見まねで覚えていく。そうして10種類近くできあがった料理は，プラスチック製のパックや紙皿に取り分けられる。男性たちが準備していた豚の丸焼きとウム，女性たちが準備していた各種料理がようやくすべて完成し，金属製のテーブルの上に美しく積みあげる作業が完了したのは，午後1時半のことだった。またこのときには，主賓である説教師に贈るための食物が入ったカゴも，同時に準備されていた。

(iii) 饗宴の開始

　この饗宴に主賓として呼ばれた説教師は，調査村のFWC信者女性（世帯番号F3）であり，彼女は午後1時頃にタパ布を1枚持って饗宴主催世帯を訪れた。しかしその時点ではまだ明らかに饗宴準備が完了していなかったため，まずタパ布を贈ると，数10メートルと離れていない自宅にいっ

たん帰宅して，世帯A12の子どもたちが知らせに来るのを待った。そしてようやく庭に食物の盛られたテーブルが置かれ，ふたたび説教師の女性が呼ばれると，私を含む7人と，その招待客の子どもたち8人の合計13人が，テーブルを挟んで着席した。

　まず参加者全員で祈りを捧げることから饗宴は始まる。その後まもなくして，一部の参加者が順々に立ちあがってスピーチを行う。スピーチでは，饗宴や教会への感謝の意が述べられ，なかには話の途中で感極まって涙を流す者もいる。その間に他の参加者たちは，スピーチを聞きながら料理を食べている。彼らは山のように積まれた皿やパックのなかから自分が食べたい料理を探しだし，あるいは座席近くの友人と食べたい料理を交換しあい，豚の丸焼きを切りわけ，傍らにいる子どもたちが欲しがる菓子を取ってやる。そして饗宴が終わる気配を見せると，人びとはおもむろに食べることをやめ，今度は何を持ち帰ろうかと吟味しながら，手もとに残った料理をまとめていく。こうした一連のプロセスは，けっしてあからさまに進行するわけではなく，人びとはあくまでもスピーチに耳を傾けながら，粛々と，だが忙しく，手や口を動かしている。しかしこの日の饗宴に関しては，数10人が集う大規模な饗宴とは異なっていたためか，人びとはそれほど多くの料理に手をつけるもことなく，またほとんどそれらを持ち帰ることもなかった。

　饗宴の参加者がテーブルに着席し，このように食べ進めていたのとは対照的に，主催世帯の家族や準備に奔走していた人びとは，皆テーブルから離れた場所に座り，この饗宴の進行を見守っている。その間彼らは何も口にすることなく，饗宴が終わり参加者たちが席をたってはじめて，残った料理を食べるべくテーブルに歩みよるのである。テーブルに着席していた参加者たちも当然このことは理解しているため，たとえ彼らは形式上「好きなだけ」食べることが許されているのだとしても，すべての料理を自分たちだけで食べきってしまったり，持ち帰ってしまうようなことはけっしてない。

第 3 章　モノを〈ふるまう〉——手放すことの意義

（iv）　饗宴終了後の贈与と分配

　ふたたび皆で祈りを捧げ，饗宴が終了すると，まず説教師が席を立ち，饗宴主催者に礼を述べて帰宅した。その直後に，主催世帯の人びとは贈与食物のカトとタパ布 1 枚，マット 1 枚を合わせて自家用車に乗せ，説教師の自宅へと送り届けた。また一方では，残っていた参加者たちの目の前で，テーブルの上に残った山積みの料理の分配が始まった。このときの分配は，饗宴主催世帯の夫妻の主導によって進められた。饗宴に招待された 6 人（説教師を除く）と，手伝いに来ていた14人を合わせた20人について，世帯ごとに数えなおすと16世帯であった。主催世帯主の妻ルピは，これら招待客および手伝いの人びとの名前をすべてノートに書きあげており，その人数を丁寧に確認しながら分配を進めていった。そして16世帯であることがわかると，残っていた全ての料理を，その種類ごとにひとつひとつ分けていき，限りなく平等な食物の山をそこに16箇作った。たとえば私の滞在していた世帯（世帯番号 D 2 ）に関しては，饗宴に招待された三女と私，そして手伝いをした D 2 世帯主の妻サネの計 3 人が同一世帯として数えられ，この世帯 D 2 に16等分された食物のうちの 1 つが分配された。分配された食物は直径50cmほどのボウルを満たすほどの量であり，この中にさまざまな料理の残りや，豚の丸焼きの一部，ヤムイモなどが入っていた。このようにして分けられた食物も，主催世帯の自家用車で各々の家へと届けられた。食物の分配をうけた世帯 D 2 ではその日の夕方，ボウルの食物のうち約半分を他村に居住する世帯主の妻サネの両親へと届け，残った半分を自らの世帯で消費した。

　上述した事例からは，ひとつの饗宴という場面を結節点としてその招待客や手伝いを担う複数の人びとが集まり，そこから多様な食物の流れが生じるさまが浮かび上がる。招待客の人びとは，饗宴に用いるための何らかの物資を事前に提供し，手伝いの人びとは，当日の長時間にわたる労働力を提供している。それに対して饗宴の主催者は，饗宴後に残った食物を，物資や労働力を提供してくれた人びとに対して，等しく分配した。ここで

見たような饗宴の開催準備について，私はそのほかの世帯においても観察していたが，そこでも必ず，主催者は手伝いに来た人びとの名前をメモとして控え，それを参照しつつ，饗宴終了後の均等な食物分配をやり遂げていた。そこでは，人びとが提供してくれた物資や労働力の過多を問わず，必ず均等に分配がなされるのであった。

　饗宴に集まる人びとについて見れば，主賓は固定的であるにせよ，その他の招待客や手伝いの人びとについては流動的であり，そのつど再編されていく。例えば世帯A12が開催した上記の饗宴には，高校に合格した世帯D2の次女や，そこにちょうど滞在していた私が招かれたように，その時どきの状況に応じて招待客は変動している。また，手伝いの人びとの顔ぶれも，けっして固定しているわけではない。家族やFWC信者など，饗宴のたびごとに互いに頻繁に手伝いあう関係が基本にあることは確かだが，そこにもまた変動の余地が残されている。というのも，村の内外で複数の饗宴が同時に開催されることは珍しくないので，幾つかの同日開催の饗宴は招待客の重複を避けねばならないだけでなく，それぞれ，他の饗宴には関与しない人びとのなかから手伝いを調達するがある。したがって饗宴主催者は，事前に心あたりの人びとに声をかけ，来てもらえるかどうかを打診する。そして実際に集まることのできた人びとについては，毎回名前のリストを作成し，それを参照しつつ均等な食物分配を行うのである。

　このようなトンガの饗宴は，既存の制度や社会関係が完全に規定しているというよりもむしろ，そのつどの内容やそこから派生する偶発的場面も結節点となり，それを取りまくように，人や物資の多様な流れが創出される社会的な出来事として理解できるだろう。場の構成員は変動しうるものであり，人びとはそのことを了解している。そして食物分配のような行為において，柔軟に，即興的に対応しながら，饗宴というそのつど独自な出来事を完遂するのだ。

(3) モノの積極的なやりとり

前節では，村のさまざまな行事に付随して開催される饗宴カイポーラが，村落生活において重要な位置を占めることを指摘した。饗宴ではまず，その準備の段階で，招待客や手伝いの人びとから主催者への物資や労働力の提供がある。そして饗宴が終了次第すみやかに，今度は主催者から招待客や手伝いの人びとへの食物の返礼が生じる。各世帯に分配された食物はそこからさらに，近隣世帯や親族へと分けられていく。このように所属宗派や親族関係を越えて，饗宴の食物は村の人びとへと行きわたっていくのである。以下では，頻繁な贈与交換あるいは分配の機会が，前述した行事や饗宴のような特別な場にとどまらず，世帯間や個人間といったあいだでも恒常的に発生していることを確認しておきたい。ここではクリスマスに世帯間で見られた「お茶」のやりとりの事例を検討しよう。

【事例3-3】クリスマスの「お茶」交換

村の人びとのクリスマスの過ごし方は，その所属宗派によって異なっている。しかし海外移住者の帰郷や送金，あるいは本書で後に検討する貯蓄組合の積立金支払いなどによって，この時期の人びとは普段よりも活発に現金を消費し，豪華な食物を用意しようとする点において共通している。庭先に電飾がピカピカと点灯する家も多く，子どもたちは風船を膨らませて飾ったり，中国人商店で買った爆竹を鳴らしたりして，お祭り気分を盛りあげる。

2006年のクリスマスは日曜日であったため，通常の日曜と同じく，世帯D2の人びとは朝からウム（地炉料理）を準備し，身なりを整えて教会に向かおうとしていた。すると午前8時頃に，隣人世帯（世帯番号D1）の女の子が，パンやビスケットの山盛りになった皿と，ココアの入ったカップとを両手に持ってやってきた。そして「これはケリ〔世帯D1の世帯主であり未亡人〕からのお茶[1]です」と言って，その女の子は皿とカップを置いていった。それらを受けとった世帯D2の次女は，慌てて昨日買っ

ておいたパンやパイ，ビスケットを取りだした。そして隣人の女の子が持って来たパンやビスケットを皿からよけると，その皿に自分たちの買っておいたパンやパイを盛りつけはじめた。

　まさにその作業の最中に，今度は別の隣人世帯（世帯番号Ｄ８）からもまた，女の子がパンとケーキが山盛りの皿と飲み物とを届けにきた。このときＤ８から来た皿は以前この家で使っていた皿であったため，世帯Ｄ２の次女は，また別の皿に新たなパンやケーキを盛りつけはじめた。そして隣人世帯Ｄ１とＤ８への皿を山盛りにし，カップに新たなココアを注ぐと，すぐに妹を呼び，それぞれの家へと届けに行かせた。

　このとき食卓の上には，量や見た目のそれほど変わらない「お茶」の皿が並んでいた。次の写真は，世帯Ｄ２と２つの隣人世帯Ｄ１，Ｄ８との間でこのときやりとりされた皿である。

　写真からもわかるように，この贈与交換の特徴として，贈与されたモノと返礼されたモノ間には，量的および質的な差異はほとんど見られない，という点がある。しかも上述したように，これらの交換は数分のうちに行われたため，時間を隔てた贈与とはいえ，一連の贈与交換はほぼ即時的に完了した。しかも世帯Ｄ２とこれら２世帯との間での贈与交換は平行して行われたために，世帯Ｄ１から来たパンやケーキの一部（図３-３中央のケーキやその下のサンドイッチ）は，世帯Ｄ２を経由して，そのまま世帯Ｄ８へと贈られていったことがわかる（図３-６参照）。また逆に，世帯Ｄ８から来たパンやケーキの一部（図３-５中央のケーキや隣のビスケット）は，世帯Ｄ２を経由して，そのまま世帯Ｄ１へと贈られていった（図３-４参照）。

　しかし一方では，この返礼のティーを用意した世帯Ｄ２の次女ロレは以下の点に留意していた。いったん食卓の上にはいくつもの皿が並び，ほぼ同じようなパンやケーキ，ビスケットで溢れた状態になったにもかかわ

1）人々は主食イモ類と肉や魚介類で構成される「食事」という意味のメアカイ *meakai* ではなく，パンやケーキなどを食べることを指して，「お茶」という意味の「ティー *tea*」と呼んでいる。

第3章　モノを〈ふるまう〉——手放すことの意義

図3-3　世帯D1からD2へのティー　　図3-4　世帯D2からD1へのティー

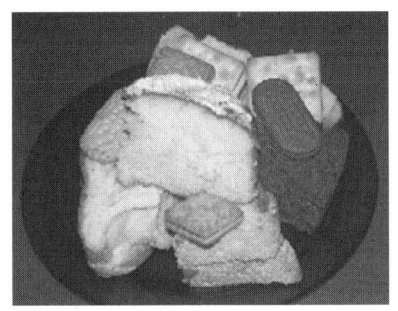

図3-5　世帯D8からD2へのティー　　図3-6　世帯D2から世帯D8へのティー

らず，そして世帯D2およびD8からのケーキ類を部分的に取りかえて贈っていたにもかかわらず，けっして各世帯から受けとったものそれ自体を贈らないよう，留意していたのである。

　このような食物の贈与交換はクリスマスに限らず，日曜の典型的な食事であるルウ lu についても時々見られた。ルウとは，タロイモの若い葉で肉や魚とココナツミルクを包み，それをさらにバナナの葉あるいはアルミホイルで包んで，ウム umu で蒸し焼きにした料理である。教会に行くことが主となる日曜日のごちそうとして，村の世帯のほとんどがこのルウを準備する。日曜日に教会に向かう道すがら人びとが出会ったとき，「［今日あなたは］ごちそうを食べるの？」という言葉が挨拶がわりとなり，「ルウだよ」「ルウの［具材は］何？」というように会話は続いていく。その

99

ようにルウは，その具材がコンビーフであったり，冷凍鶏肉であったりすることの違いこそ存在するが，基本的にはどの世帯でも同じように作っている。

このルウが隣人世帯から届く機会が時々あり，例えば2つのルウの包みを受けとると，人びとは即座に，自分たちの世帯で作ったルウを同じく2つ返していた。ここでわざわざ贈られたルウの中身を確認することはないため，結果的として互いにほぼ同内容のモノ，つまり同じ具材のルウを交換していたこともあった。このように，村落生活のなかでは，その対象物が量的・質的にほぼ等価であり，またそのやりとりが即時的に完了するような贈与交換が積極的に行われているのである。

一連のモノのやりとりからうかがえるのは，実は差異化ではなく均質化へと向かう人びとの志向であって，相手をそのモノの質や量によって上回り圧倒しようとするような意識はここでは明らかに見られない。ここでやりとりされているモノはかなりの類似性や均質性を持つにもかかわらず，彼らがあえて他者とそれを交換するのはなぜなのだろうか。葬儀で自らのタパ布を贈った結果，別のタパ布が返礼として手元に戻ってきたように，あるいはクリスマスにほぼ同等のパンやケーキの皿を交換するように，同じようなモノが行き交うのはなぜなのだろうか。

少なくとも明らかなのは，人びとの関心事は何をどれだけ所有するかというよりもむしろ，何かを差しだし手放すという行為を積極的に繰りかえすことによって，モノを常に絶やすことなく行き交わせることにある。所有という行為を静的に捉え，その瞬間のみを状態として切りとるのであれば，ある種の交換行為を経たとしても自らの所有物の変化はあまり生じないかもしれない。しかし重要なことは，人びとが自らのモノを積極的に手放すふるまいを対面的に互いに繰りかえすことで，そのふるまいそれ自体を認知し確認しあっていくことにある。贈与においてかかげられる布類や華々しく飾られた饗宴の食物，美しく焼きあげられたブタの丸焼き，山盛りに積みあげられたケーキの皿など，それらはまさに人びとがモノを「ふ

第3章　モノを〈ふるまう〉——手放すことの意義

るまう」さま，つまりモノを所持していることよりも手放していることを印象づけるべく，用いられているのではないだろうか。そのような見方に寄り添ってみるとき，私たちはこれまであまりにも，モノそれ自体の数量や損得勘定に縛られていなかったか，と気づくのだ。

第4章

貨幣を〈ふるまう〉
——宗教贈与の盛大さ

1　教会への献金行事ミシナレ *misinale*

(1)　多額の宗教献金

　前章では，村内で見られるさまざまな贈与や物資のやりとりの事例から，伝統財や食物など多様なモノが人びとのあいだを行き交う日々の様相について検討した。特に儀礼的状況においては，親族関係や教会における役職など既存の役割を参照しながら贈与や交換，再分配が行われていたが，実際の場面に目を向けたとき，その詳細な流れは必ずしも全てがあらかじめ規定されていたわけではなかった。その場に居あわせる人びとの，状況に応じた即興的な判断を組みこみながら，モノは瞬く間に人の手から手へと移り渡っていった。

　このように大量のモノが行き交いつづけ，贈与が広くトンガの人びとの生活を覆っていることについては，第2章でも具体的な世帯収入・支出のデータから確認したが，そのときもっとも顕著だったのは，「教会への寄付」というカテゴリーの世帯支出に占める圧倒的な割合の高さだったことを思い出してほしい。キリスト教宗派による違いはあるものの，トンガの人びとにとって教会への寄付とは，個々人や各世帯の意思に基づいた行為というよりも，より社会的で全体的な営みなのである。それはどのように促され，成りたっているのだろうか。同じ贈与といえども，タパ布などの

第4章　貨幣を〈ふるまう〉——宗教贈与の盛大さ

伝統財がやりとりされることと，現金がやりとりされることとでは，いくつもの相違が生じる。

本章ではこのような宗教贈与あるいは現金贈与の事例を検討することによって，貴重な現金を教会へと惜しみなく献金する人びとの実践がいかなるものか，明らかにする。

(2) 各教会の献金行事

第2章でも概観したように，調査村には5つのキリスト教会が存在していた。そしてモルモン教を除く4つの教会においては，毎年1度開催される教会への献金行事があった。メソジスト系の3教会ではこの献金行事をミシナレ misinale と呼び，カトリック教会ではカトアンガ・オファ ka-to'anga 'ofa と呼ぶ。宗派によって献金行事の流れは若干異なるものの，信者たちが世帯ごとに献金を行い，その金額が教会の役職者だけでなく，必ず他の信者たちにも公表されることは共通した特徴である。

各教会が献金行事を開催する時期は以下のように異なっている。自由ウェスレアン教会では11月，トンガ自由教会とトンガホウエイキ教会では8月，カトリック教会では5月に開催されるのが通常であり，毎年その開催月は変わらない。いずれの献金行事も平日の日中に行われ，それを終えた直後には信者たちの協力によって饗宴が催される。またメソジスト系3教会に関しては，この献金行事ミシナレ以外にも，3ヶ月に1度より規模の小さい献金の機会が存在する。これはリー・パアンガ li pa'anga と呼ばれ，世帯ごとあるいは複数世帯からなるグループごとの献金額が記録されていくミシナレとは異なり，信者全体から集められた金額が総額として記録されるのみである。概してリー・パアンガで集められる献金の額はミシナレよりもはるかに少なく，その十分の一にも満たないことが多い。従って献金行事に関して，その信者たちの関心が集まるのは，まさに1年に1回開催されるミシナレの場面なのである。

献金行事で集められる金額については年によって変動があるが，その全

体像を把握するために事例を示そう。上述した調査村の教会のうち、自由ウェスレアン教会とトンガホウエイキ教会、そしてカトリック教会について、2006年の献金行事で集められた金額は、以下の通りである。

- 自由ウェスレアン教会　　…T$48,508.7
- トンガ・ホウエイキ教会　…T$ 8,007.0
- カトリック教会　　　　　…T$ 7,380.0

　これら3教会の献金行事で集められた金額だけでも、その総計はT$63,895.7となった。またこの年の献金額についてデータが得られなかったトンガ自由教会についても、例年少なくともT$10,000を上まわる金額が集められている。それを考慮して概算すれば、これら4教会の献金行事だけでも、総額T$75,000近い金額が、調査村内からキリスト教会へと献金されていることになるのだ。それは2006年当時のレート[1]で換算すれば、420万円ほどの金額である。

　私が初めて調査村で開催された献金行事に参加したとき、信者たちが札束を積みあげ、その金額が次々と大声で読みあげられる光景に強い衝撃を受けた。手もとにはほとんど現金を持たない日々の生活と照らしたとき、村のなかでそれほどの大金が飛びかう機会があるとは、まったく予期していなかったからである。これはまさにポトラッチのような、威信をめぐる競覇的な贈与なのだろうか、という素朴な疑問が脳裏をよぎった。彼らはもちろん「敬虔なクリスチャン」であり、篤い信仰によって献金という宗教贈与を行っているのだろう。しかしこれほどの規模において展開される献金について、それは個々人の信仰心という言葉だけに還元しえない、より多面的な実践に支えられているのではないだろうか。

　以下では、調査村のなかでももっとも信者数が多く、また献金額も突出している自由ウェスレアン教会（FWC）の献金行事ミシナレに焦点をあてる。そして献金のシステムや実際の献金額の推移について詳細に検討し、

---

1) 2006年1月のレートによれば、T$1は約56円であった。

この宗教経済実践の位置づけを解明していこう。

(3) 自由ウェスレアン教会の組織と献金行事

　献金行事は全国規模でほぼ同時期に開催され，それぞれの教会ごとに献金が集められる。調査村を含むトンガタプ島には69の行政村が存在するが，これらの村落の各々に1から3つの自由ウェスレアン教会が置かれている。村の人口が多い場合には，複数の教会が設置されるのである。またいくつかの村の教会は地区ごとにも組織され，地区の中心となる支部が置かれている。各村落間では，大晦日のような祝祭日において説教師マランガを「交換」して派遣することになっているが，それを取りしきるのもこの地区ごとの支部である。そして年に1度，全国規模で牧師や教会役員が集まる機会として，教会会議が開催されるが，この開催地は毎年異なった島々を循環する。

　FWC を含むメソジスト系教会の牧師たちは村内に居住しているが，彼らはいずれも調査村の出身者ではなかった。なぜなら牧師は3年おきに異なった村々を巡回しているからである。したがって牧師とその家族の住む家は，教会用地の一部に建てられており，そこに住む世帯は定期的に入れ替わる[2]。また教会にはこの牧師以外にもいくつかの役職があり，会計を司る「秘書役」や，「秘書役の助役」などの役職が存在する。彼らは村内の信者のなかから選出されているが，実際にはいったん選出されると数年から数10年にわたってその役職を保持することが多い。また定期的に行われる聖書の勉強会に参加し，教会で行われる「試験」に合格し認められると，その信者はマランガ *malanga* と呼ばれる説教師の称号を得ることができる。マランガとして認められると，牧師ではなくとも，礼拝で説教を

---

2) カトリックの司祭は他村に居住し，ミサがあるたびに通ってきていた。モルモンでは牧師や司祭に該当する聖職者は存在しないが，信者たちの中から「ビショップ」と呼ばれる代表者が各教会で選ばれ，また地区ごとの代表者は「プレジデント」という役職が与えられていた。

する機会が得られるようになる。例えば自由ウェスレアン教会では，調査村では男女合わせて約60名の成人信者のうち，15名がマランガの称号を与えられていた。

　自由ウェスリアン教会ではその他にも，信者たちのなかから聖歌隊や青年団が組織され，定期的に活動を行っていた。希望者で組織される聖歌隊は毎週平日の夕方に歌の練習を行い，16歳以上の未婚男女で構成される青年団は教会用地の清掃や，牧師用家屋の修復などを担っていた。

2　宗教贈与の制度と信者たちの貢献

（1）　献金行事ミシナレのシステム

　調査村における FWC では，ミシナレのために29の信者世帯が7つのグループ[3]に分けられていた。各々のグループ（グループⅠ～Ⅶ）は5世帯から7世帯で構成されているが，グループⅦのみは他のグループと異なった性格を持っている。というのも，他のすべてのグループが一般信者世帯から構成されているのに対して，このグループだけは，牧師世帯，秘書役世帯，そして前述した青年団によって構成されているのである。青年団は，次章で詳述するコニセティ *koniseti* と呼ばれる「コンサート」やカヴァ飲みのカラプ *kalapu* の開催を通して，信者全体から寄付を募り，そこで集められた総額をこのグループへと供出する。このときも青年団の主催によって，ミシナレの前々夜にはカラプが，そして前夜にはコニセティが開催された。そして各々の行事に参加した信者たちから，約 T$500と約 T$4,800が集められた。

　各々のグループには中心的な役割を担う世帯が存在する。同じグループ

3）ここでは便宜的にグループ名を番号としたが，実際には代表者の名前を用いて「グループ○○」という形で呼ばれている。

に属する他世帯の信者たちは，ミシナレの前日になるとその中心となる世帯に集まり，献金を持ち寄る。そしてこのグループによる献金額は，このように各世帯の献金を合算した時点で確定するのである。したがって，このとき信者たちは，互いの世帯の献金額を必然的に知ることとなる。その一方で，グループを異にする信者世帯間では，他のグループに所属する世帯の献金額を知りえない。なぜならミシナレ当日に発表されるのはグループ単位の献金額であり，世帯単位ではないからだ。

　前述したグループⅦを除くこれらのグループは，親族関係を基盤として構成されている。例えばグループⅠの構成世帯についていえば，世帯C4の世帯主は世帯C3の世帯主の弟であり，また世帯C9の世帯主は未亡人だが，その夫は世帯C3およびC4の世帯主の父方のオジであった。またグループⅡの構成世帯についても，世帯H7，H5，H6の世帯主はそれぞれ長男，次男，三男であり，残る2世帯も，世帯H9の世帯主は世帯H8の世帯主の母親であった。このようなグループ構成を見るかぎり，少なくともここでの「世帯」は互いに競合するのではなく，むしろ協力して自らのグループの献金額を捻出するユニットであるといえよう。

　各世帯がいくらずつ，またどのようにして献金を調達したのか，事例をより詳しく検討しよう。2006年にグループⅠはT\$12,943を献金として拠出したが，その内訳とは，世帯E5からT\$10,000，世帯C3，世帯C4，世帯C9から各T\$700，そして世帯E10からT\$800であった。そして残るT\$43は，ミシナレ当日に他グループの信者から寄せられた献金だった。

　したがってグループⅠの献金額についていえば，その多くの割合が世帯E5から拠出されていた。世帯E5の献金額だけがこれほど突出していることは意外に思えるが，実はこの世帯E5の世帯主が前年に病気によって逝去していたことが大きく関わっている。故人は30年以上にわたってFWCの牧師を勤めてきた人物であり，その職を引退した後にも，世帯E5は調査村教会の中でもっとも献身的な信者世帯のひとつとして知られていた。この世帯E5のFWCにおける貢献度の高さはまた，前章でも述べ

107

た教会行事に伴う饗宴に関して，1回も担当しない信者が存在する一方，彼らは年に3回担当していることからも明らかであろう。

　ここではさらに，この世帯E5が，世帯主を喪ったにもかかわらず，どのようにしてT$10,000もの献金を調達することができたのか，その内訳を見ておこう。このT$10,000のうち，T$3,000はアメリカ（ロサンゼルス）に移住した長男からの送金だった。長男はこの世帯に送金する頻度ももっとも高く，ミシナレだけでなく饗宴を開催する際にも，この世帯は長男からの送金に頼ることが多かった。そして各T$2,000は，同じくアメリカ（サンフランシスコ）に移住した次男と四男からの送金であった。このアメリカに移住した3人の息子たちが贈ってくれる航空券で，世帯主（故人）の妻は彼らの家族を訪れ，そこに数ヶ月滞在していたこともあるという。そして残る各T$1,500は，この世帯に暮らし，町の資材会社で働く五男と，船会社で働く六男によって提供された。

　この世帯E5の事例がそうであるように，各世帯ではミシナレの時期が近づくと，まず海外移住家族に対して電話で送金を打診する。あるいは，移住した家族たち自身も，母国でのミシナレの時期や，そこで必要とされるであろう金額について了解していることが多く，その時期が近づくと特に要求されずとも送金を行い，送金した旨をトンガの家族に電話で知らせることもある。

　しかし一方では，母国の家族が必要とするだけの金額を，移住家族たちがつねに用意できる保証はどこにもない。このような場合，移住家族は「まったく送金しない」という選択はほとんど取らないにせよ，T$2,000を求められていたところ，実際にはT$1,500しか用意できなかった，といって用意可能な金額を送金することがある。このようなとき母国にいる家族たちは，国内にいる者だけでなんとか必要な金額を集めようと奔走する。そこでは賃金労働に従事している家族がまず頼りにされる。近年のトンガでは「質屋」も存在感を高めており，ミシナレをはじめ多額の現金を必要とした人びとが訪れるという。だが調査村の人びとに関しては，私がそのような事例を聞くことはなかった。

(2) ミシナレ当日の進行

　調査村で2006年11月に行われたFWCのミシナレは，午前10時に開始された。しかし年に一度の行事にもかかわらず，このとき姿を見せていたのはごく限られた数の信者たちであり，教会内は閑散としていた。これは多くの信者たち，主に女性たちが，ミシナレ終了後ただちに開催される饗宴の準備に追われていたためである。平均的な日曜礼拝の出席者数は，成人男女約80名と，子どもたち約30名であるのに対して，ミシナレに最初から参加していたのは，男性信者15名，女性信者7名，そして約15名の子どもたちだけだった。またこのミシナレには，調査村のFWC信者以外の人びとも列席していた。そこには調査村のトンガ自由教会とトンガ・ホウエイキ教会の秘書役が来ていた。また隣村のFWCの秘書役も列席した。またこの日の牧師役は調査村FWCの牧師ではなく，この村の教会が所属する地区支部の牧師がつとめていた。

　ミシナレが通常の礼拝とは異なっていたその他の点に，司会者や会計係の存在があった。座席の前方には司会者がマイクを持って立っており，グループを構成する信者世帯と各グループの金額を読みあげつづけた。そして信者が持参した献金を即座に集計するための会計係が2名，牧師や説教師が立つ演台のすぐ脇に置かれたテーブルに着席していた。このうち1名は普段から会計を担う秘書役の信者だった。またその他にも，少額の献金を集めるために「洗面器」を持って，座席に並んでいる信者たちの間を歩きまわる集金係もいた。これらの係はすべて30代以上の男性であり，村のFWC信者たちのなかから事前に決定されていた。

　牧師による祈りと信者たちの聖歌の合唱が終わると，司会者の「祝宴の始まり！」というかけ声から献金は開始された。司会者は信者たちの様子をうかがいつつ，準備ができたグループから順に名前を読みあげていく。この日はグループⅤから献金を開始した。

　まず司会者によってグループⅤの代表者の名前が読みあげられた後に，

そのグループを構成する各世帯の世帯主の名前も続けて呼ばれた。名前が呼ばれたからといって，信者たちはすぐに現金を持参するわけではなく，そこには若干の間が置かれる。その間にすかさず司会者は「支援を〔してください〕！」と人びとに呼びかけ，その言葉に合わせて集金係がプラスチックの洗面器を持って移動する。すると一部の信者は，この集金係が自分の席の近くを通った際に，洗面器をめがけて紙幣や硬貨を投げ入れるのである。この「支援金」はトコニ *tokoni* と呼ばれ，各グループが献金するたびにこの支援金も集められた。人びとが支援金を洗面器に投げ入れると，司会者は「支援をありがとう！」「お金をありがとう！」と叫ぶ。

　支援金が集められているのと並行して，該当グループの代表者である信者は，事前に集められた献金の札束を持って会計係のいるテーブルへと歩み出る。ここで持参される現金は，その金額の多さから「札束」となることがほとんどであり，それは輪ゴムでまとめられただけのものもあれば，封筒や袋に入れられたものもある。このときグループVの代表者は分厚い封筒を持参し，それを会計係のいる机の上へと「ありがとう」と言いながら置いた。会計係は即座にその封筒を開き，中身を計算しはじめる。また他の信者たちによって集められた洗面器の「支援金」もこの机に置かれ，同時に集計される。

　そのようにしてグループVの献金が集計されている間，司会者は次にグループIの名を呼んだ。だがこのグループの献金が開始するまでには，数分ほどの間が空いた。なぜなら前述したとおり，グループIの代表者であった世帯E5の世帯主は，前年の12月に逝去しており，このときの彼らの献金はこの「死者を追悼する献金」として位置づけられていたからである。これはファカマナトゥ *fakamanatu* と呼ばれ，「追悼する」「記憶する」ことを意味する。

　このとき遺族は，献金に加え，キエ（細編みのゴザ）と香水やコロンなどを詰めた布製の白い籠を，教会への贈り物として事前に準備していた。そして自分たちのグループの名が呼ばれると，遺族を先頭に同じグループの世帯員が列をなし，教会最後部の入り口から入場した。遺族と他の世帯

第4章　貨幣を〈ふるまう〉——宗教贈与の盛大さ

員は分担し，献金と上述したゴザおよび籠を抱えながら，牧師の前まで行進した。彼らが行進している間は，その他の信者たちは聖歌を歌いつづける。そしてこのグループが牧師の目の前に贈り物であるゴザと籠を並べ終え，会計係に献金の封筒を渡すと，信者たちは歌うことをやめた。まず遺族がひとこと，これは追悼であるという旨の挨拶を述べた。それに対して担当牧師は，死者に対する弔いの意を表すとともに，このグループに礼を述べた。そしてグループは退出し，このグループⅠのファカマナトゥの献金は終了した。

　この時点でようやく，一番初めに献金を行っていたグループⅤの集計が終わり，その金額が司会者によって発表された。グループⅤの献金はT\$4,770であり，そこに支援金として他の信者から T\$18が「投げこまれて」いた。そして献金額の合計は T\$4,788となった。司会者はこれを「ペレティ *peleti* T\$4,770，トコニ *tokoni* T\$18，合計 T\$4,788」と発表した。ペレティ *peleti* とは英語の「プレート」を語源とし，「皿」のことを意味する。信者たちによれば，かつて献金は「皿」の上に載せて贈られたことから，この呼び方が現在でも残っているという。ミシナレが確立された歴史的経緯については，次節で詳述する。

　その後も，それぞれのグループは上述した流れに従って，次々と献金を進めていった。この年は，グループⅠだけでなくグループⅡでも「追悼の献金」ファカマナトゥが捧げられたが，そこでの贈り物の種類や献金のプロセスはグループⅠとほぼ同じであった。また最後には，グループⅦが献金を行い，他の信者と同じ座席にすわっていたこの村の牧師が立ちあがると，ビニール袋に入れた札束を会計係に渡した。こうしてミシナレにおける7つすべてのグループは献金を終えた。

　その後，会計係によって総額がすみやかに集計され，その間も信者たちは聖歌を合唱しつづけた。ようやく献金の総額の計算が終わると，会計係はそれをメモに書きとめ，この日の担当であった地区支部の牧師に手渡す。牧師はまず，この日を迎えられたことについて感謝の意を述べ，またこのように多くの献金が集まったことを喜ばしいことだと語った。そしてこの

牧師の口から発表された献金の総額は，T$47,837.7であった。その瞬間に人びとは「ありがとう！」と口々に言った。こうしてFWCの2006年のミシナレは，約1時間のうちに終了した。

　ミシナレが終了するとただちに，信者たちは教会の建物に隣接したFWCの集会所へと移動した。そこではすでに饗宴の準備が完了しており，テーブルの上には豪華な料理が並んでいた。このとき集会所の前方に置かれた1列のテーブルには牧師や秘書役たちがすわり，残る後方2列のテーブルには信者たちがすわった。ミシナレ自体には参加できず，饗宴準備に励んでいた多くの女性信者たちも，このときは一緒に着席した。このときの座席は男性と女性とで分かれ，またさらに年配者，若者，子どもたちなど年代によっても大きく分けられている。

　祈りの後に食事が開始すると，人びとが豪華な料理を食べ続ける間にも，前方に着席していた牧師や秘書役たちが，次々とスピーチを行った。それらのスピーチが終わったところで再び祈りが捧げられ，食事を終えた人びとは，テーブルの上に残った食物をできるかぎりビニール袋に詰めたり紙皿に載せたりして，持ち帰っていった。このようにして，FWC信者にとってもっとも多忙な一日のひとつであるミシナレは，無事にこの年も終了したのである。

(3)　集められた献金の用途

　次の表4-1では，2005年から2009年までの5年間の献金の推移を，前述した7つのグループごとに示している。先に見た2006年の事例では，調査村のFWCがミシナレで集めた合計献金額はT$47,837.7だったが，同じトンガタプ島にあるすべてのFWCから集められた献金の総額は，T$4,259,711.68，つまり日本円で約2億3900万円であった。これほど莫大な額を集めた教会では，はたしてその献金をどのように使っているのだろうか。

　実は各教会で集められたミシナレの献金は，その全額が教会本部へと流

第4章　貨幣を〈ふるまう〉——宗教贈与の盛大さ

表4-1　調査村 FWC ミシナレのグループ別献金額の推移

	Group Ⅰ	Group Ⅱ	Group Ⅲ	Group Ⅳ	Group Ⅴ	Group Ⅵ	Group Ⅶ	Total
2005	T$ 2,433	T$ 2,262	T$ 2,312	T$ 4,730	T$ 4,824	T$ 2,004	T$8,398.3	T$ 26,963.3
2006	T$12,943	T$12,058	T$ 5,319	T$ 4,788	T$ 1,902	T$ 2,415	T$8412.7	T$ 47,837.7
2007	T$ 3,211	T$ 4,049	T$ 5,205	T$ 4,222	T$ 3,060	T$ 3,023	T$8,366.2	T$ 31,136.2
2008	T$ 3,822	T$ 4,305	T$ 6,053	T$ 5,916.2	T$ 2,122	T$ 2,426	T$9,212.5	T$ 33,956.7
2009	T$ 4,434	T$ 3,867	T$10,586	T$12,822	T$13,600	T$ 3,106	T$ 8,077	T$ 56,492
Total	T$26,843	T$26,541	T$29,475	T$32,478.2	T$25,508	T$12,974	T$42,466.7	T$196,385.9

れるのではなく，ある一定金額のみが本部によって徴収され，残るすべては各村の教会の資金として蓄えられている。2006年の調査村におけるミシナレの例に戻れば，集められた T$47,837.7のうち，FWC 教会本部によって徴収されたのは T$7,599であった。したがって残りの T$40,238.7は調査村の教会の資産として預金されたのである。つまり割合に換算すると，献金全体の約16％が本部へ吸い上げられたのに対し，残りの約84％にものぼる金額が村の教会で保持されていたのである。この金額および割合の理由については，また後に詳しく検討していこう。

本部へと集められた献金はその後，主に FWC 教会の運営費となる。このなかで最も大きな割合を占めるのが，聖職者や教会関係職員への給与である。FWC の宗教実践は，日曜日の礼拝や祝祭日の行事だけでなく，多様な形で信者たちの生活に深く根ざしているが，その代表的なものとして学校教育が挙げられる。トンガ全土には FWC の経営する小学校が7校，中学校が3校，地域校（主要な島に配置）が3校，カレッジが5校と農業学校が1校ある（Grace 2003）。FWC は経営する学校数も宗派のなかで最多であり，それは国内教育機関の総数の約30％に及ぶ。そしてこれらの学校には，約500人もの教職員が勤務しており，当然彼らにも給与を支払う必要が生じる。ミシナレの献金は，こうした教職員や聖職者（牧師と秘書役）への給与にも充てられているのである。

トンガ社会におけるキリスト教の位置づけを問うとき，その重要性を指

113

して「教会がコミュニティとなるのであり，またコミュニティが教会となるのだ（Taumoepeau n.d.）」と言われるように，トンガの教育システムとキリスト教実践もまた，不可分に結びついている。私が首都にあるFWC本部を訪れたとき，ミシナレの莫大な献金やFWCの運営について話してくれたある職員は，以下のように語った。

> 「時に海外から訪れる人びとは，トンガの教会においてこれほどまでに盛大な献金が信者から寄せられている事実を見て驚きます。そして彼らは，きっとこれは教会が人びとから搾取しているのだろう，と推測するのです。しかしこれは事実とまったく異なっています。トンガでは教会は多くの主要な社会的役割を担っており，それは政府や大企業が担うような役割です。私たちはたしかに人びとから献金を集めますが，それは再び人びとのもとへと分配されていくのです。つまり教会とは，銀行のような役割を果たしているにすぎないのです（2006年11月，原文は英語）」

たしかに，教会本部へと集められた献金は，教育という回路をとおして信者たちのもとへと再分配されている。すなわちFWCにおける献金とは，信仰心の表明としての宗教贈与という文脈にとどまらず，教育という近代的な意味を付与されつつ再分配されているのである。

そして調査村のミシナレにおける献金の用途について改めて検討してみると，このとき献金全体の約84%であるT$40,238.7が，教会本部ではなく，自分たちの村の教会の資産として蓄えられていた。村のFWCの名義で作られた銀行口座には，こうして毎年ミシナレで集められた献金の一部が貯蓄されていく。この用途は村のFWC信者たちの合議によって決定されるが，それは主に教会の維持費（電気代や水道代など）の支払いに充てられつつ，ある程度の金額が蓄えられると，牧師の家屋や教会建築の修繕あるいは立て替えの費用として用いられる。現在村にあるFWCの建物も，このように貯蓄されてきた資金によって2001年に再建されたものであり，その費用はT$1,000,000を越えた。

ここまで見てきたように，ミシナレの献金は，教会の学校運営費用やあるいは村の教会の建築費用として用いられており，その用途については信

第4章　貨幣を〈ふるまう〉——宗教贈与の盛大さ

者たち自身もよく理解していた。またその分配方法については若干異なるものの，FWC以外のメソジスト系教会でも，献金の一部が本部へ，残りが村の教会へと蓄えられるという仕組みについては基本的に同様である[4]。

しかし，このように教会による献金の用途が明確であったとしても，各々の信者たち，あるいは信者世帯やその集合としての献金グループが，具体的にはどのようにして自らの献金額を決定しているのか，という点については未だ疑問が残る。このことを理解するために，以下ではこの献金のシステムについてより詳細に検討しよう。

(4)　「一定の目標金額」の設定と共有

私は教会の有職者たちおよび信者たちに，自分たちの収入から多くを割いて，あるいは海外移住者である家族からの送金を頼んで手に入れてまで，なぜこのような多額の献金を贈るのかと尋ねた。そのときの回答でしばしば強調されたのは，献金とは神に向けられた「自発的な贈与」である，という点であった。たとえばあるFWCの冊子にはこのように記されている。「トンガ人は贈与を愛しており，まさにこの贈与こそが善きクリスチャンとしてのトンガ人を形成するのです！(Puloka n.d.)」。これと同様に，信者からも，献金はみずからの「自由 *tau'ataina*」な意思によるものであり，神への「愛 *'ofa*」である，という言葉を頻繁に聞いた。

たしかにトンガのキリスト教実践を見る限り，FWCを始めとするメソジスト系教会の信者たちは，多額の献金という目に見える実践を通して，もっともこのような信念に沿った生き方をしているように見える。しかしながら，献金はあくまでも自発的に個々人の判断で行われているとする語りだけをそのまま鵜呑みにしてしまっては，彼らの営為全体に対する理解を深めることはできない。ここで実際の献金システムを厳密に検討してみ

---

4) たとえばトンガホウエイキ教会では，集められた献金は3分割され，全体の45%が教会本部へ，同じ45%が村の教会の資産へ，そして残る10%は村の教会の秘書役へと贈られる。

115

ると，これらの言説とは異なった様相が浮かびあがってくるのである。そ れはすなわち，教会本部が一定の目標金額を定め，献金行事ミシナレに先立って提示しているという事実である。

ファカアム *faka'amu* と呼ばれる，「献金希望額」は，FWC の全国会議によって数年おきに決定される。そこでは全国にある185の FWC それぞれについて，近年の献金額や信者数などが総合的に評価され，A から E までのランクに分けられた「献金希望額」が割りふられている。さらにその「献金希望額」に加えて，前述した「教会関係者への給与」「教会本部の建築など維持費用」「その教会の所属する地区支部への拠出金」が加算され，これらを合わせた金額が教会本部へと贈られることになる。2006年にはこの「献金希望額」がランク D とされていた調査村の教会では，次ページのような計算式によって，教会本部へと拠出される金額が決定されていた。

そこではまず，16歳以上の信者1人あたりについて定められた費用を合計し，それを各村の教会の信者数で乗じることによって，この村のミシナレから教会本部に拠出される献金額は決定されるのである。

だが上述した計算式によってかなり厳密な金額が教会本部によって設定されているとはいえ，信者たちはその金額に到達することだけをめざして献金しているのではない。なぜならそれに加えて信者たちは，自分たちの村の教会の資産となる分の献金をも大量に拠出しているからである。しかもそれは教会本部に拠出する金額に比べて圧倒的に多かった。この「大幅な余剰の創出」は調査村の FWC のみならず，すべての教会に共通して見られた現象であった。トンガタプ島で集められた献金総額はT$4,259,711.68だったが，そのうち教会本部へ拠出された金額は約31％であり，じつにその2倍以上である69％が各村の教会の資産となっていたのだ[5]。

5）ここでの詳細な金額については，FWC 本部でのインタビューおよび閲覧記録（Siasi Uesiliana Tau'atāina 'o Tonga 2005）による。

第4章 貨幣を〈ふるまう〉——宗教贈与の盛大さ

a．献金希望額 *faka'amu*（ランクD[6]）　　…T$31
b．教会関係者への給与　　　　　　　　　…T$16
c．教会本部の建築など維持費用　　　　　…T$ 3
d．その教会の所属する地区支部への拠出金 …T$ 1

→ ［aからdまでの合計］×［調査村FWCの信者数］
　＝（T$31 ＋ T$16 ＋ T$3 ＋ T$1）× 149
　＝ T$7,599　　…調査村から教会本部に拠出される献金額

　ここで教会本部によって明示された「献金希望額」だけではなく，信者にとってのもうひとつの献金の指標を検討する。それが前述した事例にもあった「死者の追悼の献金」ファカマナトゥ *fakamanatu* である。

　まずはもう一度，表4-1の献金データに戻って検討してみよう。一見すると毎年大きく変動しているように見える献金額だが，ここで1つのグループからの献金額がT$10,000を超える5つの事例（表の網掛け部分）を除いたとき，各グループによる毎回の献金額の偏差は突如として小さくなる。つまりこのT$10,000を超える5つの事例のみが突出している。そしてこの5事例はまさに，前述した「死者の追悼の献金」の事例であった。これらすべての事例において，ミシナレ前の1年の間に，同じグループ内の信者のうち誰かが逝去していたのである。

　前述したように，グループⅠでは，グループとしての献金T$12,943のうち，世帯主を亡くした世帯E5が，その8割近くにあたるT$10,000を用意していた。また献金額がT$10,000を上回っていた4つのグループ（グループⅡ，Ⅲ，Ⅳ，Ⅴ）の事例についても，家族を亡くした世帯が中心となって献金を用意しており，その該当世帯からは，それぞれT$5,000からT$9,000の範囲で拠出されていた。そしてこの金額の範囲はまさに，FWCの聖職者が書いた以下の文書に記された金額に近似しているのである。

6）各ランクの献金希望額（信者1人あたり）は，A：T$39，B：T$37，C：T$35，D：T$31，E：T$26と設定され，これに応じて上記の計算がなされる。このランクは例年の献金額や信者数に応じて決まる，ということだが，そのより具体的な基準については，データを入手することができなかった。

「近年に家族の死に見舞われた者たちは，天国に召された，愛する死者を追悼するために，多額の献金（T$5,000 から T$10,000）を寄付する。これは死者を記憶すると同時に生きている者の生を再び捧げる，非常に特別な機会なのである（Puloka n.d.）。」

「死者の追悼の献金」について，このように具体的に言及されたことはないと村の信者たちは語る。しかし実際の献金額を検討したとき，彼らのなかでは，「T$5,000 から T$10,000」という献金額の目安が，暗黙裏に共有されていると考えられる。このように，実際の献金額を決定する要素として，教会が明示する「献金希望額」そして人びとによって共有される「死者の追悼の献金」という 2 つの目安が存在することが明らかになった。

3　キリスト教と貨幣経済の歴史的もつれあい

(1)　ウェスレー派メソジストの布教とトンガの国家形成

本節では，これまで検討してきたウェスレー派の献金行事ミシナレについて，それがいかなる過程によって現行の制度として確立されたのかを明らかにするため，歴史的経緯を考察する。またその歴史は，トンガの人びとが西欧世界との接触，より具体的には宣教師や貿易商人との接触を経て，キリスト教や貨幣を導入してきた19世紀以降の歴史過程と，密接に関連している。ここでは，トンガの国家形成とウェスレー派教会の影響力について詳述したラトゥケフの論考と，その過程のなかでもっとも多大な影響をふるったイギリス人宣教師シャーリー・ベーカーについての研究に依拠しつつ，「キリスト教」と「貨幣経済」とがもつれ合いながらトンガに浸透していった歴史について検討する（Latukefu 1974, Rutherford 1996, Campbell 2001）。

まずはトンガにキリスト教が導入された過程について，ここではウェス

第4章　貨幣を〈ふるまう〉——宗教贈与の盛大さ

レー派メソジストに焦点を絞り，概観しておこう。

　ロンドン宣教師教会の宣教師たちが初めてトンガを来訪し，メソジストの普及を試みたのは1797年だったが，このときの布教活動は失敗に終わっている。その後ロンドンとシドニーから派遣されたウェスレー派メソジストによってより体系的な布教活動が開始したのは，そこから約30年を経過した，1820年代のことだった。そして当時のトンガはまさに，首長間での戦乱期を迎えていた。そこで宣教師はこれら首長たちと接触し，布教活動を展開する一方で，首長たちは宣教師に物理的な援助を求め，そこで入手化膿となった武器の力をも借りながら，戦乱を乗りこえていったのである（Campbell 2001）。

　このなかで，トゥイ・カノクポル王朝[7]の継承者であり，当時のハアパイ諸島の首長であったタウファアハウが，1831年にウェスレー派メソジストの洗礼を受け「ジョージⅠ世」の名を得たたことは，後のトンガの歴史における大きな転換点となった。さらにタウファアハウに続いて，彼の影響下にあった他の首長たちも次々と洗礼を受け，またタウファアハウは宣教師の後援を得ることによって，その後の戦乱を有利に展開させた。そして1839年に彼が発布した「ヴァヴァウ法典」は，トンガ初の成文法として，現行憲法の雛型となった。この法典は宣教師の助言を強く反映したものであり，トンガの伝統的を禁じ，首長たちの伝統的な権力を制約した。

　その後1845年にタウファアハウはトゥポウⅠ世として即位し，トンガの統一を果たした。このトゥポウⅠ世の信任を受け，トンガ王国憲法を起草したのが，1860年にウェスレー派メソジストの宣教師としてトンガを訪れたシャーリー・ベーカーであった。国王の助言者として，また後には首相として任命されたベーカーが，トンガの国家形成において政治的影響力を

7）トンガの王朝の歴史は，口承伝統を遡行するかぎり，トゥイ・トンガ王朝が10世紀に成立したことから始まったと考えられている。この王朝は13世紀以降急速に勢力範囲を拡大し，一時期は現在のサモアやツバルにまでその影響力を及ぼした。その後15世紀にはトゥイ・ハア・タカラウア王朝が分裂して形成され，また17世紀にはそこからトゥイ・カノクポル王朝が分裂した。戦乱期を経て，現在では前者2つの王朝は滅び，トゥイ・カノクポル王朝が現在の王族の系譜である。

ふるったことは言うまでもない。しかし彼の影響は，本章で論じてきた献金行事ミシナレのありかたをも変化させ，その後の信者たちの宗教経済実践を変容させたという意味でも，看過できないのである。

(2) ヤシ油による教会への寄付

1840年代当時，トンガで布教活動を続けていたウェスレー派メソジストの宣教師たちは，オーストラリアの教会本部から派遣されていた。彼らは徐々にトンガ人の入信者を増やしていく過程のなかで，教会の活動資金を現地からも確保する必要性を感じるようになった。そこで信者たちに対して，ヤシ油を寄付するよう依頼し，そのヤシ油を宣教師たち自身が商人に売却することによって，換金し，活動資金を得ようとする試みが始まったのである（Rutherford 1996）。

この頃は西欧でオイル市場が拡大し，オセアニア地域においても，貿易商を通じてヤシ油を輸出する機会が生まれていた。そしてトンガでも，1844年に最初の貿易商が訪れ，ヤシ油を購入すると，その後さらなる貿易商たちがトンガを訪れるようになった。そこでの交易は「物々交換」であり，さまざまな「外国の物資」を欲したトンガ人は，熱心にヤシ油を作るようになった。ココヤシはどの地域にもあり，人びとにとってヤシ油とは，最初の，そして当時では唯一の「商品」となったのである。宣教師の思惑とは裏腹に，このようにして当初トンガの人びとは貿易商との直接的な交換に携わったため，宣教師への寄付はほとんど集まらなかった（ibid.）。

そのような状況に変化をもたらしたのは，トゥポウI世による教会活動への直接的な介入であった。1852年以降，国王は人びとに対して積極的にココヤシを植えるよう指示を出し，1856年には人びとが「1人あたり1ガロン（4.54リットル）」のヤシ油を宣教師たちに供出することを望んだ。するとその10年後である1866年にはトンガから700トンものヤシ油が輸出され，その約五分の一は宣教師へ供出されたヤシ油だと推計されている（Campbell 2001: 123-124）。つまり人びとは国王によって指示された「1人

あたり1ガロン」をはるかに凌ぐヤシ油を供出しただけでなく，それに加えて自らが貿易商と取引するためのヤシ油をも熱心に産出するようになったのである。

(3) 精巧に作り出された装置としての宗教的贈与

1869年になると，前述したイギリス人宣教師シャーリー・ベーカーによって，献金のシステムに大きな変化がもたらされた。それは信者たちに，献金行事のときには「固い約束」をして現金を与え，後に収穫期のコプラを宣教師に返済させる，という方法の導入である。さらに1872年には，ドイツの貿易会社 J. C. Godeffroy & Son に依頼し，献金行事のときにはこの会社から信者たちに現金を貸してもらえることとなった。そのようなベーカーの尽力によって，1868年には£2516であった献金額は，1875年には£17,000以上にまで増えていった。その後ベーカーはいったんトンガから離れることになるも，ふたたび1880年に戻り，そのときにはウェスレー派の牧師を解任され，トゥポウI世から首相に任命されたのである。そして1885年には，ベーカーと国王双方の意思によって，ウェスリー教会オーストラリア本部から完全に独立した，トンガ独自の教会としての自由ウェスレアン教会を設立した（Rutherford 1996）。

このような一連の流れから，ベーカーの時代に導入された効率的な献金集めの新たなシステムおよび戦略によって，教会はより多くの献金を集めることが可能となっていった。

> 「トンガ人は献金の時期になると1年の他の時期よりもはるかに熱心にヤシ油を製造していた。しかし彼らの多くは，献金の当日が訪れてみると，この機会による圧力の下で彼らが差し出すべきだと感じていただけの分量を十分に提供することができなかった。こうした人びとに対してベーカーは信用貸しを用意し，彼らの〔収穫できるヤシ油の〕見込みは贈与として記録され，その額を補填するために後に油を生産することが許された。…中略…シドニー

121

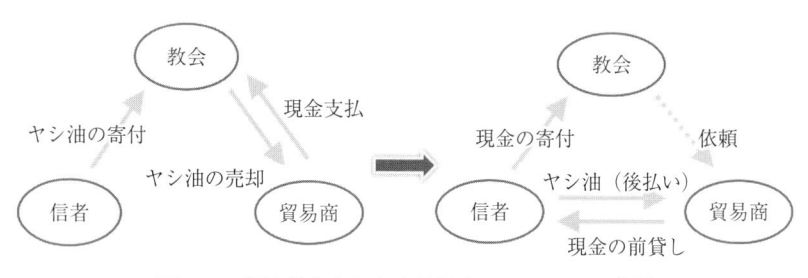

図4-1　貿易商を介した宗教献金のシステムの変遷

の宣教師教会は限りない熱狂をもってトンガの献金を受け取った（*ibid.* p. 45）。」

　このようにして，キリスト教献金のシステムがトンガに導入された頃には，教会への惜しみない贈与は個々の信者に対して単に強く推奨されただけではなく，それはある種の非常に精巧なシステムとして宣教師自身の手によって厳密に組織されていたのである。ヤシ油による現金の貸し付けという巧妙な制度を導入し確立したことによって，あるいは信者たちをグループ分けし，競合的な雰囲気を創出したことによって，教会は歴史的経緯を経て，献金行事ミシナレを，信者たちが熱心に参与するものとしてトンガに確立することに成功したといわれる。

　このような歴史的経緯をふまえたうえで，現代のトンガで行われている宗教贈与について再度考えてみるとき，何がわかるのだろうか。もちろん，19世紀時点で確立されたシステムと現代の実践とでは，さまざまな歴史的変容とそこからの相違が生じている。しかしそれがヤシ油から得た現金であるにせよ，移民からの送金にせよ，信者たちがグループごとに毎年多額の現金を積極的に寄付し，それがトンガのキリスト教実践におけるひとつの要となっていることは，変わらぬ事実でもある。

　序章でも触れたように，このような宗教経済実践はグレゴリーのいう「神への贈与」のもつ構造的特徴をも持ちあわせている（Gregory 1980）。ポト

第4章　貨幣を〈ふるまう〉——宗教贈与の盛大さ

ラッチにおいて財が物理的に破壊されるように，教会への献金によって貨幣は象徴的に失われる。しかしそれといっけん矛盾するようだが強調しておきたいのは，献金において「実際の貨幣は（物理的には）失われていない」という点である。献金は先にみたように，教会へといったん集積されたうえで，いくつかの回路を通して信者たちに還元／再分配されているのであり，そのことを信者たちも自覚している。それでもなお人びとが献金という行為をおこなうのは，他の贈与の事例からも見てきたように，やはりそれがモノであれ貨幣であれ，それを自らの手元に留めおかずにいったん手放すことが彼らのふるまいの根幹にあるからではないだろうか。もちろんその他にも複数の重層的な理由があるだろう。献金は信仰心の可視化・具現化という側面を持ち，たとえば寄付金額がマイクを通して盛大に読みあげられ，コインが洗面器の中に放り込まれ，札束が積みあげられるようなふるまいの数々をとおして，教会の聖職者たちはもちろん，信者同士でも互いの宗教実践を確認し，評価しあう。

　当初は宣教師の手によって精巧につくりあげられたこのトンガの宗教献金システムだが，これが現代においてもなお持続しているさまを見ると，それは教会の権威に従う受動的な営為というだけでなく，そのような制度のありかたを認識したうえでの，信者たちの巧みで積極的な関与によってこそ，維持されるのではないだろうか。たんに現金を目標額に応じて寄付するのであれば，これほど大規模な行事を開催せずとも，定額を封筒に入れて個々に集めればそれで済んでしまうことだ。しかし彼らはあえて幾分かの余剰分を生むことをめざし，またグループごとの寄付金額の分析からも明らかになったように，競合的な雰囲気を創出して場を盛りあげながらも，実際はかなり協調的な態度をとっている。そのようなじつに巧みな関与のしかた，人びとのふるまいの束こそが，これらの行事をまさに支えていることを，次章以降では詳しく確認していこう。

第5章

踊りと共に〈ふるまう〉
——貨幣と身体

1　寄付集めの行事コニセティ *koniseti*

(1)　寄付行事における踊りの役割

　はじめて私がトンガの舞踊タウオルンガ *tau'olunga* を見たのは，村の集会所で行われた行事，コニセティ（コンサート）の場面だった。タウオルンガというのは，トンガの祝祭的な場面や各種行事において，少女が単独で舞う伝統的な舞踊である。しかしそのとき私が関心を持ったのは，少女の優美な踊りよりもむしろ，観客たちの行為であった。少女の踊りが披露されている間に，多くの人びとが彼女に近づいていき，彼女の身体に紙幣を貼り付けていったのである。トンガではこの行為をファカパレ *fakapale* と呼ぶ。その後しばらくの間，紙幣は踊り手のオイルで光った肌や，伝統的な衣装の胸元にとどまっていたが，やがて踊りが終わる頃にはほとんどが地面に落ちていった。すると，彼女の周りを囲んでいた人びとが，次々と紙幣を拾いあげて，回収してしまったのである。またなかには，踊りの終了を待たずして紙幣を回収する人びともいた。私は当初，彼女に貼られた紙幣を，踊り手に与えられたチップだと解釈していたために，他人がそのお金を回収して持って行ってしまったことに衝撃をうけた。

　実はそれがコニセティと呼ばれる寄付行事だったこと，そしてこの行事においては，踊りとファカパレを通して人びとから寄付を集めることを，

第5章　踊りと共に〈ふるまう〉——貨幣と身体

私はその後になってからようやく理解した。トンガのこのような寄付行事は，国内のあらゆる集会所で開かれるのみならず，海外のディアスポラ・コミュニティにおいてさえ一般的である（Small 1997, Addo 2009）。そこでは教会や村落，学校といったコミュニティ単位で寄付を集めることもあれば，家族や親族のなかで寄付を集めることもある。

　ケプラーはポリネシアの舞踊，特にトンガの踊りに関して，その構成や，美学，そして伝統舞踊の歴史的変容に焦点をあてて，精力的な調査を行なってきた（Kaeppler 1970；1971）。またその他にもトンガの踊りに関する先行研究は存在するが，いずれの研究も，寄付集めの実践については触れていない（Mclean 1999, Pond 1995）。それに言及した数少ない先行研究としてスモールは，ある村の教会における100周年祭について記し，トンガにおける踊りと寄付行為の連関を指摘している。

　　予定されたグループは，2，3曲踊り，その中には1人の少女によるタウオルンガが含まれていた。ときおり司会者がマイクに向かい，「次のタウオルンガは〇〇を記念して（あるいは〇〇の栄誉のために）踊られます，そしてT$500以上の寄付がなされました」と発表するのである。タウオルンガは非常に名誉あるパフォーマンスであり，家族が寄付を集めるときの常套手段なのである（Small 1997：149-150）

つまりトンガの踊りタウオルンガは，単なる踊りや身体芸術としてだけでなく，家族やコミュニティに関わる非常に社会的かつ経済的な行為として用いられるといえよう。

　このようなトンガの寄付集めには，主に二種類の方法が存在する。一つはカヴァを飲む会カラプ *kalapu* の開催であり，もう一つが前述した踊りタウオルンガを含むコニセティの開催である。男性のみの排他性をもつカラプに対して，コニセティはより多くの人びとが参加し，その参加者も老若男女を問わない。そして集会所で開かれるコニセティには，前方にカラプの男性集団が座っているもことが多い。つまりコニセティを分析することで，コミュニティの実践をより対象を広げて考察することが可能なので

125

ある。

　また儀礼的なカヴァ飲みの場については多くの先行研究があるが，成員は男性のみで構成され，伝統儀礼をも含む正式な儀礼としてのカヴァ飲みの事例は，座席および身体配置とヒエラルキーの相関性，という議論を再生産しつづける側面も否定できない。これとは対照的に，コニセティは人びとの多様な行動が表出する場であり，言語よりも身体，男性よりも女性が重要な構成員となる場なのである。

　本章ではこのコニセティについて，調査村で開催された事例を検討し，そこでどのようにして寄付が行われ，また人びとは贈与の場にいかなる方法で参与するのかを明らかにしていこう。

(2)　寄付行事コニセティの進行

　2010年8月に調査村で行われたこの寄付行事は，自由ウェスレアン教会（FWC）の青年団により企画され，組織されたものであった。

　村で寄付行事コニセティが開催されるのは，一般的に金曜日の夜であることが多い。事例となるコニセティは，日曜日の礼拝において告知されていた。しかしコニセティの開催は，FWCの信者だけでなく，他教会の信者たちにも口づてに知らされ，前日までにはその開催について，村の誰もが知るところとなった。

　このコニセティは村のFWC教会に隣接する集会所で行われた。図5-1は，この集会所の空間構成を示したものである。人びとが踊る場所と座る場所については，図が示す通り，暗黙の了解によって明確に区分されていた。その他のコニセティにおいても，この空間構成は基本的に同じだったからである。この日も男性たちはカヴァを囲んで集会所の前方に座り，一方で女性や子どもたちは集会所の中央付近に座っていた。女性たちの座り位置の反対側には机があり，FWC青年団の女性2名が会計係としてそこに座っていた。また司会者や音楽を流すDJが集会所の後方に位置しており，踊り手たちはその付近で踊った。コニセティの開催は夜であり外は

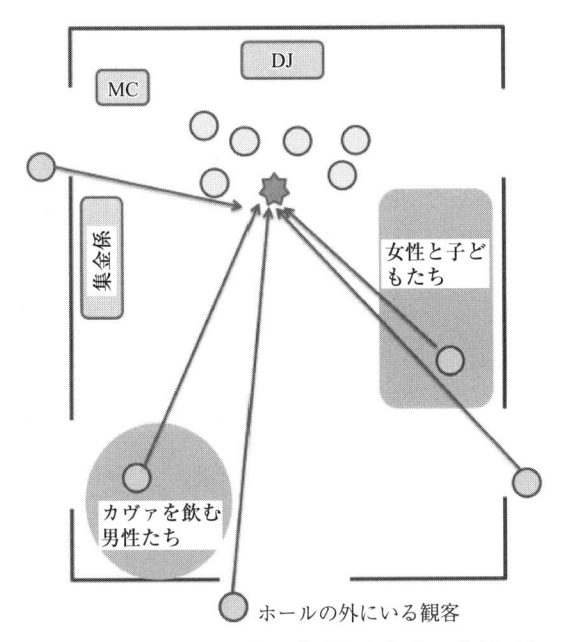

第 5 章　踊りと共に〈ふるまう〉――貨幣と身体

図 5-1　コニセティの空間構成と参与者の位置（丸印と矢印は人の流れを示す）

　真っ暗であるにもかかわらず，集会所の中にいるよりも多くの人びとは，入り口や窓の隙間からこの様子を覗き見ていた。
　主催者の種類や規模の大小を問わず，トンガのコニセティには一定の形式が存在する。まずは主催者であり参加者であるコミュニティのメンバーが，リストとして名を連ねており，その名がまずはコニセティの冒頭で，また順番が進むごとにひとりひとり，司会者によって読みあげられていく。コニセティでは，当事者あるいはその世帯の家族によってトンガのソロダンスであるタウオルンガが演じられることが形式的に期待されていることから，その人物の名は「タウオルンガ，X（Xには寄付をすべき当事者，この事例では青年グループのあるメンバーの名が入る）」という形で読みあげられ，その直後にはDJが曲を流し，そこでダンスが準備されていれば当事者が踊り，準備されていなければ集会所前方のステージが無人のままに曲

だけが流れるか，あるいは周囲の人びとが踊り始める。

　トンガの踊りには，集団／個人で踊られるもの，男女／男性のみ／女性のみで踊られるもの，などの区別からさまざまな種類が存在するが，そのなかでもコニセティで踊られるタウオルンガは，「あらゆる集まりの場で踊られるインフォーマルな踊りの種類」（Kaeppler 1970）だとされる。このようにタウオルンガは基本的には一人の踊り手による踊りだが，かといって彼女／彼がステージを終始一人で担っているわけではない。ここで特に注目したいのが，タウオルンガの踊り手をめぐって参与する人びとと，からえらの多様なふるまいのありかたである。ひとつは正式な踊り手を盛り上げるべく登場する，伝統的にはトゥラファレ *tulafale* と呼ばれる人びとの存在，もうひとつは冒頭でも述べた，踊り手の身体に紙幣を貼り付けるファカパレ *fakapale* という行為をする人びとの存在である。

（3）　踊り手をめぐるふるまい（1）――共に踊る

　踊りを盛り上げるために踊り手の脇に進み出て，手拍子や独自の身振りによる踊りを行う人びとがいる。彼らはトンガ語でトゥラファレと呼ばれ，踊りをより華やかな，活気あるものとするうえで重要な役割を占めている。ポリネシアの踊りに特徴的な即興性について論じたケプラーは，トンガの踊りの事例から，寄付集めの行事をも含むインフォーマルな場において，即興性が重要な役割を担っていることを指摘し，トゥラファレについて以下のように説明する。

>　　ここ〔インフォーマルなタウオルンガ〕においてこそ，私たちはまさに即興が行われている場面を見ることができるのである。（中略）さらにトゥラファレの動きは決して，事前に振り付けが決められてはいるわけではない。通常は男性，ときには年配の女性であるトゥラファレは，踊り手のための引き立て役を演じ，『本当の』正しく踊られたモチーフを強調するべく，ありふれていない，異なったジャンルのモチーフをしばしば用いるのである。（Kaeppler 1987）

トゥラファレの持つこのような「即興性」や「非正当性」は，次章で論じる「道化的ふるまい」とも非常に重要な関わりをもっている。本章では，寄付という経済実践とその場における寄付の行為性に着目するため，このトゥラファレよりもむしろ次に挙げるファカパレに重点を置き，論じていくことにする。

(4) 踊り手をめぐるふるまい (2)——紙幣を貼る

　ここから詳細に検討するのが，踊り手へと接近し経済的に／身体的に関与するもうひとつの行為，ファカパレである。ファカパレの指す意味について言及している文献は非常に少ないが，トンガ語辞書によればその意味は「賞や褒美を与える」とされる。トンガにおいてタウオルンガが踊られる機会には必ずといっていいほど，ファカパレという行為が伴い，これによって「観客」の位置にいた人びとが次々とステージへ歩み寄り，踊り手の身体に紙幣（このとき T\$1〜5 の小額紙幣が用いられるのが一般的だが，状況に応じて T\$10 や T\$20 紙幣が用いられる場合もある）を貼りつける。正装したタウオルンガの踊り手は身体中にオイル（伝統的にはココナツオイルだが近年では市販のベビーオイルが普及している）を塗って肌をつややかに見せており，それによって紙幣が身体に直接貼りつけられる。正装をしていない，私服の踊り手の場合には，襟元など洋服に紙幣が挟み込まれる。

　トンガに限らず観客に向けて見せる踊りの場合，紙幣を貼りつける行為は踊り手個人に対しチップを渡すという意味に捉えられることが一般的だが，このコニセティでのタウオルンガに関しては，「観客が踊り手の身体に紙幣を貼る行為」であるファカパレによって集められた現金が，踊り手本人が持参した寄付金の金額と合わせて集計され，その合計金額が踊り手世帯からの寄付金額として会場にアナウンスされる。

　トンガのコニセティの場面を最初に目撃したとき，ファカパレをとおして現金があからさまに飛びかうこと，そして瞬時に金額が公表されることに強く衝撃を受け，それこそこれまで古典的な民族誌で描かれてきた「競

覇的な贈与」のイメージに重なるように思われた。しかし上述したように，ファカパレそしてトゥラファレといった人びとの行為は，寄付を行う当事者を支え，協力的にその場あるいは行事全体を盛り上げていこうとする，相互扶助的な意思に満ちている。このようなコニセティでの人びとの実践をより詳しく検討するべく，以下では具体的な寄付金額およびファカパレについて，経済と相互行為の相関性に留意しつつ，検討する。

2 「身体に紙幣を貼る」寄付の手法

(1) 寄付金額と踊り，ファカパレの相関性

表5-1は，事例であるコニセティで青年グループによって集められた寄付金額の一覧である。21世帯と1グループ（表のPはカヴァ飲みのグループであり，その場でカヴァを飲んでいた男性たちが対象となった）が青年グループのメンバーとしてリストアップされ，司会者が最初に，また彼らの順番が近づくたびに，人びとの名前を読みあげていった。表では寄付の金額が多かった世帯から順に，集計後に公表された個々の寄付金額と，実際にタウオルンガが実施されたかどうかの有無，またタウオルンガが実施された場合に周囲の人びとによるファカパレがなされた場合には，その人数を示している。

個々の世帯による寄付額は最多でT$536，最小でT$5と世帯による寄付金額の範囲は広く，全世帯の寄付総額はT$1870（1世帯平均T$85）となった。

タウオルンガの項目では踊り手の装いについて，正装あるいはそれに類する衣装を着用していた場合（記号＊＊，図5-2参照）と，私服のままで登場した場合（記号＊，図5-3参照）とに分けた。貝殻や羽根，パンダナスの葉などいわゆる「伝統的な」素材を用いてつくられた衣装を身につけ，身体にはオイルを塗って肌に光沢がみられる前者の踊り手とは異なり，後

第 5 章 踊りと共に〈ふるまう〉──貨幣と身体

表 5-1　コニセティにおける参加者と寄付金額，パフォーマンスの相関

信者青年の世帯番号	世帯からの寄付金額(T$)	踊りの様式 正式＊＊	踊りの様式 略式＊	ファカパレを「された」人数	ファカパレを「した」人数	備考
G 1	536	＊＊		8	5	牧師
H12	280	＊＊		9	14	
E 5	156		＊	7	5	
H 7	139	＊＊		12	8	
F 2	107		＊	6	7	
E 9	100	―		―	―	秘書役
C 4	62		＊	5	1	
E10	60	＊＊		5	1	
E 1	53	＊＊		1	―	
G 4	50		＊	―	―	
H 6	50		＊	―	―	
C 3	50	―		―	―	
C 6	50	―		―	―	
A14	35	―		―	―	
C 9	30	―		―	―	
	23		＊	10	―	カヴァ飲み男性たち
E 7	21		＊	3	―	
F 4	20	―		―	―	
F 3	20	―		―	―	
D 5	18		＊	12	1	
H 8	5	―		―	―	
H 9	5	―		―	―	
合計	1,870	5（正式＊＊）8（略式＊）		78	42	

131

図 5-2　正式なタウオルンガ　　　　図 5-3　略式なタウオルンガ

図 5-4　踊り手へ紙幣を貼るファカパ
　　　　レをする人びと

者では私服のまま，あるいは図 5-3 の少女たちのようにトンガの人びとが教会や集会などの場に参加するとき身につける腰巻きキエキエ kiekie だけを着けて，踊っている。この，正装／私服という区別は単に装いのレベルにとどまらず，実際に踊る踊りの内容の差を示してもいる。正装のタウオルンガの場合そのほとんどは，一般的にトンガのタウオルンガの際に用いられる伝統的な曲のレパートリーから選んだ踊りを踊っている。この振り付けには定められた型があり，事前に準備，練習をすることなしに踊るのはほぼ不可能である。一方で，私服で踊っている踊り手の場合，正装で踊るフォーマルなタウオルンガを踊る場合も稀には存在するが，そのほとんどは，特に決められた振り付けもなく，流れる曲に合わせて自由に身体を動かすか，あるいは単に手拍子などでリズムをとるだけの簡単な踊りで

ある。そのために形式にも制約がなく，現代的なポップミュージックなど，トンガ語ではない曲が流れる場合も多い。

　表5-1から明らかなのは，寄付金額とタウオルンガ実施の有無，ファカパレの人数に，明らかな相関性が見られるということである。寄付金額が多ければ多いほど，当事者は正装をし，いわば「正式な」タウオルンガを踊り，それに対してファカパレをすべく，より多くの人びとが踊り手の下に集まってくる。寄付金額がT$100以上だった6世帯についてその構成を見ると，G1はこの村の教会の牧師の世帯，E9は秘書役の世帯であり，H12，E5，H7は年間行事における饗宴の主催を担当するなどして，信者のなかでも特に熱心に貢献する世帯であった。つまり役職や教会での役割を担っている人びとであるほど，多額の寄付を行っているのみならず，積極的にパフォーマンスをも行っているのである。このことから，寄付行事である以上は「より多くの金額を寄付する」という経済的な貢献が期待されている一方で，単に現金を持参すればよいのではなく，パフォーマンスをすること自体が，「貢献」を示す上で重要な要素として人びとに認識されていることがわかる。金額の大小はそれが即座に公表されることからも当然，人びとの関心の対象となる重要な要素のひとつだが，トンガのコニセティにおいてはパフォーマンスという実践つまり公の場における人びとの「ふるまい」こそ，経済的な意味での貢献にも勝る重要な要素として，認識されているのである。

(2)　ふるまいにおける同調性

　前述したように，観客である人びとが，踊っている最中の踊り手に歩み寄り，その身体に紙幣を貼る行為ファカパレは，金銭的な意味での貢献よりも，踊り手に対して称賛と協力の気持ちを表明することの重要性が高いと考えられる。ここまでは「寄付行事の当事者／踊り手」の側から分析してきたが，以降では行為者の視点を「観客／ファカパレする人びと」へと

移し，彼らがどのようにファカパレを「ふるまって」いるのか，検討する。

　このコニセティ全体を通して，個々人がファカパレをした回数と回数ごとの人数について詳細にみれば，ファカパレをした総勢31名のうち，約半数である16名は1回だけであるが，一方で5〜7回と頻繁にファカパレをした人びとが9名（全体の3割以上）だった。小額の紙幣を手元に用意し，適切なタイミングで踊り手の元へ行くことが要請されるファカパレという行為は，観客のとっさの判断で行われるというよりもむしろ，事前の準備と，その場の進行の入念な観察によって実現すると考えるのが妥当であろう。人びとは自らの順番以外，ほとんどの時間を観客の立場で過ごすとはいえ，寄付をする当事者の一人であれば，彼らもまた自らの寄付の金額を1ドルでも多くすることが要請されている。そのような状況下において，頻繁にファカパレをする彼らの動機とは，一体何なのだろうか。

　そこで上述のファカパレをした31名について，所属する宗派（FWCとそれ以外）の構成をみてみよう。このコニセティにおいて集会所内にいた人びとは約40名（男性約10名，女性約15名，子ども約15名）であり，リストにあった世帯数が21であったことを考えれば，「この行事に参加することが期待される」信者数に比して，実際の参加者数は決して多くはない。そしてファカパレをした人びとのうち，その77％はこの寄付行事の主催者であるFWC教会の信者であったが，残る23％は「部外者」すなわち調査村内にある他宗派の教会の信者たちであった。さらに先ほど述べた頻繁にファカパレを行った上位9名の構成について考察してみると，ここではそのうちの5名（約55％）が「部外者」であることから，頻繁にファカパレを行う人びとほど該当教会の当事者ではなく他教会の部外者であることが明らかになった。

　つまりファカパレという行為が表すのは，一見すると個々が競合して贈与し合うかのように見えるこの寄付行事において，実は他宗派の信者との関係性も確認されているという事実である。頻繁にファカパレをした「部外者」のなかには他教会の秘書役の人物など，組織や役職のレベルで関係性を維持する目的を持った者もいたが，一方で多くの人びと，特に1回だ

第5章　踊りと共に〈ふるまう〉——貨幣と身体

けファカパレに参加した人びとほど，踊り手の家族との関係性の維持を意図していることが多かった。カトリック教会の信者でありながら世帯C4のタウオルンガの際にファカパレをし，またそのまま世帯C4のメンバーらと共に前方に出て，前述したトゥラファレのような，主役である踊り手を盛り上げ引き立てる道化的な役割をも果たした女性（40代前半，世帯C2）はこのように述べていた。

> 私はこの家族にとてもお世話になってきたし，彼らは明日ニュージーランドに旅立ってしまうでしょう（筆者注：世帯C4は親戚を頼ってニュージーランドに移住することが決まっており，この行事の翌日が出発日であった）。彼らに感謝の気持ちがあるから，今夜は（コニセティに）行かなくては，と思っていたのよ。

またファカパレをする際には，踊り手の家族との関係構築／維持が意図されるのみならず，自らのふるまいを通してこの場全体への貢献が人びとの目にさらされる，ということも，行為者自身が強く自覚している。自身が青年グループの一員であり，T$156を寄付した世帯E5の男性（40代前半，世帯E5）は5回のファカパレをしたが，それについてこのように述べていた。

> 私は他の人たちが自分に寄付を期待していることがわかっているから。周りの同世代の若者よりもたくさん稼いでいるだろう？　だからなるべく寄付もしなくてはならないし，それだけでなくファカパレもするようにしている。

彼は1年のうちの大半を出稼ぎのため海外で過ごし，数ヶ月だけ故郷に帰ってくる，という生活を10年以上続けているため，調査村に在住している人びととの平均収入の10倍を上回る収入を得ている。村の人びとが皆この事実を把握し，また「それ相応の」貢献を期待しているということを，彼自身もまた認識している。しかしそこで彼は，なるべく多くの金額を寄付する，という単に経済的な意味での貢献をしただけではなく，タウオルンガやファカパレというふるまいを通して自らの場への参与とふるまいレベ

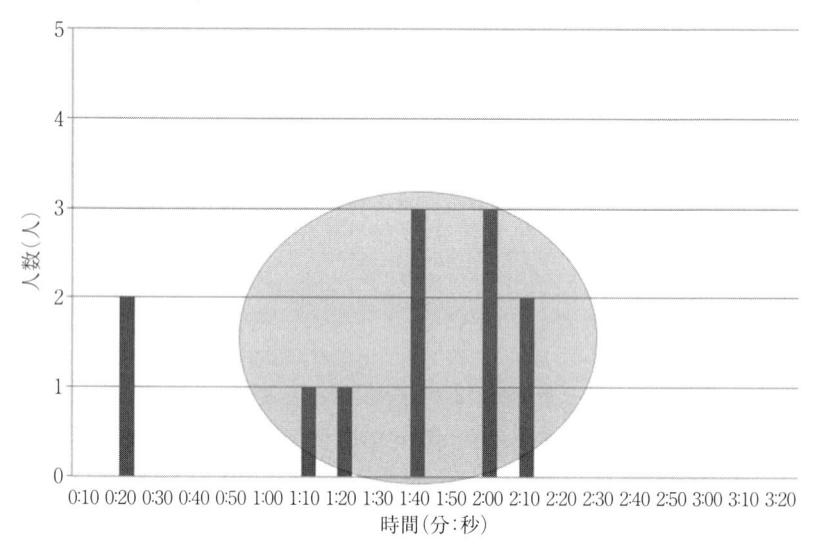

図 5-5　ファカパレの人数およびそのタイミング（FWC コニセティの事例）

ルでの貢献をおこなったのである。

(3)　同調的なふるまい

　ファカパレから明らかになるこの寄付行事の特徴のひとつに，参加している人びととの同調的なふるまいが挙げられる。図 5 - 5 は，先に挙げたFWCのコニセティの事例において，そこで展開されたひとつの曲および踊り（タウオルンガ）について注目し，ファカパレに来た人びとの数とそのタイミングを示したグラフである。この曲の始め（0：00）から終わり（3：20）までのあいだに，計12名の観客がファカパレをするため踊り手である少女の元へと歩み寄り，その肩や腕，胸元などに紙幣を貼っていった。グラフ横軸0：20（分：秒）における2（人）とは，曲の開始から20秒後から30秒後までのあいだに，2名の観客が踊り手の身体に紙幣を貼ったことを示す。このグラフを見てわかるとおり，ファカパレは分散して発生するというよりも，むしろある時点に（この場合は特に1：10から2：10

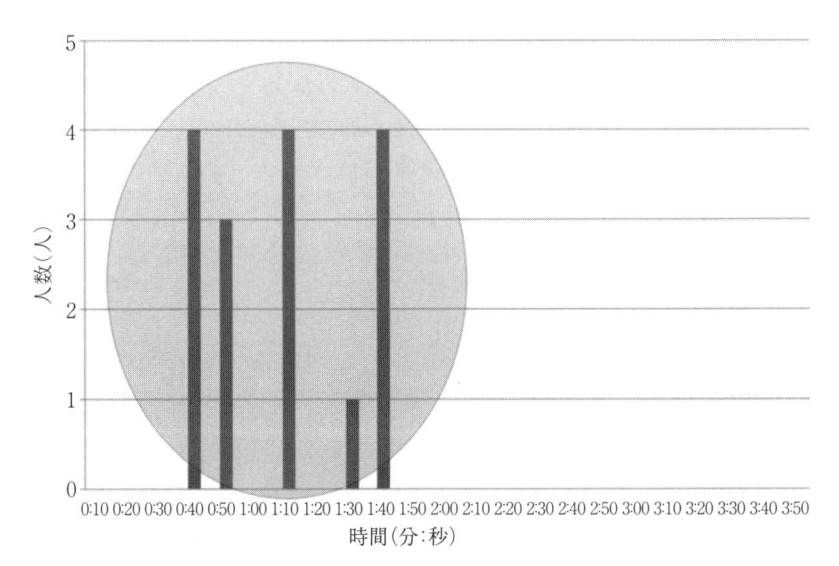

第5章 踊りと共に〈ふるまう〉——貨幣と身体

図5-6 ファカパレの人数およびそのタイミング（トンガ教会コニセティの事例）

にかけて）集中している。つまりここにはファカパレをする人びとの明らかな身体的同調性・同期性がみられる。しかもこの場における人びとの動きを分析するかぎり，図5-1で空間構成を示したように，ファカパレをしに前方に歩み出る人びとは，必ずしも同一方向からやってくるわけではなく，方向の異なる複数の出入口あるいは座席から別々にやってくることが多い。それにもかかわらずこのような同調的なふるまいをみせることがけっして偶然ではないことは，別のコニセティのなかでみられたファカパレについて分析した図5-6からも明らかである。

　図5-6の事例においても，図5-5とほぼ同じく，ファカパレをする人びとが踊り手の元に現れるのは0：40から1：40の約1分間に集中しており，全体が約4分ほどの曲のなかでこの1分間にあからさまな集中が見られることは，ファカパレをしに訪れる観客たちが明らかにそのタイミングを互いに見計らい，同調的な行動をとっていることを示している。もし観客が自身のファカパレというふるまいを周囲から際立たせ，突出したいの

137

であれば，あるいはそれぞれに好き勝手なタイミングでファカパレをするのであれば，このように一貫した同調性はみられないはずだろう。人びとはファカパレというふるまいを通してこの場に直接的に参与し貢献しているが，そこにもまた，身体的な参与のレベルにおいて，ある種の共同性が発動しているのである。

3 承認の道具としての貨幣

(1) ファカパレの歴史的背景と変容

　前節までの議論では，トンガの寄付行事コニセティについて，この場における参加者のふるまいに焦点をあてることで，寄付という経済実践が人びとの多様なふるまい，主にタウオルンガとファカパレとどのように結びついているのか，多角的に検討してきた。そこから明らかになったのは，以下の点である。

　この行事を現金の流れを追ういわば「経済的合理性」の視点からみた場合には，この行事の競覇的な側面が強調されうる。すなわち個々の世帯に分かれて寄付のお金を持ち寄りあい，その金額がコミュニティの内外（それぞれ同宗派の信者および他宗派の信者を指す）に対して明確にアナウンスされることで，誰が多くの寄付をし，誰がわずかな寄付しかしなかったのか，という情報が公の知るところとなる。またタウオルンガというパフォーマンス自体やそれを脇で盛り上げるトゥラファレ，踊り手の身体に紙幣を貼りつけるファカパレといった行為もすべて，個々の世帯としてあるいは全体としてT$ 1でもより多くの寄付を集めるという目的のもと行われた，と解釈することが可能である。実際に，上述した世帯E5の男性がより多くの寄付を行うことを通して，この寄付行事を「自らの教会への貢献を表明する場」として捉えていたことからも，個々人が周囲の評価的なまなざしと金銭的貢献に対する期待を強く意識しながら，寄付を行っていたこと

第 5 章　踊りと共に〈ふるまう〉——貨幣と身体

は明らかである。

　しかし，この行事をふるまいとパフォーマンスの観点から見れば，そこに内包される意味世界はまた違った色合いを帯びてくる。このことをより詳細に検討するために，以下ではファカパレが明らかにする，貨幣という存在の持つ曖昧さについて議論していこう。

　ファカパレの由来や歴史的な経緯についての詳しい記録は確認されていないが，1920年代にトンガ社会を調査したギフォードはトンガの踊りに関する記述の中で以下のように述べている。

　　観客は 2 人の少女（踊り手）の動きに対する承認を，サッシュ（帯）やハンカチを踊っている彼女たちの左腕の周りに結びつけることで，表していた（Gifford 1929：230）。

　すなわち，このギフォードの1920年代のトンガのファカパレについての記録にあるように，貨幣経済が普及する以前はもとより，実に近年に至るまで，このファカパレという行為は今日のように「紙幣を踊り手の身体に貼りつける」ことを意味していたのではなく，布状のものを踊り手の手首に結びつけることによって，彼女らのパフォーマンスそれ自体について承認することを意味していた。つまり「手首に結わえられる布」が「身体へ貼りつけられる紙幣」へと歴史の中で変容したのである。このことからファカパレの本来的な意義は，観客が踊り手に対する評価を可視化していくふるまいのなかにあって，そのとき生じる金銭の授受，というのはその後歴史的変遷を経て派生的に生じた意味だといえよう。

　またポンドは1960年代と1970年代のトンガのダンスについて検討しているが，そのなかでファカパレについて以下のように述べている。

　　観客の人びとは踊り手に褒美を授与する。その褒美はスカーフ，紙幣，長い樹皮布や他の布である。それらはファカパレ（花輪の授与）と呼ばれ，ファカパレという行為は18世紀の夜のコンサートにおける花冠から推測することができる（Pond, 2009：264）

図 5-7　紙幣のファカパレ（手前中央の女性はトゥラファレ）

図 5-8　花輪のファカパレ（「ファカパレの授与：1970年，トンガ王国ハアパイ諸島」http://digitool.auckland.ac.nz/R/-?func=dbin-jump-full&object_id=324867&silo_library=GEN01 より抜粋）

ポンドが歴史的・民族誌的記述から指摘するように，ファカパレには本来多様なモノが用いられていた。そしてファカパレとしての花輪の授与については，1970年の写真資料（図5-8）においても確認することができる。すなわち現在それがほとんどの場面において「紙幣を貼ること」と同義になっているファカパレは，その歴史性から再検討した場合，たんなる金銭的な意味にとどまらない，じつに多様な文脈をはらんでいることが明らかになる。

(2) 貨幣とアカウンタビリティ

人類学におけるアカウンタビリティに関する議論のなかで，日常空間において目に見える世界がどのように構成されているのか，対面的な相互行為の場面について論じた松村はエチオピア村落におけるコーヒー飲み慣行や食事空間の例から，人びとの関係性が可視化される過程を描き出した(松村 2009)。また深田は，ニューギニアのフィールドでの葬式の場面を例として，貨幣が分配されたり交換に用いられたりするなかで，人びとがどのようにそれを扱い，また同じ貨幣が場面に応じてどのように異なったやり方で数え分けられるのかを論じている（深田 2009)。ここで深田は貨幣をめぐる多様な実践のひとつひとつが葬式という場面を区切りだす，と結論づける。

ひとつの場面においてさえも，同じ貨幣がさまざまな役割を帯びるという意味では，これまで議論してきたトンガのコニセティにおける貨幣の取り扱いもまた同様である。寄付金としての貨幣は数えられ，世帯ごとの正確な金額が公の場にアナウンスされる。しかしそこに至るプロセスを詳細に見たならば，そこでは貨幣という存在の多義性が浮かびあがる。そもそもファカパレにおける貨幣は，踊り手に対する承認を可視化することで観客と踊り手とを取り結ぶ役割を担っている。しかし曲が終わるごとに，ファカパレで集められた紙幣は集計され，踊り手（その時点における寄付の当事

者）が持参した寄付金に加えられ，その合計金額が踊り手の世帯の寄付金額として読みあげられるのである。ファカパレで集められた分の紙幣はこの段階において確かに「数えられて」いる一方で，読みあげられる際には「事前に踊り手が持参した寄付金」と「観客が踊り手に貼ったファカパレのお金」との区別はなされないため，厳密な意味で各々の金額が読みあげられているわけではなく，そこに曖昧さを残している。

このように，貨幣が寄付として用いられる際の「量的（金額的）な価値」と，ファカパレの場面で用いられる際の，帯やハンカチの代替物としての「質的な価値」とが同居しながらも，最終的には両者が統合されていくことこそ，貨幣の持つ多義性の可視化であり，それを可能にするのはまさに，その場に居合わせる人びとの多様なふるまいなのである。

（3）貨幣のタンジビリティ

さらに，行事それ自体の目的や手法は異なるにせよ，前章で検討した献金行事ミシナレと本章でとりあげた寄付行事コニセティは，その基本的な構造において共通項を持っている。両者に共通する要素として，以下の4つが挙げられるだろう。

　①献金あるいは寄付を行う当事者の存在
　②当事者による積極的なふるまい
　③当事者に対して支援金を出す協力者の存在
　④協力者による貨幣の道具的運用

まず①については，ミシナレとコニセティのいずれにおいても，対象となる人びとの（あるいは世帯やグループの）名前が司会者によって次つぎと呼ばれ，「贈与する者」が誰であるのかが明示されていた。そして②についていえば，これらの行事に数々の道化的ふるまいがあったように，あるいはコニセティにおいて人びとが踊っていたように，贈与する人びとは自らの身体を「贈与の場」へと投じるのである。

第5章 踊りと共に〈ふるまう〉——貨幣と身体

　一方で，いわゆる「観客」の立場にある他の参加者たちも，けっして単なる傍観者ではありえず，なんらかの形でこの場に積極的な参与をしていく。それが③と④である。ミシナレとコニセティのいずれにおいても，贈与の当事者に対して周囲からの「支援」が呼びかけられ，支援金が集められていた。これはミシナレでは「洗面器に貨幣を投げいれる」という形式によって，またコニセティでは「踊り手の身体に紙幣を貼る」という形式によって，実現されていた。このときの貨幣は明らかに，その金銭的な価値よりも，効果的な演出の道具としての側面が焦点化されていた。理由は以下の歴史的背景から浮かびあがってくる。

　ミシナレで「洗面器に貨幣を投げいれる」という形式は，まだ国家貨幣が存在せず，外貨さえもほとんど流通していなかったトンガにおいて，19世紀後半から始まった。この頃，ウェスレー派の宣教師の献金を活発にしようという目論見によって，チリやペルーの硬貨が導入された。信者たちはその頃，ヤシ油生産によって献金を「前借り」し，手もとには貨幣を持っていなかったにもかかわらず，それらの硬貨はミシナレのために手渡され，次々と洗面器へと投げこまれたのである（Rutherford 1996）。

　つまりこのときの貨幣は，その導入過程からすでに，「交換価値を持った貨幣」としてよりもむしろ，献金行事を盛りあげるための「効果的な演出の道具」として用いられることが意図されていた。またコニセティで「踊り手の身体に紙幣を貼る」という形式についても，その紙幣がかつては布や花輪などであったという史実から考えれば，ミシナレの貨幣と同じく「道具」的な側面が焦点化されてきたことは疑いないだろう。そのような貨幣の用い方についていえば，ミシナレで見られた道化的ふるまいの事例において，女性たちがまるで装飾品のように紙幣を身につけていたこともまた，際立ったふるまいの特性として強調しなければならない。

　近代貨幣とは本来，原始貨幣との対比において，そのモノとしての価値が問われることはなく，交換価値の尺度であることに存在意義を持つはずである。しかし献金行事や寄付行事においては，参加者の手によって貨幣それ自体が持参され，身体に貼られたりまた洗面器に投げこまれたりする。

つまりこのときの貨幣の「モノ性」を最大限に引きだしているのは，それを扱う人びとのふるまいそれ自体なのである。貨幣の「モノ性」を引きだすこととはつまり，近代貨幣をタンジブル（触れ，感知することができる）なモノとして用いることといえよう。

　事例で検討してきたように，トンガの献金行事や寄付行事においては，人びとのふるまいによってこそ「貨幣のタンジビリティ（可触性）」が最大限に発揮され，その行為の積み重ねによってこそ，贈与の場が生成されていくのである。それは言語的なレベルにおいては「司会者による金額情報の開示と共有」というかたちで，身体的なレベルにおいては「踊り手に貼る，自ら身につけて飾る」というかたちで，そして行為的なレベルでは「コインを〈チャリンと〉投げ入れる，札束を〈どさりと〉置く」といったかたちで，それぞれに遂行されている。

　このことから，トンガにおける贈与とは，モノの所有権を移転させるだけではなく，相互行為場面においてモノと共にふるまい，まさに人びとの間でタンジブルなモノとしてそれを贈ることで，はじめて達成されているといえるだろう。

第6章

道化として〈ふるまう〉
——笑いの創出

1 献金行事における道化的ふるまい

　第4章で論じた教会への献金行事ミシナレと，第5章で論じた寄付行事コニセティを比較してみたとき，それらは基本的に異なる形で進行する行事であるにもかかわらず，実際には様々な共通性が認められた。その共通項なかでも特に顕著に現れ，そして参与する人びと自身がもっとも強い関心をよせているのが，実は「道化的ふるまい」なのである。本章ではこの「道化的ふるまい」の具体的な検討をとおして，それが贈与の場においていかに頻繁に出現し，なおかつ重要な役割を担っているのかを示したい。

　日常的な相互行為場面においても，調査地の人びとにとって，言語やふるまいによる笑いの創出は，あきらかに重要な位置を占めている。例えば「笑い」は，ときに人びととの間に生じる緊張を緩和したり巧みに回避させたりすることによって，その場をゆるやかにとりまとめ，彼らが少なくとも表面的には衝突することなく，同じ場に共在しつづけることを可能とする。あるいは「笑い」は，生活における平板さや沈黙の中に，積極的な刺激と変化をもたらすこともある。そのような日常的な相互行為場面において発現する「笑い」とも異なり，用意周到に準備された「道化」や即興的な「道化的ふるまい」，あるいは「日常規範からの逸脱行動」が，献金行事や寄付行事にはしばしば登場するのである。本節ではまず，第4章で論じた献金行事ミシナレに関連する場面で生じた「道化的ふるまい」の事例

を検討していこう。

(1) 献金行事前の道化的ふるまい

【事例6-1】「ヒップホップ」と「若者たち」

　自由ウェスレアン教会（FWC）では，第4章で事例として挙げた献金行事ミシナレをその週に控えた日曜日の夜に，特別な礼拝が行なわれていた。その礼拝ではまず信者たちが，通常の礼拝のときよりも明らかに多い5曲の聖歌を歌った。そして聖歌が歌い終えられると，それに続いて，6人の信者たちによる演説が行われた。彼らはミシナレのために構成された各グループの代表世帯の世帯主であった。彼らは1人ずつ順番に前へ出ては，ミシナレに参加できることの喜びや，自らの信仰心の篤さなどを思い思いに話した。

　まず人びとが聖歌を歌い，2曲目を歌い始めた頃に突如として，教会内に3人の女性信者たちが飛び込んできた。3人はそれぞれ40代から60代の女性であり，世帯A12，H6，E10の世帯主の妻たちである。彼女たちは普段のように座席につくのではなく，通路の真ん中を通り，人びとの歌に合わせて大げさに手拍子を打ちステップを踏み鳴らしながら前方に進み出て，人びとの歌を盛り上げようとしていた。その場にいた信者たちは，突然のことに驚き，大笑いしながらも，そのまま聖歌を歌い続けた。

　その女性たちが明らかに「道化的」だった点にはまず，彼女たちの特徴的な装いがあった（図6-1参照）。サングラスやヘッドフォンを身につけ，またこれ見よがしに携帯電話を握りしめていたり，持参した黒板やフライパンをまるで楽器のように打ち鳴らしたりしながらやってきた彼女たちを見て，筆者の隣にいた少女は「ヒップホップみたいだね」と笑いながら囁いた。彼女たちが通常ではけっして身につけることのないそれらの装いとともに，彼女たちはまたふるまいのレベルにおいても「道化らしさ」を発揮したのである。

　人びとが聖歌を歌っている間じゅう，彼女たちは指揮者のふりをして，

第6章　道化として〈ふるまう〉——笑いの創出

図6-1　仮装した女性によるでたらめな指揮

けれども歌のリズムとは決して同調することなく手を振ったり，あるいは歌っている信者女性に歩みよって，触れるか触れないかの近さまで身体的に接近し，全身で大げさなリズムをとって邪魔をしたりしていた。一方でそのように接近された信者女性たちも，笑いながら「道化たち」を避けようとする。そのようにして聖歌が終わり，献金グループの各代表者が演説を始めると，今度は演説をする人びとの側へと行き，別の信者女性から取りあげたうちわで演説者を扇いだり，その演説をしている人物の目の前で，大げさにうなずいて見せたりした（図6-2参照）。このように，演説者たちの真剣で熱心な語りが繰りひろげられた一方では，道化の女性たちが始終それに対して面白可笑しく反応して見せた。また彼女たちのいわば傍若無人なふるまいは，たとえ牧師や最高齢の信者といった尊敬を集める人物に対してさえも，同じように行われた。

(2)　献金行事当日の道化的ふるまい

ここまで主に検討してきたのはFWCの献金行事ミシナレの事例だった

図6-2　演説者の背中を不要に扇ぐ女性

が，道化的なふるまいが必ずしも偶発的ではなく，村の中で頻発していることを示すために，もうひとつのメソジスト系教会であるトンガホウエイキ教会（THC）の事例を紹介する。

【事例6-2】「タマネギ採り」と「女王」
　トンガホウエイキ教会の信者であるウヌ（30代女性，世帯番号A6）は村内で商店を経営するひとりであり，筆者は彼女の店で頻繁に買い物をしていた。翌日にミシナレを控えていたその日，ちょうど店先にいた同じ教会のアロ（50代女性，世帯番号A9）とウヌは，翌日に向けた饗宴準備の話をしていた。そこに訪れた筆者が彼女たちの会話に耳を傾けていると，アロは，「[ミシナレは]本当に辛いことだよね」「重荷が大きすぎる」と筆者に向かって言い，隣にいたウヌも，「まったくその通りだよ」と相づちを打った。

　そしてミシナレ当日の朝，筆者はウヌと一緒に教会に向かう約束をして

第6章　道化として〈ふるまう〉——笑いの創出

いたため，教会のすぐ裏手にある彼女の家をまず訪れた。午前10時に開始する予定だったのでその15分前に行くと，ウヌは彼女の母の身仕度を手伝っている最中だった。通常の礼拝の前にも，人びとは衣服にアイロンをかけたり，普段はつけないような華やかなアクセサリーを身につけたり，髪を綺麗に結ったりと準備に忙しいが，この日の様子はいつもとは異なっている。それはウヌの母であるロメ（60代女性）の装いである。普段なら結って留めるだけの髪に，その日は白いレースの端切れを細く引き裂いたものを，頭全体をひらひらと覆うようにしてゴムでくくりつけていた。そのように「奇妙な」装飾をする彼女を見たのはこの日が初めてだった。そのうえ頭頂部には青色のT$10紙幣を3枚，ピンで留めていた。筆者が家に入ったそのときはちょうど，紙幣をピンで留めている娘のウヌに向かってロメは，「よく見えるように留めて」と言っているところだった。

　そして身仕度が済み，皆で家をでるときのロメは，左手で輸入タマネギの赤い袋をかつぎ，右手には木の棒を持っていた。網状のタマネギの袋の中には，ふだん使っている黒いハンドバッグが入っているのが透けて見える。家の玄関からほんの数メートル先に教会の入り口はあったが，彼女はまっすぐ教会に入るのではなく，教会の脇へと向かった。そこでは早めに来てカヴァ飲みを終えた男性たちが，教会の時間を知らせるための木製の太鼓ラリ *lali* の横で，タバコを吸うなどして談笑しているところだった。ロメはまず太鼓の上を覆っていたトタン板の仮屋根を持っていた木の棒でガンガンと叩きながら，「私たちのミシナレが始まる！」「祝宴が始まる！」と甲高い声で叫んだ。周囲の男性たちはそれを笑いながら見ている。そしてロメは何事もなかったかのように教会の中へと入っていった。

　教会内部にはすでに来ていた女性たちが数人着席していた。するとロメの姿を見た信者の女性は，「これから［畑に］タマネギを採りにいくの？」と大声で尋ね，周囲に笑いがおきる。ロメは無言で着席した。それから5分と立たないうちに，次々と信者たちは教会内に入ってきた。とはいえ，この教会（THC）は村内の他教会に比べて建物も小さく，信者世帯も7世帯のみである。結局この日のミシナレに集まった人びとは30名ほどであっ

図 6-3 「女王」のごとくふるまうアロの指揮

た。そして教会内には FWC のミシナレと同様に，前方に献金を集計するためのテーブルが設置され，そこに他村から来た秘書役 2 人が向かい合うようにして座っていた。

　まず牧師が挨拶をしてから皆が聖歌を歌いはじめたとき，突然前方の入り口から，先日商店で立ち話をしていた女性アロが，聖歌のリズムに合わせて大きく手足を振り，まるで行進するようにして入ってきた（図 6-3 参照）。彼女は純白のシャツとスカートに，手袋をつけ，その上から赤い布をまるでたすきのようにして掛けている。頭には玩具のティアラを着けており，そこには T$10 が挟まれていた。歌の途中だったが，人びとは彼女の姿を見てどっと笑い声をあげる。するとアロは，「私は女王だ！」「さあ皆歌って！」と言って指揮を取りはじめる。白地に赤色の服，そして冠という彼女の装いは，明らかにトンガの王族の衣装を意識したものであり，それが「仮装」であったことは誰の目にも明らかだった。

　その後もこの日のミシナレが終わるまでの間じゅう，アロは教会内を歩き回り，人びとの歌に合わせて指揮をした。あるときはわざと音程を外して歌ってみたかと思えば，まるでラッパを吹いているようなジェスチャー

をしながら教会内をくまなく歩きまわったりもする。一方で，洗面器を持って寄付を募っていた男性は彼女の夫であったため，彼は信者世帯の名を順番に呼んでミシナレを進行させつつ，他の信者たちにも寄付を募るためのかけ声をかけつづけた。先にも述べたようにTHCは信者世帯数が少ないため，FWCのように信者たちをグループ分けすることなく，各世帯を単位として献金を集めていく。

　世帯ごとの献金が会計係へと拠出されるたび，その世帯への支援金トコニ *tokoni* が他の信者たちから洗面器に投げ入れられる。そして集計を待つ間，信者たちは聖歌を歌う。集計が終わるごとに金額が発表され，それを聞いた人びとは「ありがとう」と口々に唱和する。そのような一連の流れが繰りかえされ，次は「タマネギ袋」を持ったロメの世帯の順番になった。

　ここでまず世帯主であるロメの夫が席から立ちあがって挨拶をした。そこで彼は，先月自分が無事に70歳の誕生日を迎えられたことに言及し，そのことを神に，そして人びとに感謝する，という意を述べた。トンガの演説ではよく見られることだが，演説者の言葉の合間が空くごとに，聴衆である人びとは合いの手として「そうだ」「本当だ」「ありがとう」などといった言葉を口々に唱和する。この場面でも同様に，信者たちは大きな声で合いの手を入れていた。

　そして彼の挨拶が終わると，この世帯からの献金が前方の会計係へと拠出された。しかしこのとき献金を持参したのは世帯主の彼自身ではなく，タマネギ袋を持った妻のロメだった。夫の挨拶が終わるやいなや，夫から離れた席に座っていたロメは立ちあがると，手に持った棒で教会の壁を叩きながら，タマネギ袋を持って会計係のもとへと歩みよった。そしてタマネギ袋の中からハンドバッグを取りだしつつ，彼女もまた挨拶を始めた。「私が前に出て話すことを許してください」という前置きに続いて，「今日は子どもたちも，孫たちも，そして私も，皆幸せです」「神様が私たちを生かしてくださることに感謝しています」とロメは目に涙を浮かべつつ，感極まった声で叫ぶ（図6-4参照）。そして「しかし私たちは貧しく，こ

図 6-4　感極まりつつタマネギ袋からカバンを取りだすロメ

んなカバンしか買うこともできません」と言いながら，彼女はようやく取りだした黒いハンドバッグを会計机の上で逆さまにするも，肝心のお金が出てこない様子を見て，信者たちは笑う。洗面器を持って寄付を集めていたアロの夫は，傍らでそれを見て，「きっとお金がカバンにくっついて出ようとしないんだよ」と冷やかす。結局はただカバンのファスナーが閉まっていたことに気づいたロメは，ファスナーを開けもういちどカバンを逆さにすると，今度は机の上に札束の山ができた。すると「女王」の仮装をしたアロはその札束を見て，「私たちはこれで終了だ！」「私たちはこれで達成した！」と叫んだ。

　その後集計が終わると，ロメの世帯からは T$10,000 が出され，支援金として他の信者たちから T$329 が投げこまれたので，この世帯の献金額は T$10,329 に達したことがわかった。その金額を聞いた「女王」姿のアロは，「終了だ！」「私は満足した！」と言いながら，肩からかけていた赤い布をほどき，その端を入り口のドアに結びつけ，首を吊るような真似をして見せた。その後すべての信者世帯からの献金と集計が終わると，合計金額が発表された。村の信者 7 世帯と隣村の牧師，その他の教会からの寄付など

第6章　道化として〈ふるまう〉——笑いの創出

を合わせて，この日のミシナレでは T$17,115.70 が集まった。金額が発表されたとたん，信者たちは「ありがとう」と口々に言った。そして牧師による演説を経て祈りが捧げられると，THC のミシナレは無事に終了した。

　上述した2つの事例，FWC のミシナレ前に見られた道化的ふるまいと，THC のミシナレ当日に見られた道化的ふるまいにおいて顕著だったのは，「道化」である彼女たちが，自らの服装や持ち物を入念に準備し，身につけ，そして人びとが集う場に明らかに注目を集めるような「印象的な」形で登場を遂げている，という点である。その装いについて考えるならば，「ヒップホップを鳴らすような若者」や「王族」，そして「畑に行くような姿」という彼女たちの仮装は，普段の教会の場とそこに行く際の装いからはもっとも遠く，その場の文脈において明らかに「不適切な」ものばかりである。また彼女たちの登場そしてその後のふるまいは，その場の進行を促すよりもむしろ妨げるような働きさえ持っている。実際に，笑いによって人びとは歌うことを休止することもあれば，演説者よりも道化のふるまいに人びとの注目が集まってしまうことさえある。それでもなお，献金行事ミシナレには毎年のように，このようにさまざまな「道化」が登場するのである。

　「道化的」な装いやふるまいの特徴と，行事それ自体との関連性については後により詳しく検討するとして，次節では寄付行事における道化的ふるまいの例を見ていこう。

153

2　寄付行事における道化的ふるまい

(1)　「適切さ」を侵犯するふるまい

　前章で詳細に検討した寄付行事コニセティの事例において，FWCの牧師の妻マハは，もっとも頻繁に踊りの場に登場していた。踊り手の身体に紙幣を貼る行為ファカパレについては，全体で13人の踊り手が登場したうちの8人に対して彼女はファカパレを行い，またその後に踊り手の周囲で一緒に踊ることさえもあった。その意味でも彼女は，事例のコニセティに積極的に参与していた人物のひとりであったといえる。

　「牧師」はそれが役職である以上，信者たちから一定の尊敬を集め，また日々の礼拝の進行をとおしてその地位がたえず再確定されている。一方で「牧師の妻」は，何らかの役職を担っているわけではないが，それでもなお，女性信者たちが集う機会に，彼女が中心となって話を進めることなどがあった。このように，「牧師の妻」は明確な権威を持たないにせよ，もっとも熱心に宗教実践に携わる者として，あるいは模範的な信者として，他の信者たちから一定の尊敬を集めていた。以下ではその牧師の妻マハが，前述したコニセティのなかで見せたふるまいについて検討する。

【事例6-3】牧師の妻が洗面器を蹴る

　寄付行事コニセティが教会の集会所で進行していた途中に，牧師の妻マハはいったんその場を離れ，すぐ隣に建っている自分の家へと戻ると，プラスチックの洗面器を持って戻ってきた。このプラスチックの洗面器は，第4章の教会の献金行事ミシナレでも見たように，人びとからの支援金トコニを投げいれるために使われていたものである。ミシナレ以外にも，3ヶ月に1度の寄付集めの機会などでも用いられていた洗面器は，このとき一部が破損しており，見るからに古くなっていた。

　その欠けた洗面器を持ってコニセティに戻ってきたマハは，まず足元に

第 6 章　道化として〈ふるまう〉——笑いの創出

図 6-5　洗面器を蹴りつつカヴァ飲みの男性の輪に入るマハ

その洗面器を置いた。そしてそのとき流れていた音楽に合わせ，床に置いた洗面器を足で蹴りながら，集会所の中央に進み出た。集会所の後方ではすでに他の人びとが踊っていたにも関わらず，マハは踊る彼らの目の前を，洗面器を蹴りながら横切ると，女性や子どもたちがすわっていた場所へと向かった。そしてそのまま方向を変え，今度は再び洗面器を蹴りながら，司会者のいる側に戻って何かを伝えた。司会者は流れていた音楽をいったん止めるよう指示を出すとともに，マハからのメッセージとして「これまで使っていた洗面器が壊れてしまったので，新しく買い替えるためにもぜひ寄付が必要だ，協力してほしい。」とマイクを通して告げる。

　すぐに新たな曲が流れ出すと，彼女は再び洗面器を蹴りながら，今度は集会所前方の，男性たちがカヴァ飲みをしている方向へと進んでいった（図6-5参照）。「洗面器を蹴って進む」という動きをいっこうにやめることなく，しかも男性たちの輪のなかに入っていこうとするマハを見て，他の女性たちは皆大笑いしながら，その後の成りゆきを注視していた。

　その後彼女は，カヴァ飲みの男性たちの輪の中心まで入ると，そこでようやく洗面器を手で拾いあげた。そしてその洗面器を男性たち一人一人の

155

前へと差しだし，寄付を入れるよう促していった。そこで輪を囲んでいた12名ほどの男性のうち，4名が差しだされたその洗面器に寄付金を投げ入れた。マハは洗面器とともに司会者のもとへと戻り，彼のマイクを取りあげると，「ありがとう，これで洗面器を代えることができます」とひとこと言ってマイクを返した。人びとはその言葉を聞いて再び笑った。

　人びとが集う場においてマハのような「ふるまい」が生じると，参加者の関心は明らかにそちら側へと方向づけられる。例えばこの事例では，マハはそれまでこのコニセティの焦点となっていた踊り手の場所（＝集会所の後方）から，カヴァ飲みの場所（＝集会所の前方）へと移動し，多くの参加者たちの視線が彼女を追っていた。このように，空間的な配置やその移動は，「道化的ふるまい」を理解するうえでも重要な点である。

　以下では，同じく前章のコニセティの事例から，非常に少ない寄付金しか拠出できなかったにもかかわらず，もっとも多くの人びとからファカパレを受けた男性について検討する。

(2)　「社会的弱者」を包摂するふるまい

　前章で検討したように，寄付集めの行事コニセティにおいて「実際に踊ること」や「ファカパレをすること・されること」と，当事者の持参した寄付金額との間には，明らかな正の相関が認められた。つまり全体的な傾向として，多くの寄付金を持参した人びとは，踊ることにもまた積極的に参与し，またそのように踊っている人に対して周囲から多くのファカパレも集められたのである。

　しかしこれらの例外として，全体のなかでもっとも少ないレベルの寄付金しか持参しなかったにも関わらず，もっとも多くの人びとからのファカパレを受けた人物がいた（じっさい彼の存在によって相関係数はだいぶ低くなった）。知的障害をもつことが村中に周知されているタリキである。40代の未婚男性である彼には基本的な日常生活を送るうえでの支障はないも

第6章 道化として〈ふるまう〉——笑いの創出

のの，会話をするとコミュニケーションの齟齬が目立ち，彼に何らかの「障害」があることを人びとは皆，認識している[1]。以下はコニセティの場でタリキが思わぬ注目を浴びた事例である。

【事例6-4】知的障害のあるタリキの演説と踊り
　このコニセティにおいてタリキは，未婚であるがゆえに「青年グループ」にその名を連ねていた。したがってこの日も，「青年グループ」のメンバーとして，自らの名において寄付をすることが求められていた。そして「彼が踊る順番」として名前が呼ばれると，タリキはそれまですわっていたカヴァ飲みの輪から立ち上がり，後方の司会者の側へ歩んでいき，「ひとこと言いたいことがある」と申し出てマイクを要求した。そのような彼に対して司会者は，「何を皆に話したいんだ？」と言って笑いながらマイクを渡す。急にマイクを握りしめ，真面目な顔つきで何かを話し始めようとするタリキの姿を見て，集会場にいた人びとからはすでに笑いが漏れている。また男性たちは，そのような突然の出来事を面白がり，タリキの名を呼んで囃し立てたりするが，それをものともせずに彼は大真面目な顔で演説を始めた。

　「*Tapu moe hou'eiki, tapu moe*…〔神聖なる首長，神聖なる…〕」

　タプ *Tapu* とはタブーの語源となった神聖な存在への畏怖，敬意を示す語であり，王族や貴族が同席する儀礼はもちろん，教会関連の行事においても，正式な挨拶の場面にのみ用いられるフレーズである。お互いに見知った村人によって参加者が構成され，特別なゲストの存在しないこのコニセティにおいて，また何の地位や役職を持たないタリキがこのような演説を行うことは，明らかに「場違い」であり，その違和感を周囲の人びとは大いに面白がっていた。

---

1) 現地で「障害」という概念に直接言及されるわけではないが，周囲の人々による彼への接し方は明らかに同年代の成人男性に対するそれとは区別され，タリキのさまざまなふるまいが広く許容されていた。

157

図 6-6　女性と手を取りあって踊るタリキ

「タリキ，お見事！」「お前の嫁はどこへ行った？」「ありがとう！　ありがとう！」といった掛け声が，集会場のあちこちから，タリキの演説に重なるようにして発せられる。最終的に彼の演説は1分ほどで終了し，その内容は人びとへの感謝の挨拶と，自らが貧しく，思うように寄付もできないことへの謝罪であった。

　そして曲が流れ出すと，タリキのもとへ人びとが次々と歩みより，ファカパレをし，また彼の周りで踊った。特に女性たちは，未婚女性でさえも，彼と手を取りあって踊っていた。そして曲が流れている間はずっと，周囲の女性たちが次々と交替しながらタリキの手を取って踊りつづけ，またその様子を人びとは面白がって見ていた（図6-6参照）。集会場の社会空間について前章で言及したように，公の場で男女は，たとえ夫婦であっても身体的な距離を近接させることはない。ましてや，婚姻関係を結んでいない男女が人前で手を取りあって踊るなどということは，日常ではけっして見られない行為なのである。

　このように大勢の参加者によって賑わったタリキの踊りでは，合計12名

第 6 章　道化として〈ふるまう〉——笑いの創出

もの観客が彼へのファカパレを行った。そしてこのとき彼自身は寄付金として T$3 を出したが，周囲の人びとのファカパレによって集まった T$15 と合わせると，その総額は T$18 となった。曲の終了後，司会者は踊っていたタリの様子を指して，「彼はまるでラグビー選手のようだったじゃないか，身体も立派で，顔もよくて…」「身体を動かして〔踊って〕くれてありがとう」と，大げさな賛辞を述べ，タリキの寄付の順番は終了した。

　寄付行事におけるこれら 2 つの事例からは，「寄付の当事者が踊ること（タオルンガ）によって観客からも寄付を集める（ファカパレ）」という前章で検討した寄付集めの基本的な形式のなかで，実際にはさらに多様なふるまいがあったことがわかる。
　1 つめの事例について言えば，マハは「女性」であり「牧師の妻」という社会的立場にあるからこそ，彼女が「男性」の輪の中に入っていくことや，「洗面器を足で蹴る」といったふるまいの逸脱性が際立っていた。そしてそれが「逸脱的」であるという認識はまた，周囲の人びとにも共有されていたからこそ，彼女のふるまいが笑いを生みだしたのである。
　また 2 つめの事例では，寄付の当事者であるタリキという人物を中心に，障害をもつ本人よりもむしろ，周囲の女性たちがあえて「彼と手を取りあって踊り」，社会的規範を逸脱するような状況を作りだしていた。そしてそのような「ふるまい」は明らかに，ファカパレによってタリキの寄付を経済的に支援することとも重なっていたのである。

　ここまで見てきたさまざまな「道化的ふるまい」のバリエーションは，それが献金行事であるか寄付行事であるかを問わず，次々と展開され，それによって「贈与の場」には笑いが生みだされていた。しかし，これらの「道化的ふるまい」には，人びとが単に「贈与を楽しむ」以上の重要な位置づけがあるはずだ。道化のためにわざわざ準備をしたり，あるいは実際の贈与の流れを中断させてでも，道化的ふるまいを行うことが，人びとにとってなぜ重要なのだろうか。そのことを考察するために，次節ではオ

セアニアにおける道化についての諸理論を参照しておこう。

3 道化による協働と達成

(1) トンガにおける道化の位置づけ

　ミッチェルは，パフォーマンス理論をも含む，道化理論の流れを参照したうえで，オセアニアの道化について考察している（Mitchell 1992）。そしてインフォーマルな道化から儀礼的道化に至るまで，さまざまな種類の道化の存在を明らかにしながら，特にポリネシア地域に関していえば，「儀礼的道化」よりもむしろ「世俗的道化」が重要であり，またそれらは一般的な道化理論でいわれるような社会構造の転倒をもたらすというよりもむしろ，「文化的に保守的な」存在である，と指摘する。

　またトンガの道化的なふるまいの発生とその効果について，モートンは以下のように述べている。

> 「トンガでは，人びとが集団で仕事をするときや，踊りを練習するとき，あるいは何か他の相互行為のときで，集中して共同で努力する際，あるいは感情的な緊張の際，あるいは堅苦しさを終わらせる際に，道化が発生するのである。（中略）道化は通常，普段は落ちついて尊厳のあるような，中年かそれ以上の女性によって演じられる。彼女たちの道化はパロディーの（そして大部分は非言語の）形式であり，バーレスクや，立場の反転，規則の侵犯によって，社会的規範を一時的に転倒させるのである（Morton 1996: 235-236）。」

　これらの先行研究の指摘は，私が本章で検討してきた道化の事例とも見事に重なりあうものである。そこに何らかの聖性を付与される儀礼的道化とは異なり，事例で見た道化の女性たちは，あくまでも実際の相互行為場面の内部で，寄付行事や献金行事といった儀礼の目的および枠組みを遵守しながら，道化的ふるまいを演じていた。

　事例をより具体的に検討してみると，FWC の献金行事前の集会におい

第6章　道化として〈ふるまう〉――笑いの創出

て「道化的ふるまい」とともに乱入してきた女性たちは，前章のFWCの寄付行事コニセティにおいても，踊りタウオルンガや寄付ファカパレといった行為を通して，積極的に場に参与していた女性たちであった。また本章で示したTHCの献金行事に登場した女性ロメもまた，それが夫の誕生日を祝福するという特別な機会であったにせよ，他の世帯とは比べものにならない，圧倒的な献金額を持参していたのだった。すなわち彼女たちの道化的ふるまいは，献金や寄付における金銭的な意味での貢献と明らかに相関しており，その点において彼女たちは「既存の価値を支えている」役割の道化だったといえる。

　このようにいっけんすると逸脱的な行為にみえる道化が，実はその場における熱心な参与と積極的な貢献を示しており，さらにそれが寄付や献金といった金銭的なレベルにおける貢献とも関連していることについて，トンガでかつて一世を風靡した道化師ティニティニの存在についても言及しておきたい。ティニティニという名の中心的キャラクターを演じる男性アカ・テヴィタ・コロアマタンギを中心に，ヴァヴァウ島に隣接した小島パンガイモツ出身の男性たちで構成された一団は，1970年代以降，約20年以上にわたってトンガ国内のみならずオーストラリアやニュージーランドのトンガ人コミュニティをも回り，さまざまな道化芝居を上演しつづけてきた。彼らの目的は，上演によって自身が所属する教会FWCへの寄付金を集めることだったが，その演目の豊富さや彼らのユニークな演技が好評を博し，信者や出身地域を越えて，圧倒的な人気を集めた。そうして多くの観客と寄付金を集めた結果として，最終的に彼らは総計26もの教会を建設することに貢献した。

　妻役として女装し派手な化粧まで施したティニティニと夫役との間で繰り広げられる猥雑で滑稽な夜のかけひきの話や，外国人牧師の来訪に対しティニティニ演じる英語を解さない現地の人間が，でたらめな通訳を信者に向けてする話など，その内容は明らかに人びとを笑わせることを目的として構成されており，賑やかなパフォーマンスと沸き上がる爆笑の光景は，いっけんしたところとても宗教活動の一環のようには見えない。しかし彼

161

らはひとたび上演が終わり寄付を募る場面になると，それまでの道化的なふるまいとは打って変わって，神妙な面持ちを取り戻し，最後は必ず皆で祈りを捧げてその場は締めくくられるのである（POTOLAHI Productions 2006）。

(2) 人びとによる「達成感」の共有

既に見てきた寄付行事コニセティや献金行事ミシナレの場面には，人びとの名をマイクを通して読みあげる司会者の存在があった。そのような場での司会者は，単に名前や寄付金額を読みあげるだけにとどまらず，人びとの積極的な献金への参加や，踊りへの参加を促すようなかけ声をかけつづけることが常である。例えば献金行事ミシナレにおいて信者たちが貨幣を洗面器に投げいれる瞬間や，寄付行事コニセティにおいて人びとがファカパレとして踊り手に紙幣を貼りつける場面では，司会者はもちろんのこと，その場にいる参加者の人びとから口々に，「ありがとう！」「すばらしい！」などのかけ声が絶えず発せられていた。

すなわちこれらの贈与の場においては，贈与という行為を単なるモノの移譲として完結させるのではなく，人びとがこの場に積極的に参加し，「ふるまう」ことがあきらかに奨励されているのである。そしてこのことはもちろん，司会者の言葉のみによって達成されるのではなく，それに同調し呼応する参加者たちすべての協働によってこそ実現している。

［事例6-2］において，「女王」の姿をした女性アロは，多額の献金を差しだすロメの姿をみたとき，「私たちはこれで達成した！」と叫んでいた。この「達成」という言葉は，このような儀礼をつつがなく終了することができた場合に，人びとがかなり高い頻度で用いる言葉である。そのとき人びとは，「*Malo ta'u lava*〔私たちの達成をありがとう〕」と互いに言いあうのである。つまり人びとは，贈与の場を，積極的かつ多様な参与のしかたによってともに作りあげ，そこから得た達成感をも共有しているといえよう。そのようにして寄付行事や献金行事を捉えたとき，このような

場面について頻繁に形容されてきた「競覇性」という特徴は，再考されるべきではないだろうか。

第7章
所有という〈ふるまい〉の困難さ

1　速やかにモノを手放す日々

　ここまでの議論では，調査村に暮らす人びとが，自らの限られた資源であるモノや現金をいかにして教会やその他のコミュニティへと積極的に投じていくのか，そのシステムと実践のしかたについて具体的に検討してきた。各世帯の所得に比して莫大な金額を集めている教会の献金行事や，様々な目的のもとで頻繁に開催される寄付行事が，参加者たちにとって大きな金銭的な負担となっていることは疑いのない事実である。しかしながら，「自発的で自由な」あるいは「神や人びとへの愛としての」贈与だと語られるこれらの献金や寄付についても，実際には一定の目標額や人びとの間で共有される目安が存在していることが明らかになった。

　さらにそのように莫大な金銭の流れが生じる場面での人びとの行動を分析してみると，そこでの貨幣は従来の金銭的価値を内包しつつも，同時に人びとのふるまいのなかで「道具」のように転用され，活発にその場を飛びかっていた。一見するとそのような場面は，献金額をめぐっての参加者どうしの競合であるかのように，あるいは個々人や個々の世帯が他者を退け自らを誇示するために行っているかのようにも考えられる行為である。しかし場に参与する人びとの関心の核にあるのはむしろ，このような儀礼的場面を可能なかぎり喜ばしく盛りあげ，そして面白く見せることであった。そこでは多くの人びとが積極的に場の中に身を投じ，時に道化的にふ

るまい，その場を笑いで包み込んでいる。日常規範からの逸脱的行為さえも，即興的かつ協働的に創出され，人びとはまさに身をもって経済を演じていた。自らの身を投じるという意味においてまさに「献身」をした彼らは，一連の行事を終えると，互いに達成感を口にしあった。

このように，相互行為場面を起点そして結節点としながら「経済」を駆動させていく実践がある一方で，彼らはまた日々の生活を営み，自らの家族を支えるために必要な現金を確保しなければならない。ここまで述べてきたように，村の生活において，モノや現金は人びとの間を活発に，そして絶え間なく流れつづけている。そしてそのような流れを一時でも遮断して，モノを自らの手もとに留めおくことの困難さは，私たちの予想をはるかに超えている。

(1) 現金の即時的な消費と分配

第3章でも論じたように，村落の各世帯にとって現金とは貴重な資源であり，家の中には小銭しか残っていない日々が続くことさえ，けっして珍しくはなかった。その一方で，たとえば給料日や送金の受領直後などの折に一定額の現金を得たときの人びとの行動は，それを「使いきる」ことや「分けあたえる」ことに終始し，その行為の日々の困窮具合との落差は，私をたびたび当惑させた。以下はそのような事例の一部である。

【事例7-1】手元の現金を使いきる

一時的に首都の宿に滞在していた私が調査村へと戻る際に，滞在先の家族（世帯番号D2）が迎えに来てくれた。車で帰る途中にホストマザーであるサネが，せっかく町へ出たついでにといって，四女（当時4歳）が履くサンダルが壊れてしまったので新調しようと提案した。そこで私たちは，幹線道路沿いにある，品揃えの豊富な中国人商店に寄った。四女の気に入ったビーズ飾りのついたピンク色のサンダルはT$5だったが，その時のサネの手元にはT$4しかなかった。「お金がないよ」とサネは娘に言い聞か

せ，ぐずっている四女の手を引いて店先から離れようとした。しかしその様子を見ていた私がT$5を差し出したため，サンダルを購入することができた。

　無事にサンダルを手に入れて村へと戻る途中に，サネはまた別の商店に立ち寄ってほしいと運転手である夫に言った。その店で彼女は，手もとに残っていたT$4をすべて費やして缶ジュース（1本あたりT$1×4本）を買い，私を含む同乗者全員に分け与えた。このときサネのバッグと夫のポケットに入っていた小銭は合わせてT$1にも満たず，この時点でその小銭がこの家の所持する現金のすべてとなった。

　またある土曜日には，この家族がモルモン教会の行事を翌日に控えており，そこで娘たちが身につける純白の衣服を用意する必要があった。ドレスはすでに家にあったが，共に履くための白い靴がないことに気づいたサネは，町へ買いに行くと突然言いだした。私はこの日同行することはできなかったが，彼女にT$20を乞われたことに対して，多めにT$40を渡した。

　バスで出かけて行ったサネと四女が帰宅したので，目的の靴が買えたのかと私がたずねると，「町に到着した時にはすでに正午を回っていて，店は全部閉まっていた」という。結局サネは町なかで彼女の姉が経営する洋品店へ行き，そこで目にとまった商品の中から，自分用のサンダルや夫と息子用のネクタイやシャツなどを「無料で」もらってきたと話した。そして娘の白い靴については，唯一まだ店を開けていた中国人商店にあったT$8のサンダルで代用することにしたと言う。しかし同時にその商店で，翌日の食料といって鶏肉4kg，アルミホイル，トマトなどを買い，私がその朝に渡したT$40はすべて使いきっていた。

【事例7-2】手もとの現金を分けあたえる
　ある午後，サネと親しくしているミリ（世帯番号C2の世帯主の妻）が家へやってきた。そして彼女は，済ませたい用事があるので一緒に町へ行こうとサネを誘った。サネは快諾し，ちょうどそのとき，自分が栽培し収穫したバニラを町の近くに暮らす人物へ売ろうとしていたサネの夫も，また

第 7 章　所有という〈ふるまい〉の困難さ

その場にいた私も同乗させてもらうこととなり，ミリの運転する車で町へと向かった。

　彼女は前年にハワイ在住の妹から自家用車を買うための資金として約 T$10,000 を送金してもらい，そのとき購入した日本製中古車にしばらく乗っていたが，故障が続いたために今の車に乗り換えたと言う。そこで必要となった新たな資金は，再びハワイに暮らす妹が分割で送金してくれることになり，ミリはその送金の受け取りと中古車ローンの支払いに向かったのだった。

　ミリはまず，銀行で妹が送金してくれた T$350 を引き出した。その後，中古車業者へと向かう途中で，同乗していたサネが空腹を訴えた。マーケットに行って揚げパンと飲み物を発見すると，ミリはそれらを T$10 ぶん購入し，同乗していた全員で分けて食べた。その後に向かった中古車業者では，支払代金 T$330 を渡した。

　そして手もとに T$10 を残して帰る途中，ミリは突然サネに対して，「これはあなたのものだよ」と言いながら，その半額である T$5 の紙幣を無造作に投げ渡した。サネもまたこれを拒むことなく，「ありがとう」と答えて受け取った。「今は T$5 しかないから，ナツコはサネから（筆者注：自分の分け前を）もらってね」とミリは笑いながら言う。まるで食べ物を分かち合うこととのと同じ感覚であるかのように現金を分けていく光景は，このようにしばしば見受けられた。

　上記 2 つの事例が示すのは，何らかの機会で得られた現金を，ほぼ即時的に消費してしまう人びとの行動である。最初の事例で見られたように，人びとは現金が貴重だからといって節約して使用する，あるいは必要な分を除いた残額を保持しておく，という行動を取らない。むしろそのような現金を，相対的な必要性の低い菓子や飲料，あるいはその用途としてはバナナの葉で代用することもできるはずのアルミホイルや，普段の食生活から考えると若干ぜいたくな食物である野菜を購入し，使いきってしまう。

　また両者の事例で見られたように，あるときは食物の形で，またあると

167

きは現金それ自体の形で，その場に居あわせた人びとに対する分配が積極的になされている。これらの事例においても，「同じ場に居あわせる」という偶発性をも含みつつ現れた関係のなかで分配が行われている点については，第3章で見た食物贈与のありかたとも共通している。

(2) 食物の即時的な消費

【事例7-3】食料の買いだめをしない

　友人と町で外食をした私が夜になってから村に戻ってみると，滞在先の家族も食事も済ませ，テレビを観るなどして過ごしていた。家族たちは私に「お腹は空いていない？」と尋ねるので，「お腹はいっぱいだから，大丈夫だよ」と答えたものの，「一緒にお茶を飲もう」という話になった。そこで私は次女と共に，家からもっとも近い村内の商店Aに食パンを買いに行った。しかしその店ではすでにパンが売りきれだったので，別の商店BやCにも寄ってみるものの，やはり売りきれていた。結局このとき開いていた村内すべての商店でパンは売りきれていたため，やむを得ず食パンを買うことを諦め，最後にもう一度寄った商店Aで買うことのできたココアと一緒に，私が持っていたクラッカーを皆で食べた。

　食パンは通常，町のパン屋が村々の商店に，日曜を除いて毎朝配達しに来る。つまり午前中であれば村内の商店に十分な数のパンがあるが，夜になると高い確率で売りきれている。村の人びとはそのような「パンが買えなくなるかもしれない」という恒常的な不確実性を自覚しながらも，ほとんど誰も買いだめをすることはない。これはパンに限らず，他の食物にも該当する。私も人びとのリズムと同調しながら生活を共にするなかで，村での生活は，食料が買えないという不確実性と常に隣り合わせであることを痛感した。家の中にまったく食物がないことは頻繁に生じ，また複数ある村内の商店でさえも，日中は店を閉めていることも多く，ある時間帯には1つの店も開いていないときさえあった。あるいは商店が開いていても，

第 7 章　所有という〈ふるまい〉の困難さ

手元に現金がなく，掛け売りに応じてくれる店が閉まっていれば，それは購入の回路が閉ざされてしまったことを意味する。

　そのようにすべての商店が閉まっているような状況に陥った場合，人びとはそのまま諦めてしまうか，他のモノで代用する，あるいは身近な世帯に懇請するという手段をとる。パンがない時に小麦粉で揚げパンを作って代用する場合や，近隣の世帯に頼んで砂糖や塩を分けてもらう場合などがそれに該当するだろう。このような対応の仕方は，村の中で日常的に見られる光景である。上述した事例は現金で購入する食物についてだが，自給作物についても同様の現象が見られた。例えば畑から収穫してきた主食イモ類やヤシの実が，その日の世帯の食事分には足りなくなってしまった場合に，隣人宅に行って余りがあるかを尋ねる，という行動はしばしば取られていた。

　このように人びとが「蓄え」を持たない理由のひとつには，自分は，あるいは自らの世帯では現在そのモノを所有していなくても，他の世帯に頼み，分けてもらうことでなんとか対処できる，という期待ないし信頼がある。人びとによる「トンガの良さ」や「村の生活の良さ」にまつわるの語りのなかには，「村に暮らしていればお金はかからない」「まったくお金がなかったとしても，食べ物には困らない」「もし食べ物がなくても，皆が分けてくれる」といった言葉がしばしば聞かれた。このように分かち合いを基盤とした「トンガ的なやりかた *anga fakatonga*」はひとつの理念として人びとに広く共有されている。そして次の事例にみるように，個人での所有や蓄財は，その理念に反する行為であるとして批判の対象となりうるのである。

(3)　個人所有や蓄財に対する批判的概念

【事例 7-4】狡猾に食べること（カイポー *kaipo*[1]）
　滞在先の末娘が誕生日を迎えたので，家族全員でそれを祝うべく，私は大きめの誕生日ケーキを購入した。喜んだ末娘はろうそくを吹き消し，そ

169

の後皆で切り分けて食べた。皆が食べ終わった後に残っていた分を見た母親のサネは,「トニオ（世帯番号Ｃ２の世帯主,【事例７-２】のミリの夫）に持って行きなさい」と長女に言った。すると長女は「何のために？」と,半ば呆れたような乱暴な口調で応答した。それを聞いたサネは少し声を荒げて「カイポー *kaipo*〔狡猾に食べる〕をするのはやめなさい！」と言った。その後しばらく２人の口論は続いたが,結局のところ残っていた１切れを次女が別の隣人世帯（世帯番号Ｇ３）へ持って行くと言いだし,実際そのように分配したことで,事態は収束した。

【事例７-５】吝嗇であること（ニマ・マウ *nima ma'u*[2]）

　年頭に行われた自由ウェスレアン教会の「祈りの週」２日目の夕方,信者世帯から提供されたパンや菓子類を一緒に食べながら,信者の１人であるルピ（世帯番号 A12 の世帯主の妻）と話す。彼女は言う。「このように私たちは,皆に食事をふるまうんだよ。これがトンガのやりかただからね。ニマ・マウ *nima ma'u*〔手放さずに,吝嗇に〕で死んでいっても,そのお金は自分が死んでしまえばどこに行くかわかったものではない。だからこうして神様のため,人びとのために使ってしまうのだ。これが愛だよ。それに比べて外国人は,なるべく自分のお金を貯めようとする。トンガのように盛大な饗宴もしないでしょう。」

　これらの事例に見られるように,余剰のモノや現金を手もとに保持することは,周囲の人びとによって「ずるさ」や「吝嗇さ」の現れとして否定的に表現され,これらの語句は明確な批判の意をこめて用いられる。そして後者の事例にも見られたように,そのような批判は「多くあるモノは人びとに分けるべきである」というトンガ的な理念とも密接に関連している。

---

1) Churchward 版の辞書によれば,*kaipo* とは 'to eat on the sly' すなわち「ずるく食べること」の意味である（The Government of Tonga 1959: 245）。
2) *nima ma'u* とは 'close fisted, stingy' すなわち「握り屋の,けちな」状態を意味する（ibid., p.377）。

後に検討するように，村内でビジネスにおいて成功を収めた人物に対して，人びとが「ずる賢い」「[人を]騙している」という形容をすることも，同様の所有観の延長にあるといえよう。ここまで見てきたような，「現金や食物を分かちあいつつ即時的に消費すること」への肯定や期待と，「他者に分けることなく個人で所有や蓄財すること」への否定や批判とが表裏一体となって，村の人びとの行動を覆っているのである。

2　村内の貯蓄組合と消費の抑制

(1)　現金積み立ての組織

　個人あるいは個々の世帯が何かを所有すること，より厳密に言うならば，その時点における最低限必要な範囲を越えて蓄財することは，これまで見てきたような，共同的な消費や人びとに分け与えつつ即時的に消費することに重きを置く村落経済活動とは，相反する側面をもつ。しかしその一方で，このような相互扶助の理念が必ずしも彼らの日々の実践と常に一致するわけではなく，その現実的な矛盾を彼ら自身もまた充分に自覚している。村の人びとの「経済」は世帯ごとのゆるやかな自律性を基盤としており，「海外の家族に対して，特別な理由もなくつねに送金を頼みつづけることなどできない」と彼らがこぼすように，毎日のように近隣の世帯に食物を貰いつづけるようなことも，実際には生じない。食費だけでなく光熱費や学費など，さまざまな場面で恒常的に必要となる現金を，なんらかの形で蓄える術はないのだろうか。

　本節では，村内で行われる経済活動のひとつである貯蓄組合について明らかにする。先行研究においては，トンガの村落部に生活する人びとの現金獲得および現金消費に関して，外部世界（すなわち外国・ディアスポラ・商品経済などの領域）との関連において論じられることが主流であった。しかし一方で，村に暮らす人びとは常に外部に依存しているばかりではな

い。ここでは村落における自律的な経済組織に焦点をあて，特にそれを「蓄財」あるいは「消費の抑制」という観点から考察する。

村内に暮らす既婚女性たちの多くは，毎週のようにカウタハ・リーパアンガ kautaha li paanga へと出かけていく。「お金を出す，お金を投げる」という意味のリー・パアンガという言葉は，主にメソジスト教会で毎月集められる少額の献金のことをも意味するが，それとは異なる実践のことをも指し示す。それがこの「個々人の現金の積み立て」である。

トンガにおける相互扶助組織はカウタハ kautaha[3]と呼ばれ，様々な目的のカウタハが村落内には存在していることが，指摘されてきた。しかしこれらの先行研究の多くは，生業における労働交換組織としての役割，すなわち男性たちによる共同の農作業や，女性による共同の樹皮布づくりについて明らかにしてきたものの，現金の積み立て組織であるカウタハ・リーパアンガについてはほとんど言及してこなかった。

1960年代をひとつの契機として，人類学では農民経済から商品経済への過渡期におけるインフォーマルな伝統組織の役割が検討されてきた (Geertz 1962, Firth and Yamey 1964)。なかでもギアツは主に「途上国」とされていた地域を対象に，回転型貯蓄信用講 (Rotating Savings and Credit Association) について考察するなかで，「ROSCA は経済発展の過渡期を示しており，発展が進むにつれてそれらは金融機関に取って代わられる」と論じた (Geertz 1962)。これついてはその後，様々な事例に基づいた反論が呈され，農村のみならず都市部やディアスポラコミュニティにおいても，ROSCA のようなインフォーマルな経済組織が重要な役割を担っていることが指摘されている (Ardner and Burman 1995)。また90年代になると，このような組織はそのフォーマル／インフォーマルな制度に関わらず，開発経済学によって注目され，マイクロクレジットの役割が，経済発展における社会関係資本の重要性という文脈のなかで論じられるようになった。

オセアニア地域におけるこのような貯蓄組合に関しては，パプアニュー

---

3) カウタハ kautaha は村レベルの相互扶助組織だけでなく，より規模の大きな「組合」や「企業」の意味でも用いられる。

ギニアやフィジー，ニュージーランドマオリの事例などが報告されている (Firth and Yamey 1964)。トンガに関しては，前述したように共同作業集団としてのカウタハの存在は先行研究でも指摘されてきたが，貯蓄組合としてのカウタハについて論じた研究は非常に少ない。そのひとつとして青柳はカウタハを「共同作業のための任意団体」と定義し，そのなかのひとつに「貯蓄目的のカウタハ・パアンガ (*kautaha pa'anga*)」が存在するとする。これは，私が注目しているカウタハ・リーパアンガのことであると思われる。ここではカウタハは，「集団の利益のためではなく個人の利益のため」にあり，「個々人の欲望を抑制する機能」を持つとされる (青柳 1991)。

> 貯金するカウタハの場合，メンバーが特定の目的のためでもなく，また利息のためでもなく預金しているのは興味深い。彼らは集団のメンバーの強制のもとで，いやいやながらでも金をためるよう自らを強いるために集団を形成するのである (青柳 1991: 140)。

この青柳の指摘，すなわち人びとが「特定の目的や利息のためではなく預金」し，そこでは「集団の強制力によって貯金を可能にする」という考察は示唆に富むが，一方でこの経済実践については具体的なデータが提示されていない。またモートンはギアツによる ROSCA の議論を受け，トンガの事例をより具体的に検討するなかで，トンガにおける貯蓄組合は前述した「回転型貯蓄信用講 (ROSCA)」ではなく，組織内の拘束力が比較的弱い「貯蓄信用組合 Accumulating Savings and Credit Association (ASCRA)」であるとした (Morton 1978)。そして組合に参加する人びとによって貯蓄された現金は「資本としてよりはむしろ，消費財や他の生活費に充てられる (*ibid.* p.50)」と指摘する。

近年の，途上国を対象としたマイクロクレジットに関する議論では，まとまった現金収入を持たない人びとがこのようなローカルな組織に参加し獲得した「資本」が，新たに事業を興すなどの「投資」へと用いられ，更なる現金の獲得を実現する，という段階が想定されている。一方でモートンおよび青柳が考察したように，トンガの貯蓄組合事例では，上述した展

開,すなわち《資本の獲得→投資→更なる資本の獲得》というプロセスが想定されてはいない。人びとは,いったいどのように貯蓄を行い,またそこで得た現金を何のために使っているのだろうか。

現在では,「積み立てグループに参加する」ことは組織を表すカウタハという語を省略して単にリーパアンガ(*li pa'anga*:お金を出す)と呼ばれる。以下では調査村内に存在する複数の積み立てグループにおいて,集金時の参与観察を行うとともに参加者の一部に聞き取りを実施した。また各グループの秘書役が記録し保管している貯蓄額の収支簿をもとに,1年間のデータを分析した。

(2) 貯蓄組合の仕組みと人びとの実践

貯蓄組合に参加する人びとは,週に1回,各組合で定められた曜日の夕刻に,秘書役の家へ各々の積み立て金を持参し,その持参した金額を秘書役に記録しておいてもらう。調査村内にはこうした貯蓄組合が4グループ存在しており,参加者は全員が既婚女性であった。ただし積み立てに関しては女性自身の名義ではなく,自らの子ども(基本的に小学生以下)の名義で参加しており,1人の女性が複数人の子どもの名前で複数口を同時に積み立てる場合もある。村内の4つの組合を集計したのが下記の表7-1である。2005年当時,調査村内すべてのグループを合わせると,55世帯によって計91口が積み立てられており,この世帯数は村落全世帯(68世帯)の約81%を占めていた。

年末の現金受け取りの様子については,以下の事例を示す。

【事例7-6】グループ1の積み立て金受け渡し

2006年12月21日,通常は毎週木曜日の夕方4時頃に集っているこのグループだが,積み立て金の受け渡しが行われる年末最後の会合であるこの日は,午前10時の集合となっていた。秘書役の女性リパの実家(世帯番号E5)にて,全員(9名)が集合するまで待つ。予定時刻の10時を15分は

ど過ぎてメンバー全員が揃うと，秘書役が祈りと挨拶の言葉を述べ，すでに封筒に入れて準備していた各々の積み立て金を配っていく。封筒の表には，子どもの名前，ペナルティー金額，分配額，合計額が書かれており，その合計額は各々に封筒を渡すたびに読み上げられた。つまりこの時点で，同じグループの人びとは結果的にそれぞれが幾らを積み立てのかを知ることになる。

また封筒を渡す際に秘書役のリパは，'Mālō 'e ako （勉学に感謝します）'と声をかけていた。そもそもこの積み立てが子どもの名において行われていることからもわかるように，この現金は子どもの学費などをその用途とすることになっている。

すべてのメンバーが封筒を受け取り終えると，現金を管理する係と記録する秘書役の 2 人それぞれについて，来年もまた同じ女性が継続することに全員が合意し，来年 1 月の 2 週目から積み立てを再開することが確認された。最後にはまた別の女性が祈りの言葉を述べて，この日の集まりは解散した。

各グループについて，参加口数や参加世帯数に差異はあるものの，基本的な運営のシステムは共通している。この積み立ては，毎年 1 月に開始し，12月半ばまで約 1 年間（＝約50週）の積み立て期間が設定されている。メンバーが毎週行われる集まりに欠席し，現金を持参しなかった場合には，1 回につき T$0.2 のペナルティーが自動的に科される。持参した金額と出欠は秘書役がすべて収支簿に記録しており，年末になると各々の参加者について，本人が 1 年間積み立てた金額の合計から欠席回数分のペナルティー金額が差し引かれる。その一方で，このようにして回収されたペナルティー金額は全員分が合算され，雑費（現金を渡す際の封筒や記録のための文具などの代金）を引いた後に，参加者で等分され，各自が積み立てた額に加えて分配されるのである。年末の現金受取の際に，この調整が行われ，各参加者の受け取り金額が決定する。

具体的な例を挙げよう。グループ 2 では全24口が積み立てられていたが，

1回1口につき，平均するとT\$1.8が積み立てられ，1口あたり年間ではその平均総額がT\$87.1となった。しかし人びとの出席率を見ると平均49.7%であり，全体の約半分程度であることがわかる。このグループに参加していたある女性（世帯番号H3）は，4人の子どもそれぞれの名義で参加しており，1年間で各T\$202.1を積み立てた。全50週のうち5週は欠席したので，そこからペナルティーとしてT\$0.2×5＝T\$1.0が減額された。一方で，このグループすべてについて1年間のペナルティー金額を合算するとT\$93.6となり，そこから必要経費T\$21.6を引いた残りはT\$72となる。その金額を参加口数24で等分し，T\$3.0がそれぞれに分配された。つまりさきほどの女性が積み立てた1口あたりT\$202.1は，ペナルティーT\$1.0の減額と分配のT\$3.0を合わせ，結果としてT\$2.0増額のT\$204.1となって手渡されたのである。

　だが当然のことながらこの仕組みにおいては，誰かが利益を得る以上，同じグループのなかに「損をする」メンバーが必ず生じる。グループ2に参加していた別の女性（世帯番号E1）は，3人の子どもと2人の孫の名義で，合計5口を積み立てており，その金額は1年間で各T\$10.2となった。しかし最初の4ヶ月間を除くと以降はまったく参加しなくなってしまったため，年間50回中35回を欠席した。つまりペナルティーとしてT\$0.2×35＝T\$7.0が減額され，分配のT\$3.0を合わせても，結果的にT\$4.0の赤字であり，年末に受け取ったのは各T\$6.2になってしまった。

　仮に50週のすべてを欠席したと想定すると，理論上で最大T\$0.2×50＝T\$10のペナルティーがそれぞれに発生することになる。しかし村内の積み立てのすべての事例において，ペナルティー金額の合計が積み立て金額の合計を上回ってしまうような事例は1つも存在しなかった。また年間での平均積み立て総額については表7−1が示すように，それぞれのグループにおける平均がT\$73.3からT\$264.6の間に分布している。私がこの貯蓄組合のシステムについて何人かのメンバーに尋ねた際にも，積み立てることのできる現金の総額と比べれば，T\$10に満たない程度のペナルティーは別に構わないというのが大半の意見だった。

表7-1 村内の貯蓄組合4グループ(2005年)の参加口数,参加世帯数,平均額,平均出席率

	参加口数	参加世帯数	1回あたりの平均積立額	1口あたりの平均年間総額	平均出席率
Group 1	16口	9世帯	T$5.9	T$264.6	55.2%
Group 2	24口	10世帯	T$1.8	T$ 87.1	49.7%
Group 3	17口	17世帯	T$3.2	T$143.5	44.9%
Group 4	34口	19世帯	T$1.5	T$ 73.3	71.4%

　また参加者たちは,自分の積み立て金額について,それほど厳密に認識しているわけではない。参加者は時々,積み立ての集まりの際秘書役に,自分の現在の積み立て金額が現時点でいくらになっているかを尋ね,確認する。そうやって尋ねることで概算を把握してはいるものの,自分の欠席回数とペナルティー金額や,年末に判明するであろう全体からの分配金額との収支などについて,参加者が細かく計算している様子は見られない。

　人びとはこの貯蓄組合に参加する理由を,「手元にあるお金をここに持って来ていれば,年末に何かを買ったりすることができるから」と言い,また「もし参加しなければ,お金はすぐになくなってしまう」と説明する。このように村内の貯蓄組合は,それに参加しなければ何らかの形で即時的に消費されていってしまうであろう現金を,人びとが蓄えることを可能にしている。しかもそれは,各々が銀行に口座を持つような個人主義的な形態ではなく,皆で毎週同じ場に集い,ペナルティーなどの規則を設定することによって,できるだけ貯蓄を可能にしようという試みである。それでも実際の貯蓄行動を見てみると,図7-1および図7-2からもわかるように,年末になるにつれて積み立て金額および出席率は下降する傾向にあり,継続的に貯蓄を続けることの困難さが見てとれる。前述した先行研究の指摘にもあるように,人びとは利息を期待したり減額されることを回避したりすることよりもむしろ,相互監視による強制力を拠りどころにしながら,貯蓄を少しでも実現しようとしているのである。

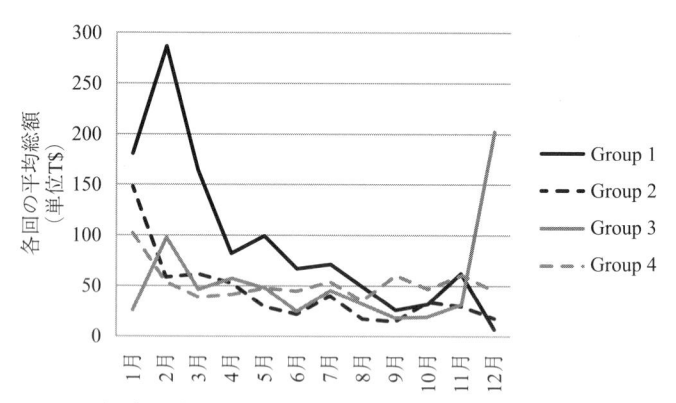

図7-1　村内の貯蓄組合4グループ（2005年）の月別積み立て平均額の推移

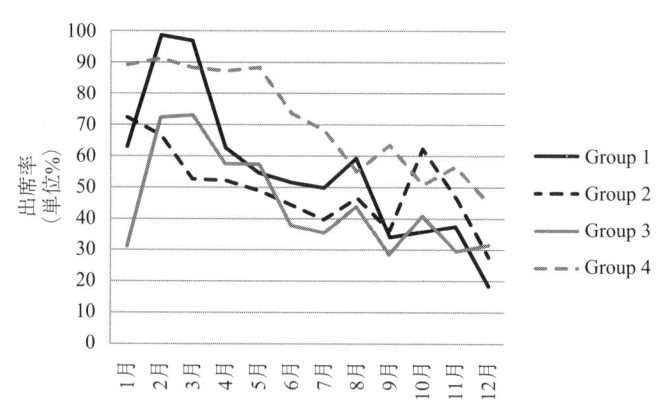

図7-2　村内の貯蓄組合4グループ（2005年）の月別出席率の推移

(3) 積み立てられた現金の用途

　前述したように貯蓄組合の参加者たちはその全員が「子どもの名において」積み立てを行っていたが，実際にそこで得られた現金はどのように使われたのだろうか。具体的な事例を検討してみよう。

第 7 章　所有という〈ふるまい〉の困難さ

【事例7-7】サネ（世帯番号 D 2）による積み立て金の用途
　私の滞在先であった世帯のサネ（世帯番号 D 2）は，積み立てグループ 1 に参加している。その当時この世帯には夫の長兄がアメリカから訪れ，数ヶ月間滞在していた。その彼が来月上旬には帰国するため，サネはその出発に間に合うように，彼に贈るタパ布を作ろうとしていた。そこで彼女はタパ布の材料となるヒアポ hiapo の樹皮を剥ぎ，それを乾燥させて巻き終える作業までを終えると，次はそれらを叩いて伸ばす作業（この作業および hiapo の樹皮それ自体は共にトゥトゥ tutu と呼ばれる）を始めた。しかしこの作業こそ，タパ布作りにおいて最も時間と労力を要する工程であり，一日中連続して叩き続けようものなら，誰しもが腕の痛みを訴える重労働である。彼女はこの作業を11月下旬から始めていたが，普段の共同作業用のタパ布生産とはまた別に義兄のためのタパ布を作らなければならなかったことで，12月になってもなかなか作業を終えることができずにいた。
　自分のグループにおける積み立て金受け渡しの日を翌日に控えたサネは，この乾燥させたトゥトゥを束ねたものが手元に5.5巻分残っていたので，それらを持って村内の女性（世帯番号 A 3，A 5）の元を訪れた。世帯 A 3 と A 5 は隣接しているが，そのときは 2 人は A 5 の家の庭で一緒にトゥトゥをしており，そこにちょうど別の世帯（世帯番号 E 3）の女性が訪れ，3 人でおしゃべりをしているところだった。サネは彼女たち 3 人に向かって，自分は義兄のために急いでトゥトゥをしなければならないと話し，代金は明日の積み立て金から支払うので，叩いて伸ばす作業をしてくれないかと頼んだ。それを聞くと 3 人とも承諾したので，それぞれに 2 巻ないし1.5巻のトゥトゥを渡し，その日は帰宅した。
　翌日の夕方になると，3 人の女性たちは依頼されたトゥトゥの作業をすべて終え，早速サネの家まで持ってきた。この日の午前中にはすでに，グループ 1 での積み立て金として合計 T$434を受け取っていた Sane は，3 人の女性たちに 1 巻あたり T$40，合計 T$220（各 T$80，T$80，T$60）をその労働への対価として支払った。この 3 人の女性の世帯について見ると，うち 2 世帯（世帯番号 A 3 と E 3）は，農業およびタパ布生産を含む手工

179

業からの収入に依存しており，定期的な給与所得のある仕事には就いていない。また残る1世帯の女性（世帯番号A5）はトンガ・ホウエイキ教会の牧師の妻であり，およそ3年ごとに居住村落を移動することもあってか，どの積み立てグループにも参加していなかった。

　その後サネに対して私は，なぜトゥトゥを依頼した相手が彼女たちだったのかを尋ねたところ，「彼女たちはいつもトゥトゥをしているので，早くて上手だから」と答えた。確かにその言葉通り，依頼された3人はわずか一日で仕事を完成させて持ってきた。だがサネは必ずしも「明日までに仕上げてほしい」と3人に伝えたわけではなく，「明日には代金を渡すから，数日内に仕上げてくれればよい」と言ったのである。3人の女性たちが，自分用のトゥトゥを差し置いてでも，真っ先にサネのトゥトゥを仕上げたことの理由には，積み立てた現金が依頼者サネの「手もとにある」うちに，「確実に代金を支払ってもらう」ことを意図したのではないだろうか。

　こうして積み立ての現金が残りT$214となったサネはその翌日，モルモン教会のクリスマス行事で自分の着る衣装を縫製してもらうべく，ミシンを所有している隣人女性（世帯番号G3）の元へ布を持って行った。そして縫製を依頼した時点で，T$10を渡した。またさらに次の日には，草刈り機を所有する村内の男性（世帯番号B4）に，自宅の庭の草刈りを依頼した。その作業についてまたT$10を支払った。

　残ったT$194から，村内の商店に掛け売りの代金T$46を支払い，その後は町へ出かけてクリスマスのための食料や燃料としてのプロパンガスなどを購入すると，そこで積み立ての現金は使いはたしてしまった。このようにしてサネが得たT$434は，結局5日と経たないうちにすべて使われてしまったのである。

　上述した事例では，一年間の積み立てによって得られた現金が，労働への対価として村内の人びとに支払われただけでなく，クリスマスに向けたこの世帯の購買行動をも促していたことを示した。また同様に貯蓄組合で

現金を得たその他の女性数人についてもその用途を尋ねたところ，ほとんどの女性（あるいはその世帯）は，掛け売りの代金や滞納していた公共料金の支払いに充てたり，クリスマスに向けた食物および生活用品の購入に使ったりしていた。つまり，積み立て時の名目となっている「子どもの学費」にその現金を充てた女性を，私は確認することができなかった。

このように，「子どもの名義」あるいは「子どもの勉学費用という名目」によって女性たちが積み立てた現金が，実際にはまったく異なる用途で使われているのはなぜだろうか。ひるがえって言えば，人びとは実際の用途を念頭に置きつつもなお，その積み立てを「子どもの名義」において継続することの理由は何なのだろうか。このことを理解する手立てとして，ここでは「奨学金のカラプ kalapu sikolasipi」と呼ばれるカラプ（男性によって構成されるカヴァ飲みのグループ）の存在について言及しておきたい。

（4）「貯蓄組合」と「奨学金のカラプ」との比較

村内には「奨学金のカラプ kalapu sikolasipi」と呼ばれている男性グループが存在する。このような「カラプ」はどの村落にも一つ以上存在しており，村内の男性たちは現金を持参してカヴァ飲みに参加する。毎週金曜日の夜に村の集会所でカヴァ飲みを行っているこのカラプは，上述した貯蓄組合カウタハ・リーパアンガと同様に，男性たちの間で秘書役などが定められており，その収支についても厳密に記録されている。

毎回のカラプへの参加は各人の自由であるとされ，実際に参加者数にも多少の変動は生じていた。しかし村の成人男性にとって重要な社交場であるカヴァ飲みには，特に年長者ほど大半の男性が参加している。参加する場合は必ず現金を持参しなくてはならず，カヴァの輪に入ってきた人びとはまず T$ 2 や T$ 5 の紙幣を丸めて，秘書役に投げるように渡すことが多い。このとき秘書役はその金額をメモしているが，それは総額を確認するためであり，誰がいくら持参したのかについては，収支簿にも一切記録されない。例えば調査村で2006年12月に開催されたある金曜日のカラプでは，

約30人の男性が集まり，夜更けまでカヴァを楽しんでいた。そこには他村から２人の未婚女性が来ており，集会所の中に２つ置かれたカヴァの注がれた大きな器の前に，それぞれ座っている。彼女たちはカヴァを注ぐ係「トウア *toua*」として呼ばれたのであり，調査村と近隣の４村のカラブ間では，トウアの交換が毎週行われている。人びとはカヴァを囲むように円を描いて座るが，トウアの女性の最も近い場所には，最年少の男性たちが座り，カヴァの準備や補充などは彼らが担う。そこから最も遠い位置には年長者，あるいは牧師や村長などの人物が座っている。こうした座席の配置は，より正式なカヴァ儀礼においてみられる伝統的階層に基づいた座席配置の規則に準じている。

　この夜には総額T\$184が集まったが，そこからトウアへの支払い（各T\$30）や村の集会所の使用料（T\$20）そしてトウアを送迎するためのガソリン代（T\$10）を捻出すると，結果として一晩でT\$94が得られたことになる。数ヶ月に１度まとめて購入しているカヴァの代金も，更にここから引かれなければならない。このような仕組みで毎週集められた現金が，2006年の一年間で総額T\$2,173となり，カラブの銀行口座に預金されていた。口座には以前からの繰り越し金がT\$6,810あったために，2006年の年末時点でこのカラブではT\$8,983が預金されていたことになる。

　「奨学金のカラブ」と呼ばれるこのカラブの目的は，こうして集められた現金によって，村の全世帯の子どもたちに，新年度のための文具を調達することにある。この年末に数人の担当者は町の文具店へ行き，当時調査村内にいた小学生80名，中高生92名の合計172名に行きわたるように文具を購入した。１人分の文具は様々なサイズのノート５冊とペンあるいは鉛筆２本，定規のセットで構成され，これが172名の子どもたち全員に配布された。この文具代の総額はT\$4,900であり，カラブの預金残高はこの時点でT\$4,083となった。そしてこの分配を終えると，また新年度のカラブが開始された。

　このように，実は男性たちによって運営されているこの奨学金のカラブ

第7章　所有という〈ふるまい〉の困難さ

こそが，村の子どもたちの勉学に必要な文具を毎年提供しているのである。子ども1人あたり約T$30の文具代は，複数の子どもを持つ世帯にとって大きな出費となるが，奨学金のカラプがあることによって，毎年必ず子どもたちの文具は供給されている。一方で，先に見た女性たちの貯蓄組合リーパアンガもまた「子どもの名義」あるいは「子どもの勉学費用という名目」で積み立てられていた。しかしこの積み立て金が支払われるのと同じ12月に，奨学金のカラプから必要な文具は配られていること，また多くの学校について学費の納入は1月の下旬や2月の上旬であることも考慮すると，そもそも12月中旬に渡されるリーパアンガの積み立てが「子どもの勉学費用」を目指しているとは考えづらい。そして実際の行動を見ても，積み立て金は多様な目的で使われており，それは子どもの名義であったとしても，ほとんどが世帯全体のため消費へと回されている。これら2つの組織についてその特徴を比較したのが次の表7-2である。

　したがって貯蓄組合については，このカラプの存在と，前節で検討した「蓄財の困難さ」とを照らしあわせて考えるべきだろう。すなわち積み立て金に関して女性たちは，実際の用途を自覚しながらも，子どもの名において貯蓄している。それによって蓄財に対する批判の対象となること，すなわち「自分のため」に財を手元に留めおくということへの批判から，その行為を巧妙にずらしている。そして実際には，クリスマスや年末という機会に生じる世帯ごとの多様な消費活動を可能にしているのではないだろうか。現金やモノが次々と消費されていくトンガの生活の流れのなかで，一時的にではあれ，消費を抑制し蓄財を可能にする回路としてこの貯蓄組合は機能している。外部からの送金に頼らずとも，ある程度まとまった金額をいったん自分たちの手もとに留め消費することが，こうして実現しているのである。

183

表7-2 貯蓄組合と奨学金のカラブの比較

組織	貯蓄組合リーパアンガ	奨学金のカラブ
参加者	女性（既婚）	男性（未婚・既婚いずれも）
集金のしかた	各人の金額が厳密に記録される	各人の金額は記録されず，参加者全員分がまとめて蓄えられる
分配されるモノ	各自が積み立てた現金 （それぞれに金額は異なる）	購入された文具 （全員が同じセットをもらう）
分配されるモノの用途	世帯ごとの消費活動	子どもの勉学の補助

3　掛け売りと「恥」：商店経営者の葛藤

(1)　村の商店と掛け売り

　先にみたリーパアンガやカラブは，個々の世帯や個々人による最低限の蓄え，あるいは生活に必要となるまとまった出費の確保をかろうじて可能にする営みであった。そのような経済実践ですらなお，各々に委ねられるわけではなく，人びととの共同的なシステムの中で可能となっていることは興味深い。貯蓄という行為ですら人びとの集まりとまなざしのなかで進められるという事実は，ふるまいに基盤をおく彼らの経済実践の特色を示唆している。しかし手元の収入から蓄えを確保していくこのようなシステムよりも，より積極的な蓄財を可能にするのはやはりビジネスへの進出とその成功であり，村の人びとにとってもっとも身近で現実的なその手段とは，商店の経営である。

　調査村内には2006年10月当時，6軒の商店が存在した。食品から雑貨にいたるまで生活必需品を扱うこれらの店を，村の人びとは老若男女問わず日々利用している。商店の規模は全体的に小さく，経営者の居住区の一角などに建てられた約2〜3メートル四方の小屋の中に，肉類を保管するための冷凍庫と，商品の並んだ棚がひしめきあっている。客は商品を鉄格子

の隙間から見ることができ,「鶏肉を2kgくれる？」「あの石鹸を見せて」などと店主に声をかけ,小窓から代金を渡す。私もときどき店番の手伝いをする機会があったが,タバコ1本,飴玉1個から買うことができるこうした商店には,一日に何度も同じ客がやってくることも珍しくはなかった。

　これらの商店の店先にはいつも人びとが集い,店主と客たちが噂話に花を咲かせるなどして,情報交換の場としても機能している。人びとが頻繁に行く商店を選択する際の基準には,家からの距離や商品の品揃え,価格,そしてそもそも必要な時に店が開いているか否か,といった要因が関与している。日中は客が少ないため,朝と夜だけ開けている店は多く,また店主も自分の用事があればすぐに店を閉めてしまう。前にも述べたように,これらの商店の営業時間および商品の品揃えはかなり不安定であるが,人びとはそこから生じる「食物等の入手をめぐる不確実性」を自覚しながらも,買いだめという行動をとらない。

　村の人びとが特定の商店をよく利用するもうひとつの理由に,モウア *mou'a* と呼ばれる掛け売りの制度がある。村内のどの店も掛け売りを行っており,これまで検討してきたように,手もとにまとまった額の現金をもたないことがむしろ恒常的となっている多くの人びとにとって,掛け売りの制度は必要不可欠である。隣村や町まで行けば,より安く,品揃えの豊富な中国人商店やスーパーで買い物をすることができる。しかしそのような店では,掛け売りが行われる余地は一切存在しない。したがって調査村の人びとは,饗宴の開催など一度に大量の食物が必要となる機会には町の中国人商店やスーパーを利用するが,日常的には村内の商店を主に利用している。

　掛け売りがどれほど頻繁に行われているかを示すため,ここで一例を挙げておこう。30代既婚女性（世帯番号A6）が経営する村内のある商店について,2006年9月から10月までの約1ヶ月間にわたって掛け売りの頻度を調べたところ,村内の40名（同世帯の者を含む）が,合計115回,この店から掛け売りによって商品を購入していた。つまりこの店の顧客のうち,1ヶ月につき1人あたり平均約2.9回は,この店で掛け売りの購入を行っ

ていたことになる。このように頻度の高い掛け売りについて、いかにして代金の支払いを促すのかは個々の経営者の判断に委ねられている。そして実際の様子を見ると、様々な理由によってこの支払いは滞りがちであり、この状況への対処のしかたこそ、商店経営の成功や失敗に大きく影響している。

　以下ではこのように村の生活を支えている商店の経営において、各々の経営者が掛け売りの制度に対してどのように対処しているのかを検討する。また「商売で利益をあげようとする」ことと、これまで論じてきた「蓄財の困難さ」という相反した状況のなかで、経営者たちに生じる葛藤についても指摘する。

（2）　対照的な2つの商店とその経営

　ここでは2006年の時点で経営されていた調査村内の商店のなかから、対照的な2つの商店とその経営者について考察する。ここで取りあげる経営者は、以下の2名である。
　①サムエ（40代男性、既婚、世帯番号C3）
　②テヒ（30代女性、未婚、世帯番号E5）
　このうち①の経営者については、本人に詳しい話を聞くことはできなかったものの、店番をしていることの多かった彼の娘に、経営について尋ねた。また②の経営者については、私が時々彼女の店の店番などを手伝いながら、詳細な話を聞いた。

【事例7-8】「ビジネスマン」だが「ずるい性格」なサムエ
　他村との間を頻繁に行き来し、普段はあまり調査村で見かける機会のなかったサムエの姿を初めて認識したのは、私がカヴァ飲みのトウアとして呼びだされたときのことだ。ひときわ恰幅のよい身体を揺らして大声で笑っていた彼を近くにいた別の男性が指して、「彼がこの村で一番の『ビジネスマン』だよ」と教えてくれた。

サムエはニュージーランドの出稼ぎで得た資金によって，2004年から調査村での商店経営を始めた。この店は村内ではもっとも品揃えが多く，営業時間も比較的長かったこともあり，サムエはその後さらに経営を拡大した。2006年には町へとつづく幹線道路沿いの村（妻の出身村）に新たな店を建て，また2009年からは8台のバスを島内東側の地域で運行させた。彼が他村の店やバス運行業に力を入れるにつれ，調査村の店は閉まっている時間が長くなったが，2010年に他村の店が不審火によって全焼してしまったために，ふたたび調査村の店を開けるようになっていた。

　彼の商店でも他の店と同様に掛け売りを行っていたが，一週間を過ぎても代金の返済がなければ，本人に声をかけ，催促していた。そうしなければ仕入れができなくなるから，と店番をするサムエの娘は言う。また客の側もそのように催促されると，全額ではないにせよ少しずつ返済していた。しかし，そのように口頭でたびたび催促をしても，返済が滞る場合は多く存在する。

　あるときサムエは，掛け売り代金を滞納している顧客の名前とその金額を，黒板に書いて店の前に掲げた。そこには滞納金額の多い者から順番に10名の氏名が列挙されており，もっとも多い者でT\$300以上，もっとも少ない者で約T\$60の滞納金額だった。近年のトンガでは，自動車やタパ布などの財産を抵当に金を貸す質屋が増えており，島内のあちこちでそうした看板を見かけるようになっている[4]。そのような質屋が借金の返済を促す場合には新聞広告を利用し，氏名と出身村，滞納金額とが掲載される。サムエのとった行動はこの質屋の新聞広告に類するものだが，個人商店が村落部でこうした行動をとることは異例であり，人びともその驚きを口にしていた。掲示には一定の効果があったのか，返済が完了した人の名前は数日内に次々と消されていった。しかし最終的にはすべての返済が完了する前に，サムエは黒板を撤収してしまった。

　このようなできごとを背景としながら，彼のいない場では，経営者とし

4）トンガの質屋とその役割について詳しくはアッドとベズニエが分析している（Addo and Besnier 2008）。

てのサムエのふるまいについて，一部の人びとが否定的な評価を述べていた。それは「アンガ・カーカー anga-kākā[5]〔ずるい性質〕」という言葉を用いて語られることが多かった。その具体的な理由としては，「釣り銭を時々ごまかす」ことや「前日に売れ残った古いパンを翌日にも売ろうとする」こと，「他の店に比べて少し値段の高い商品が多い」ことなどが挙げられていた。さらには，サムエの一家が数年に一度程度の割合で兄が暮らすニュージーランドへ行く時期が，彼の所属するフリー・ウェスレアン教会の献金行事ミシナレの時期と重なっていると指摘し，「献金から逃れている」ことを暗に批判する声もあった。

　ここで興味深いのは，自らがこうした批判の対象となりうることを，サムエ自身もまた自覚している点である。教会の献金行事の重要性については既に論じたとおりだが，私が複数宗派の献金行事における収支を分析した際に，サムエは自身の所属する自由ウェスレアン教会だけでなく，カトリック教会とトンガ・ホウエイキ教会に対しても個人的に献金を行っていることがわかった。毎年ではないにせよ，献金行事の際に，サムエ個人でT$100かT$200をそれぞれの教会に寄付していたのである。

　調査村の事例に関していえば，その宗派に所属する信者以外の個人による献金は，他宗派の牧師など何らかの役職についた人物にしかありえない。つまり，教会の特別な役職についていないサムエが，このようにまったく異なった複数宗派への献金を行うことは，献金行事という機会を使って，村の人びと全体への貢献を示しているといえる。

【事例7-9】「恥ずかしい」と語るテヒ

　テヒは2005年から商店を経営しはじめた。日中は他村で親族が経営する別の店の手伝いをしていたため，当初は夕方以降のみ調査村の店を開けていた。しかしその後は親族の手伝いをやめたので，朝晩の両方の時間帯に，自分の商店を経営することにした。店は自由ウェスレアン教会の集会所横

---

[5] Churchward版の辞書によれば，*anga-kākā*とは 'habitually crafty or deceptive' すなわち「常習的に狡猾な，人をだましがちな」という意味である（Churchward 1959, p.10）。

第7章　所有という〈ふるまい〉の困難さ

にあった一角を借りた場所にあったが，約2メートル四方のスペースに並ぶ商品は，他の商店と比べると種類と個数のいずれについても明らかに少ない。

　2006年当時，テヒは時折数日間にわたって店を開けないことがあった。その理由について尋ねてみると，掛け売りの滞納金が多く，商品を仕入れるだけの現金が手もとになかったことが原因だと言う。前年に死去した彼女の父親が健在だった頃は，そのように滞納金で資金不足に陥ったときでも，父親が仕入れ金を貸してくれた。しかし現在ではそのような補助がないため，やむを得ず店を閉めていたのである。

　テヒは掛け売りの滞納金について，自分から支払いを請求しない。その結果として滞納金額は増えていき，T$1,000以上にまで膨れあがってしまった。この時の滞納者の内訳は，以下のとおりである。

- 自分の姉（長女）　　約 T$200
- 自分の姉（次女）　　約 T$200
- 自分の兄（四男）　　約 T$100
- その他6名　　　　　各 T$30〜T$90

　これらの掛け売り代金を返済してもらえれば，商品を仕入れて店を開くことができるとテヒは十分に自覚している。それでもなお，支払いを催促することが自分にとっては「恥ずかしい mā[6]」から，できないのだと語る。とりあえず2週間ほど待ってみるものの，彼らはなかなか払ってくれない。あるいは滞納している客の子どもにそれとなく様子を尋ねることはあっても，やはり本人に直接請求することはできない。

　キョウダイであればなおさら催促できないとテヒは言った。姉2人が掛け売り代金を返済していないが，彼女たちでさえ互いの掛け売りの金額を知らずにいる。しかしこのまま返済してもらえないのは困るので，母親に言って間接的に伝えてもらおうとしたが，母親も結局は「恥ずかしくて」

---

6) mā とは 'to feel shame, to be ashamed' すなわち「恥ずかしい」という意味である（Churchward 1959, p.309）。

娘たちに催促できなかったという。

　このような自分の状況について，「トンガ的 *fakatonga*」であるとテヒは語る。中国人がトンガでビジネスを成功できるのは，彼らがトンガ人とは「他人」だからだろう，と彼女は考えている。そして自分も本来ならば「早くお金を返してほしい」とか，「もうこれ以上掛け売りはできない」と人びとに告げるべきなのだろうが，「トンガ的」であると，言うことができない。店を開けてほしい，どうして再開しないのか，という客の問いに対しても，「掛け売り代金の滞納で仕入れができない」とは言えない。

　私はそのように語るテヒに対して，前述した経営者サムエが滞納者の名前を掲示したできごとを挙げ，それについてどう思うか尋ねた。すると彼女は，サムエにはそれができるが，自分にはできないし，するつもりもないと答えた。また彼女はさらなる掛け売りに関しても，断りたい状況ではあるものの，それも難しいと語った。「もし私が誰かに対して『もうあなたには掛け売りをしない』などと言えば，『悪いやりかた *anga kovi* だ』などと周りから言われてしまうでしょう。でも一方で，このままお金に困って商店がつぶれてしまったら，それは経営が下手だったからだ，と言われてしまう。どうするのがいいのか，よくわからない。」

　テヒは結局，この年のうちに店を完全に閉めてしまい，その後再開することはなかった。

(3) 経営者の葛藤と「トンガ的」な価値観

　先の2つの商店経営者の事例では，「ビジネスマン」として経営を成功させているサムエが，積極的な手法を用いて掛け売り代金を回収していくのに対して，経営に悪戦苦闘しているテヒは，そのような回収ができず，結果的に商店経営に失敗してしまったことを示した。テヒは自らの困難な状況を「トンガ的」であると語っており，それはより具体的には，直接的に返済を請求することを「恥」とする感覚として言及された。そして，家族であるほど，返済を求めるような行為は「恥ずかしい」と語った。

村落部の商店で行われている掛け売りの制度は，中国人商店や町のスーパーには存在しないという意味においても，まさに「トンガ的」なありかたのひとつである。この制度によって，現金が手もとにない村の人びとの購買行動が活性化される一方で，頻繁に返済が滞ることによって，商店経営者たちは窮地に追いこまれる。

　また「トンガ的」ではないやりかたで返済を催促してきたサムエでさえも，村の人びとの様々な噂や否定的な評価の対象になってしまう。すなわち経営の成功者であるサムエもまた，テヒと同様に，村の生活を覆う価値観からは逃れられないのである。その証拠に彼は，「自分が得た利益の一部を他宗派の教会にまでも還元する」という通常にはありえない行為を行っていた。

　ここまで述べてきたように，現金やモノを手もとに保持するのではなく，積極的にその流れを創出しつづけることが期待される村の生活のなかでは，商売によって利益をあげることの難しさがつねに隣りあわせである。さらに次章でも詳しく論じるように，モノの返却を求めることが「恥」だという価値観が，商売の文脈にまでも拡大されることで，掛け売りを伴う商店経営はいっそう困難なものとなる。

第8章

〈ふるまい〉とそれを覆う認知環境

1　贈与, ふるまい, 認知

(1)　〈まなざし〉の交錯する生活

　村の日々が贈与とふるまいとに満ちていることについて, これまでの章では多様な事例から確認してきたが, ある種のふるまいを生じさせ, 人びとのふるまいかたを定めていく重要な要因として, 他者のまなざしがあることを忘れてはならない。島嶼社会や小規模なコミュニティにおいてそうであるように, この村の中にも人びとのまなざしが常に交錯し, 各人の一挙手一投足にまで至っている。まなざしが村の生活空間を覆うとはすなわち, 他者に対する事象の可視化や情報の開示, あるいはその逆としての不可視化や秘匿, といった事象に人びとが自覚的であることを意味する。

　たとえば挨拶という行為ひとつを取ってみても, このことは明らかだ。どこかへ向かう人と出会った際にもっとも日常的に交わされるやりとりは「どこへ行くのか？ "alu ki fe?"」「〜へ行く。／〜をしに。"alu ki〜, ai ke〜."」というフレーズである。あるいはそれが家や庭先などで何かをしている人に対する呼びかけであれば「何をしているのか？ "koe ha me'a oku fai?"」となる。いずれにせよそれらの呼びかけ・問いかけは, 多くの場合, 視界に誰かの姿を認めたとたんに発生する。その言葉は相手に対して情報の開示を求めているいっぽうで, あくまでも形式的に発せられた

り，答えられたりもしうる。例えばその身なりや様子，その時に向かっている方向から相手の行き先が明らかに予測できる場合であっても（例：制服を着た小学生の手を引いて小学校方面に向かう母親や，農具を持って畑の方向へと歩く男性など），「学校へ行くのか？」「畑に行くのか？」と確認するような問いとなって投げかけられる。また問いかけられた側の応答の仕方については，どこまで詳しく答え，具体的な情報を開示するのかという程度において選択肢は開かれており，「ちょっとそこまで」という曖昧な答え方から「ブタの餌が足りなくなったのでシオネの家にココナツを貰いに行く」という具体的な答え方までが可能となる。問われた相手との関係がかなり疎遠な場合や，行動の詳細をあまり人に知られたくないような場合を除けば，一般的に人びとは，行き先や状況を単純に報告するのみならず，誰に会うのか，何をするのかなど，自ら率先して可能な限り具体的に情報を開示し，時にはその背景的な状況までも語る。

　人びとが注意を払い関心を寄せるのは，目の前にいる相手が何をしている／しようとしているのか，という行為のレベルだけではない。モノについてもまた，そこに何があるのか，誰がどのように保持しているのか，明確に意識を向けていることは，次のエピソードからも明らかだろう。

　私は調査期間の大半を村の世帯Ｄ２において過ごしていたが，そこでは９人の家族が，それぞれベッドが１つずつ据えられた３つの部屋と，居間，調理場，シャワールーム，トイレのある家屋で暮らしていた。庭の裏手にはモルモン教会の宣教師たちが滞在するための小さな小屋が建てられており，村々を巡回する２人の宣教師が滞在していることもあれば，不在なこともあった。

　私はそのうちの１つの部屋を提供され，そこに荷物を置き，寝泊まりしていた。世帯主の配慮によって，その部屋だけには鍵が取りつけられ，私が遠出する際などには，安全のためにその鍵を閉めて出るようにと言われた。そのお陰で自分の持ち物に関して，盗難の危惧はほぼ不要だった。

　しかしその一方で，「何らかのモノが無くなる」ことが，実は家庭のなかで何度か起きた。私は町へ行くたびに，紅茶や粉ミルク，クラッカーや

缶詰など，必要な食料を購入していた。当初は買ってきたものすべてを滞在先の家族と共有すべく調理場に置いていたが，そうすると子どもたちが次々と消費して，あっという間に無くなってしまう。そこで世帯主の妻サネの勧めに従って，私は基本的にそれらの食料を袋に入れて「自分の部屋」で保管し，必要なたびに取りだすようにした。子どもたちは私の部屋に無断で入らないようにとサネから強く言われ，基本的にその言葉に忠実に従っていたため，そうすれば瞬く間に食料が無くなる心配もなかった。

それでもときどき，自分の部屋に置いていた缶詰やクラッカーが急に消えていることがあった。そのようなときはたいてい，後からサネがやってきて「すまないけれど食べ物がなかったからナツコの部屋からもらって皆で食べてしまったよ」と申し訳なさそうに私に告げた。またあるときには，その日の食事に何を作ろうかと，私が彼女と話していた際に，「ナツコのヌードルがまだ部屋に2袋あったよね，それを使おう」と提案されることもあった。つまりサネは私の保有している物資が何であるか，そしてそれらの物資があとどれほど残っているのかを，かなり的確に把握していたのである。私はそれらの物資をけっして隠しているわけではなかったが，かといって部屋の外に置いているわけでもなかった。

このような「自分の持ち物がよく見られ，認識されているという感覚」は，村の人びとに出会う際にもたびたび感じた。町で買い物をし，そのビニール袋を抱えてバスに乗り，調査村に差しかかった地点でバスを降り，そこから数十メートル歩いて家まで帰る，という流れの途中で知りあいに会うとしばしば，「クラッカーが好きなの？」「コンビーフだなんてごちそうだね」「リンゴはマーケットで買ったのか？」などと，持っているビニール袋から透けて見えるその中身についても言及された。そのように自分の所有物が細部に至るまで見られ，確認されていることについて，私は当初，自分が外国人であることが原因であり，その物珍しさゆえの状況なのかと考えていた。しかし人びとと生活をともにするにつれて，やがてそのような「まなざしの網の目」は，村に暮らす全ての人びとを覆っていることに気づく。さらにそれは互いにまなざし，まなざされることで収束するので

はなく，そのような相互的認知環境が生じたとたん，ある種のふるまいが促されることもある。以下ではあるモノをめぐる人びとのまなざしと，そこから生じる分配について検討してみよう。

(2) 相互的認知環境と分配の発生

　行事や儀礼という機会以外にも，多くの物資が人びとに分配されていく場面に私はしばしば立ちあった。それは「帰省した海外移住者による土産の分配」という機会である。長期，短期問わず海外移住が活発になっているトンガの人びとだが，彼らはクリスマスや冠婚葬祭などの際に，機会が許せば帰省する。それを迎える村の家族たちは，海外から誰かが帰ってくるときには（たとえば私自身が村を再訪する際もほぼ同様の状況になるのだが），ブタの丸焼きや地炉料理を用意して歓待する。その際に暗黙の了解として，なんらかの土産が渡されることを人びとは期待している。家電製品など，事前に欲しいものを尋ねられ，それに具体的に答え，頼む家族もいれば，子どもたちであれば海外のお菓子をもらえることを待ち望んでいる。以下ではオーストラリアに長年在住していた男性が一時帰郷した時の事例を見ていこう。

【事例 8-1】海外移住者アマトによる土産の分配
　世帯 D2 の世帯主シオネの父方交叉イトコであるアマトは，首都近くの村で生まれ育った。そして16歳頃になると，シオネの父が所有していた調査村の耕作地で働くようになり，彼はほとんどの時間を，その耕作地で過ごすようになった。畑ではシオネの父と共に，ココヤシの実を採取し，そこからコプラを取り，近くの村にある集荷所へと持ちこむことで，現金収入を得ていた。アマトはそこで約3年間働いた後に，今度は当時すでにオーストラリアに渡っていた母方のオジから，製鉄所で一緒に働かないかという誘いを受ける。オーストラリアは仕事も豊富で，到着して翌日に働きはじめることもできる，という言葉に惹かれて，アマトは1968年，その

オジの息子とともに渡航した。彼と同様に，当時は一部のトンガ人の若者たちがオーストラリアへ向かい，製鉄所での労働に代表される非熟練労働に従事していた。しかしケガの危険をも伴う過酷な肉体労働に耐えられず，多くの若者が再びトンガに帰国したという。

　そのような環境の中でも，アマトは帰国することなくひたすら働きつづけた。70年代初頭のオーストラリアは，現在に比べればトンガ人の数も圧倒的に少なかった。しかも身近にいるトンガ人は男性労働者ばかりであり，また数少ない女性たちは親族だったため，結婚の機会は訪れなかった。その状況は80年代になると変化しはじめ，移住するトンガ人の数も急速に増加した。カトリック教会で現在の妻となるトンガ人女性と出会い，1985年に結婚すると，その後一男二女の子どもをもうけた。

　アマトは90年代に1度，父親の葬儀のためトンガに帰国したが，仕事が忙しく，それ以降もなかなか帰国する機会を得られずにいた。しかし子どもたちも成長し，それまで勤めていた製鉄会社を2005年に退職すると，自分の老後はやはりトンガで暮らしたいと考えるようになった。そこで，オーストラリアで生まれ育ち，まだ一度もトンガを訪れたことのなかった14歳と17歳の2人の娘を連れ，まずは彼女たちに自分の故郷を見せようと，2006年の11月から数ヶ月間トンガに滞在することを決意した。このときアマトは，自分が所有する首都近くの村の居住地を他の親族に貸していたが，その家よりも調査村のシオネの家に滞在することを望んだ。そこでシオネの世帯では，9人の家族と私に加えて，さらに3人が一緒に暮らすことになった。

　アマトと2人の娘がトンガに到着してから2週間後，彼らが事前にメルボルンから送っていた大量の物資が，船便で町の港に到着した。コンテナに積まれてやってきたその物資の多くは，食品と生活用品，そして衣料品だった。このなかで一番高価なものは新品のテレビだったが，それはアマトの妻の兄が事前に「頼んでいた」ものだったため，他村にあるその家へと運ばれた。

　海外移住者たちが一時帰国するときに持参する「土産」は，多少の差異

があるにせよ，同じような物資で構成されている。一部の電化製品や衣服を除くと，これらは基本的に単価も安く，またトンガ国内の商店でも入手可能な物資ばかりである。しかし人びとはこれらの物資に関して，「トンガよりも海外で買った方が安い」という認識を共有しており，実際のところ多くの生活必需品が輸入品であるトンガでは，多くの場合，同じものを海外で購入するほうが安い。食品などその数量はさまざまだったが，例えばインスタントヌードルなら50袋，石鹸なら10個ほどあり，それぞれの物資について必ず複数個ずつ用意されていた。衣服や靴は中古であり，それらは主にアマトの一家が着古した衣服や，周囲のメルボルン在住トンガ人から譲り受けた衣服だという。それが50リットルほどの袋で，あわせて10袋に詰めこまれていた。アマトはこれらの物資を車に乗せて港から持ち帰ると，次々とシオネの家へと運びこんだ。するとまもなくして，この家の居間は段ボール箱や布袋で溢れかえった。

　この世帯の世帯主の妻サネとその子供たちは，次々とそれらの箱や袋を開けては，中身を確認していった。年長の子どもたちはさっそく衣服を広げはじめ，この服は自分が着るのだ，と言って取りあいになる。世帯主のシオネも，そこに男性用のスーツや革靴があることを発見すると，試しにジャケットを羽織り，教会に着ていく新しい服が手に入ったことを喜んでいる。その間にサネは食品などをまとめ，その一部を調理場に置くと，残りは再び箱にしまっていく。インスタントヌードルを欲しがって駄々をこねる末娘のために，1袋だけ取りだすと，その残りもまた箱にしまった。

　子どもたちも各々に欲しい衣服を取っていき，一連の騒ぎが落ちつくと，サネは残った多くの衣料品を布袋に入れ，食品や生活用品を詰めた箱とともに，私が滞在していた部屋へと運び入れた。前述したように，家族の侵入やそれによる物資の消費をある程度回避できる場として位置づけられていた私の部屋は，半ば倉庫のようにもなっていた。段ボール箱に入った多くの物資を目の前にしてサネは「これでクリスマスも嬉しく過ごせるね」と言った。

　その翌日の夕方，モルモン教会の女性たちが2人（それぞれ世帯番号A

7とH4の女性），教会行事の出し物について相談するために，この世帯D2を訪れた。サネと彼女たちは居間で30分ほどの話し合いをおこない，その後もしばらく雑談していると，そこにアマトが通りかかり彼女たちに挨拶をし，去っていった。するとサネは立ちあがり，私の部屋に保管してあった昨日の物資のなかから，インスタントヌードルと石鹸を取りだしてきて，「これはアマトからの贈り物だよ」と言って2人に渡した。2人はそれぞれ，インスタントヌードル3袋と石鹸2個をもらうと，「ありがとう」と言って，帰っていった。

またさらに翌日の早朝には，家の目の前にある自由ウェスレアン教会で早朝の礼拝を終えたルピが，帰り際にこの世帯D2にやってきた。そのとき世帯員はまだ全員眠っており，ルピは戸口に立ってまず私の名前を何度か呼んだというが，熟睡していた私はそれに気づくことができなかった。呼び声に気づいたサネが起きあがり，ルピと会話を初めたところで，私はようやく目が覚めた。会話のなかに自分の名前が聞こえたので，そのまま起きあがって彼女たちのもとへ行ってみると，それは大晦日の饗宴に，その年（2006年）もまた私を招待したい，という誘いだった。またルピは，年末にもまだアマトが村に滞在しているのなら，その饗宴にアマトも招待したい，と言う。だがあいにくアマトは，年末を娘たちと後からやってくる予定の妻とともに，妻の出身村で過ごすことを計画していたため出席することは不可能であり，サネはその旨をルピに告げた。

その会話の直後に，サネは私の部屋に置いていた物資のなかから，小麦粉2kgと歯磨き粉1本，石鹸1個を持ってきてビニール袋に入れると，ルピに対して「これはアマトからだよ」と言って手渡そうとした。「［そんなことは］やめて」とルピは遠慮したが，「いいのよ，贈り物だから」とサネが言うので，結局彼女はそのビニール袋を受けとり，帰っていった。

ここでは海外移住者が帰郷する際に，家族たちに数々の物資を土産として持ち帰り，分け与える例を示した。それらの物資は一時的にこの世帯で保有されかけたものの，その直後にこの世帯を訪れ，なおかつ移住者であ

るアマトの存在について言及した人びとに対して，結局は次々と分配されていった。その後もこれらの物資は，隣人の女性（世帯番号Ｄ１）や，隣村に住むこの世帯の世帯主シオネの姉が来たときにも分配された。そのような分配を繰り返すうち，最終的にアマトの持参した物資は，衣料品を除くと，１ヶ月もたたぬ間に当初の半分以下になってしまった。つまり食品や生活用品のうち約半分が，この世帯から他の人びとへと贈られたことになる。

　概して人びとは，海外移住者が帰郷するとき，彼らが何らかの土産を持って帰ってくることを期待している。子どもたちは無邪気に「来週には○○がアメリカから帰ってくるから，お菓子が食べられるよ」と言い，また私が調査村を再訪するときにも人びとは「ナツコ，お菓子持ってきた？」と笑いながら問いかける。ここでの「お菓子」は土産物の代表格として述べられているにすぎず，トンガの家族たちは，海外移住者たちが先に見たような多様な物資を持って帰郷することを期待している。そしてこの認識は当然，家族だけでなく，周囲の人びとにも共有されている。例えば人びとは，海外移住者がクリスマスのために帰省している世帯を指して，「あの家はとても嬉しいクリスマスだね」「ごちそうを食べることができるよ」と言い，その世帯に多くの物資や現金がもたらされていることをほのめかす。

　ここで留意したいのは，アマトのもたらした物資について，世帯Ｄ２の人びとは，自ら事前に用意し，それを積極的に周囲の世帯の人びとに分配したわけではなかった，という点である。このとき世帯Ｄ２の人びとは自分から周囲に声をかけ，物資を分け与えに行ったわけではない。最初は多少なりとも家庭内に物資を蓄え，クリスマスの時期までそれを維持しようと意図していた。しかし偶発的に誰かが来訪し，なおかつそこでアマトの存在について直接的な認知や言及があったとき，世帯主の妻サネは彼の持参した物資からその一部を分け与えた。すなわちそれは，海外からやってきた家族，つまり何らかの物資を伴ってやってくるであろう人物の存在が，相手と自分との間の「相互的認知環境」に置かれた以上，その相手に

対して，現在手もとにあるその物資を分け与えないわけにはいかない，というサネの判断があったことを示す(Sperber and Wilson 1986)。もちろん，アマトの存在があったからといって，それが必ずしも物資の分配へと結びつくわけではない。アマトが何らかの理由でごく僅かな土産しか持参しなかった可能性もあれば，アマトの土産はルピの来訪以前にすべて分け与えられており，無くなっていたかもしれない。しかしこの時に関しては，少なくともまだいくらかの分配可能な資源がそこに残っていた。そのような状況下において，たとえその資源やモノそれ自体に対する直接的な認知や言及がなかったとしても（例えばルピは自分の家に小麦粉や石鹸が無いなどと言ったわけではない），その資源やモノの存在を示唆するアマトの存在への認知と言及があった時点で，サネがルピに分け与えるという行為が促され，結果的にモノをふるまったという点は，じつに興味深い。そして同様の，なおかつ直接的なモノへの認知から促されるふるまいと分配の例は他にもあった。

【事例8-2】まなざしの認知とバナナの分配
　ある日私が家の軒先に腰掛け，時折通りがかる車や人びとを垣根越しに眺めながら，フィールドノートを記録していたときのことだ。道を挟んで向かいの家には自由ウェスレアン教会の牧師の世帯が暮らしていたが，彼らは約3年の任期毎に入れ替わるため，当時まだ新しく越してきたばかりだった彼らの家族構成さえも，私はあまりよく知らずにいた。すると向かいの家の前に1台の車が停まり，家の中からその世帯の娘であろう10代後半の女の子が出てきた。女の子は車の中にいた男性としばらく会話をし，彼から数房の大きなバナナを受けとるとそれを両手に抱えて家の中に戻り，車は走り去っていった。その後，私もまたフィールドノートへと目をもどし，記録作業を続け，しばらく後に家の中に入った。
　その数十分後，向かいの女の子がやってきて，ホストマザーであるサネと玄関先で話していたので様子を見に行くと，彼女はさきほどのバナナのうちの一房を持っている。サネは私に向かって，「彼女はふと前を見たら

外国人の女の子（註：筆者を指す）がいたから，食べさせてあげようと思って，バナナを分けに来てくれたんだよ」と説明した。そこで女の子は私に向かって，「さっきのバナナはたくさんあるから，少しだけれど（食べてください）」と言った。そのような展開を全く予期していなかった私は慌てて女の子に御礼を言い，バナナを受けとった。

　それまで私は彼女と一度も話したことがなく，さきほど軒先に座っていた際に，彼女と目が合ったり挨拶を交わしたりしたわけでもなかった。つまり垣根越しの私の存在を彼女側が明確に認知しているかどうかもわからなければ，ましてや私が彼女のバナナを受けとっていた様子を見ていたことを認知していたとは，気づかなかったのである。しかし彼女が私に向かって「さっきのバナナ」と告げたように，彼女は私の存在のみならず，私が彼女たちのバナナの受け渡しの場面を見ていたこと，それ自体を認識していた。そして私のまなざしを認知することをきっかけとして，そのまなざしの行為主体である私に，彼女はバナナの一部を分けるというふるまいが促されたのである。

　このように，モノが豊富に，あるいはいくらかの余剰を伴って存在するところに，他者が居あわせたとき，そしてそれが相互の認知下におかれたとき，分配は即座に始まる。モノが相互的認知環境に晒されるか否か，という点がそこでの人のふるまいとモノの行方を定めるのであれば，所有とはじつは一時的なモノの在処を示すにすぎない。つまりトンガにおいて所有とは，他者に開かれた行為，あるいは他者に開かれていく可能性を常に持ちあわせた行為であって，それは固定的で決定的な状態ではなく，あくまで暫定的な状況にすぎないという意味でひとつのふるまいの相のうちに位置づけられているといえる。

　モノが開示され，まなざされ，そして相互に認知されるという現象が日頃からこれほどまでに決定的な意味をもち，それが更に贈与や分配というふるまいへと連なるこの社会的磁場のなかで，個々人がどうにかして自らの手元にモノを留めおく術，すなわち贈与や分配を回避する方法はないの

だろうか。次にみるのはそうした回避の方法と，そこで生じる人びとの判断や葛藤である。

2 贈与や分配を回避する手段

（1） 秘匿というふるまい

　トンガにおける所有が常に他者へと開かれる可能性を持ち，それがふるまいの相のなかに位置づけられるといっても，そのタイミングによって，あるいはそのモノの性質によっては，当事者にとってできるだけそのモノを手元に留めておきたい状況が当然生じうる。あるモノの存在とその認知が贈与や分配のモードへと移行する可能性を常に孕んでいるのだとすれば，それを回避するもっとも確実で単純な術とは，そのモノの秘匿である。
　以下の2つの事例は，モノないしモノを持つ自らの存在を人びとのまなざしから巧みに隠すことによって，分配が生じる可能性を最小限に抑え，手元に留めおくことに成功した例である。

【事例8-3】食物を隠しながら運ぶ
　第3章で事例として検討した饗宴の際には，世帯D2の三女と私が，FWC信者の世帯A12による大晦日の饗宴に招かれた。そこで世帯D2の世帯主の妻サネは，前日である12月30日の夕方に，村内の商店でコンビーフ缶（2.72kg, T\$37）を購入した。サネは，日曜のウム料理や来客をもてなす場合などを除き，コンビーフという比較的高価な食物をけっして購入しない。しかしこのときは，商店の棚にならぶいくつものコンビーフ缶を眺め，値段を尋ねると，ほぼ迷うことなくT\$37もの缶を現金で購入した。
　無事にコンビーフ缶を手に入れると，サネはその大きな缶を抱えて歩きはじめた。ちょうどその近くでは，世帯C2とB4の女性が立ち話をしていた。日常的な挨拶の流れがそうであるように，彼女たちから「どこに行

くの?」と問われたサネは,三女と私が世帯 A12 から饗宴に招かれたこと,そしてこのコンビーフを T$37 で購入し,今から届けることなどをすべて説明した。このように誰かに出会い,行き先や持ち物について質問された場合,それについて「曖昧にする」という選択肢はほとんど残されていないのだ。

　彼女がコンビーフを買った商店は,当時世帯 C 5 が経営しており,村内の海側の道沿いに並んでいる。一方で世帯 D 2 および世帯 A12 は,ともに村内の中央を走る主要道路沿いに位置している。通常サネを含む主要道路沿いに住む人びとは,よほどの用事がない限り,海側の細い道を歩くことは稀である。またこのコンビーフを購入した後に世帯 A12 に訪れる際にも,主要道路を通るほうがずっと近道だった。しかしサネはそこで,海側の道をまっすぐ歩いて村落居住区の端までいき,かなり遠回りをして世帯 A12 へと向かったのである。このことについて彼女は,「人びとが見ているからね」と私に洩らした。

　これとほぼ同様のことは,翌年にも起きた。ふたたび世帯 A12 から別の饗宴に招かれた私は,前年のサネの行為に倣って,今度は自分で卵を1トレイ（100個,T$24）と,コンビーフ缶（1.36kg,T$17）を購入し,世帯 A12 へ届けようと考えた。次女にコンビーフを持ってもらい,私が卵のトレイを抱きかかえるようにして夕方頃に家を出ようとすると,そこで世帯主のシオネから呼びとめられた。「もう少し暗くなってから行ったほうがいい,それに歩くよりも車に乗せてあげるよ」と彼は言い,実際日没後になってから車を出し,わざわざ私を送りとどけてくれた。ガソリン代も貴重なこの世帯においては,普段であればたとえ何らかの用事があるにしても,村内のわずかな距離を移動するためにシオネがあえて車を走らせることはほとんどなかった。

　この事例は,贈与のための食物を運び届けるという行為について,世帯 D 2 の夫妻がそれをできるだけ「周囲の目につかないように」苦心して遂行していることをはっきり示している。彼らは,自分たちの行為や持って

いる物資を「人びとが見ている」ことを強く自覚し，できる限り人びとに「見られることなく」，目的の相手へと渡したいと考えていた。そこで，歩く道を変更したり，あるいは夜間に車で移動するなどして，そもそも人びとと出会うことを回避していた。

　「物資を運ぶ」というふるまいに対して必然的に向けられる人びとのまなざしと関心を，どうにかして回避しようとする傾向は，次の例からも明らかである。

【事例8-4】「財」を自分で運ぶのは「恥ずかしい」
　第3章の葬儀の事例で登場した女性グループに参加していたビキは，彼女自身も葬儀に朝まで参列した後に村へと帰還した。
　翌朝，世帯H8世帯主の妻サネとビキは返礼財とともに世帯D2に戻ってきたので，筆者は彼女たちと談笑しつつ葬儀の様子を尋ねていた。まもなくして，ビキはそろそろ帰宅すると言った。このとき彼女は返礼財のなかから，タパ布1枚と化繊の布1枚を持って帰宅しようとしていた。するとサネとビキは，その場にいた私とこの世帯の長女に対して，これらの布をビキの家まで運んでほしいと頼んだ。サネの家からビキの家までは道路を挟んでわずか50mほどの距離しかなく，また持ち帰る布も，けっして1人で抱えきれないほどの分量ではない。しかしビキは私たちに対して「私［が運ぶこと］は恥ずかしいから，お願いね」と頼んだ。

　ここでビキは「恥ずかしい」と述べたが，この状況からしてそれは「タパ布を運ぶ姿を人びとに見られたくない」という意図とほぼ同義であると考えられる。先の事例と同様に，彼女もまた財を運んでいる自分の姿を，人びとのまなざしに晒したくはないと考え，私と世帯D2の長女という他者を媒介とするという手段を選んだのだ。自分でない誰かが財を運ぶことによって，所有者と所有物の間にある直接的で排他的な関係をいったん不可視化することが可能になるのだ。

(2) 所有の秘匿と恥の概念

　以上の事例からは，村落生活を覆う人びとのまなざしを強く自覚したうえで，自らの物資をできる限り人目に触れないよう移動させるという，モノの秘匿および他者との遭遇の回避の術が明らかとなった。このようにさまざまな手段を用いることで，人びとは所有すなわち「モノを排他的に保持する私」という状況性を秘匿する。この秘匿という行為こそまさに，「財がここにある」ということ，つまりその存在をあからさまに「人目に触れさせる」こと自体から，すでに分配というふるまいが始まっていることの証左である。風間はキリバス村落の所有観を詳細に分析することから，「排他性を持たない所有」という在地の論理があることを論じているが，上述した事例もまさに同様の論理がはたらいていると考えられよう（風間 2003）。すなわちこの社会空間では絶対的な排他性というものが存在しないなかで，排他的所有あるいは個人的所有という状態が，ある種のふるまいによってかろうじて実現している。

　［事例 8-4］のような，モノを移動させる際などに，他者，特に子どもを媒介とするという方法も，村の生活で頻繁にみられる。トンガの子どもたちは日々の暮らしのなかで，家事全般やおつかいごとなど，大人からのさまざまな言いつけに従うのが常だが，なかでも特に，比較的些細な懇請コレ *kole* を行うとき，貸したモノの返却を催促するときなどに子どもたちが使われる際は，たんなる手伝いの意味を超えていることが多い。あえて当事者ではない誰か，そして社会的責任が問われない存在としての子どもがそうした「おつかい」をすることによって，彼らは緩衝的な役割を担い，大人同士のコミュニケーションは間接性を帯びる。対面で直接的に頼み事を拒否したり，彼らの言う「恥ずかしい」場面についても，巧みに回避することができる。

　恥ずかしさという概念を用いた弁明のしかたについては，前章でも取りあげた。商店経営者の女性テヒが，掛け売りの代金の支払いについて請求することを「恥ずかしい」と語り，それによって経営困難に陥ったという

事例である。この例と同様に,前述したビキも「伝統財を自ら運ぶこと」について「恥ずかしい」という。彼女たちは本来,自らの所有物に対する正当な権利をもっており,その権利を躊躇せずに行使することが可能なはずだ。それにもかかわらず,その状況を人目にさらすことや,自らの権利を主張することについて拒絶し,回避しようとする。これほどまでに強い磁場が人びとを覆い,人びとの所有のふるまいまでも規定していくこの社会的な状況のなかででは,所有はたんなる個人的権利などではない。それは人びとのまなざしと社会的相互行為場面のなかで常に更新され,移ろいつづけるものなのだ。

3 つつましく所持するふるまい

(1) ブタの儀礼的重要性と粗放的飼育

　所有という行為が周囲のまなざしのなかに埋めこまれ,そのことを強く自覚したうえでふるまいを続けながら,人びとは所有権の「秘匿」やその主張を「回避」するという手段を採っていた。しかし繰りかえすように,このことは必ずしも彼らがあらゆるものを「共有」したり,家財や持ち物の全てを「譲渡」してしまうといった状況を意味しない。あるモノはゆるやかに自らの手元に留めつつ,なおかつその所有という状況を排他的にはしない(少なくともそのようには「見せない」)という彼らの姿勢は,ブタ飼養の場面においても認められる。

　トンガにおけるブタの儀礼的重要性は,他のオセアニア地域と同様に顕著である。伝統財のひとつとして,成豚が贈与儀礼に用いられるばかりでなく,多様な機会に開催される饗宴のテーブル上には,美しく焼きあがった子ブタの丸焼きが必ず鎮座している。そのように重要な家畜であるブタを多くの世帯が飼育しているが,その飼養形態は「粗放的」である。子ブタの盗難や庭・畑を荒らすことによる近隣とのトラブルなど,放し飼いに

することのメリットは少なく，リスクは高い．いっぽうで，柵や囲いを設けて管理するほうが明らかに生産性は高くなる．また材木や有刺鉄線などの材料を調達し，裏庭にブタ小屋を建てること自体が，それほど困難だとは思われない．それでもなお人びとが，貴重な家畜であるブタを放し飼いのままにしているのはなぜか．

　村落部では多くの世帯がブタを「粗放的」に飼育しているため，村内の空き地や道路では，常にどこかの世帯のブタが歩きまわり，あるいは木陰で休息している姿をみることができる．ブタの所有者が暮らす居住区画の位置によって，放し飼いにしているブタが耕作地へ侵入する程度は異なっているが，少なくとも多くのブタが他世帯の居住地に入っていく．なぜなら各世帯の居住地は一般的に小木からなる垣根や鉄網などで囲われているが，それが区画の四方を囲う場合は稀であり，裏手を除く三方あるいは表玄関と裏手を除く両側のみを区切っている場合がもっとも多く，まったく囲いのない世帯もあるからだ．このような居住空間の開放性は，自らのブタが他所へと消え去り，他所のブタが侵入してくるという行為を招く要素であることは明らかである．

　給餌の時間は，日中自由に辺りを動き回っているブタたちが飼い主のもとに集まる数少ない機会であり，このとき飼い主は餌をやりながら自分のブタを見わたし，各個体の様子を把握する．その際に給餌者は，'ma ma ma' という声を発しながら餌場にココナツやキャッサバを置く．すると餌の気配に，あるいは給餌者の姿や声に反応して，まず付近にいたブタたちが集まってくる．そこにはもちろん自らのブタばかりではなく，近所のブタやイヌも寄ってくる．他世帯のブタやイヌが餌場に来ると，給餌者は小石や手元のココナツの殻をそれらめがけて投げつけ，「向こうに行け」と怒鳴って追いはらおうとするが，自分のブタと共に餌に群がる中から他所のブタやイヌを選りわけて追いはらうことは，当然容易ではない．追いはらわれ，一瞬は餌場から離れたイヌやブタも，しばらくするとまた餌を求めて戻ってくる．このようにして給餌者と他世帯のブタあるいはイヌは，追いはらわれては舞いもどるという駆け引きを日常的に繰りかえす．

そればかりか，ブタはどこまでも自由に動き回ることが可能であるため，飼い主が所有するすべての個体が給餌の際に集まってくるとは限らない。ときに「迷子になる」こともしばしばである。私が1週間にわたってある世帯の給餌に立ち会ったところ，所有するブタ全てが集まってくることのほうがむしろ稀であった。しかしたとえ給餌の機会に自らのブタ全てが揃わずとも，'ma ma ma' と呼びながら餌をやりつづけることでそのうちの一定数が揃えば，人びとは給餌を終了している。ただし何度かの給餌で続けて同じブタが現れない場合，特にそれが妊娠中あるいは子ブタを連れた雌ブタの場合や，贈与のために特定の個体を呼びよせる必要がある時は，飼い主は周囲の藪の中などに自ら赴いて，ブタを探しはじめる。

（2）　開かれた所有のありかた

【事例8-5】ブタを探す

　ある朝，ブタを飼っているシオネのもとへ，親しい隣人であるトニオがやってきた。首都に近い他村に居住するニオの親戚が海外から帰省する家族を歓待するために丸焼き用の子ブタを必要としていたが，トニオの家ではブタを飼っていない。そこで前日の夜，シオネに頼みに来たのだ。シオネの家ではそのとき6匹のブタを飼っていた。繁殖用の雌ブタ2匹，体長80cmほどの雌ブタと雄ブタ各1匹，そして70cmほどの雄ブタ2匹である。トニオがシオネの家にやってきたのは午前10時頃だったが，その日の午前8時頃に朝の給餌は終了していた。裏庭にはロープで木につながれた繁殖用雌ブタ1匹がいるのみであり，残りの5匹は皆どこかへ行ってしまっていた。

　妻と息子がニュージーランドでの季節労働から得た収入の一部で柵を購入し，シオネがブタのために裏庭の一画を囲ったのが2年前のことである。しかしブタを所有する他の隣人たちと同様に，柵の一部は開き，ブタたちはそこから自由に出入りすることが可能だ。つまりそれはブタを常時囲っておくための場所というよりもむしろ，日中は自由に外を動き回っている

ブタの夜の寝床として，あるいは妊娠した雌ブタの出産の場として使われている。「夜になるとブタは自分の家に戻ってそこで眠るので，そのときは柵の入口を閉じる」とシオネをはじめとする人びとは説明する。しかし筆者が確認する限り，彼らの所有するブタの全てが夜に戻ってくるわけではなく，実際に入口を閉じている頻度も週に２，３回にすぎない。

　トニオの頼みに応じて，シオネは自らのブタのなかでももっとも小さい雄ブタのうち１匹を彼に譲ることにした。しかしトニオがやってきた朝には，前述のとおりその雄ブタを含めたシオネのブタは，「動物用のコンクリート」にはもちろん家の敷地内にも見あたらない。そこでシオネは裏庭に立ち，いつもブタに給餌する際の呼び声 'ma ma ma' を発しながら，周囲の草むらや小道，近所の家の庭先を見渡す。ブタはそれでも姿を見せず，シオネは周囲を注意深く見回しながら，'ma ma ma' という声を発しつづけながら，しばしばこの家のブタたちのいる家の横の空き地を歩く。そしてさらに家から30メートルほど離れた教会の敷地へ向かって歩き出す。シオネの後には彼の孫である四歳の少年がついて歩く。彼もまた，祖父のふるまいをまねて 'ma ma ma' と大きな声で呼びつづける。私もまた，その後を追う。

　すると見覚えのあるブタが１匹，教会の空き地のさらに奥の茂みのなかに見えた。海外へと移住して現在は空き地となっているある世帯の敷地は，その一画だけ雑草が生い茂っている。そこにシオネのブタはいた。シオネの呼び声を聞くと，そのブタはこちらの様子をうかがい，またその背後からもう２匹の子ブタが顔を見せた。その時点でシオネは身をひるがえし，同じ呼び声を発しながら，今来た道を戻っていく。少し歩いて後ろを確認すると，３匹のブタは10mほどの距離を置いてシオネの後をついてくる。時折後ろを振りかえり，ブタがついて来ていることを確認しながら，シオネは自宅の裏庭へと戻った。裏庭の普段給餌する場所に着くとすぐにバケツに水を汲み，彼らに与えた。すると瞬く間にブタたちはバケツに群がり，我先にと水を飲む。その次の瞬間，シオネは１匹の子ブタの右前足を捕らえると，その体を抱え上げた。ブタはキイキイと悲鳴をあげて暴れるが，

シオネは両前足をしっかりと捕らえて放さない。そこにトニオが用意していた大きな袋を広げて差しだすと，シオネはブタを手早く中へと放り込み，袋の口を閉じた。トニオはシオネに礼を言うと，袋に入ったブタを抱えてすぐさま帰宅し，自動車に積んで町へと届けた。

(3) 対他的なふるまいとしての家畜飼養

　村落生活において，〈どの世帯に何があるのか／誰が何を所有しているのか〉といった情報は，村の人びとのあいだで広く共有されている。それは前述したような居住地の開放性といった物理的環境はもちろん，人びとが往来し，会話や語りによる情報の共有が日々なされていることが大きく影響している。そしてまた，世帯間でのモノのやりとりも頻繁に生じている。シオネの家の三軒隣に居住するトニオは，少なくとも2，3日に一度以上の頻度でシオネの元を訪れる。シオネもまた，同様の頻度でニオの元を訪れる。その目的は主食であるイモ類を分けてもらうためであったり，鍋を貸し借りするためであったり，さまざまだ。あるいは彼らだけではなく，彼らの妻や子どもたちも頻繁に行き来する。そのような往来は，この2世帯間に限らず，村内の近隣世帯間で頻繁に行われる[1]。

　前述の事例において，ブタを求めてシオネの家を来訪した際に，トニオはシオネが丸焼きに適した大きさと月齢の子ブタを所有しているという話を事前に知り，したがって譲渡してもらえる可能性を予期していた。いかにしてその情報を得たのか，と私がトニオに尋ねると，数ヶ月前に彼は妻から「シオネの家のブタが出産した」という話を聞いており，そのことか

---

1) シオネとトニオは母方並行イトコにあたる。トンガは父系社会であり，また夫方居住が主流である。また異性キョウダイ間（姉―弟）では文化的に特有な関係性が存在しても，同性キョウダイ間には存在しない点を考慮すれば，両者の親族関係は参照される機会が少ない。むしろ彼らは，互いに同世代であることや居住地が近接していること，互いに所属するキリスト教宗派がマジョリティを占める宗派ではないこと，などを複数共通項として，親密な関係を構築している。このように，贈与という行為を中心に，日々取り結ばれる村内の人びととの関係は，単に親族関係を基盤とするのではなく，さまざまな参照枠組みの重なりによって支えられているといえよう。

ら現在適齢の子ブタがいることを推測したという。前述したとおり，トニオの世帯とシオネの世帯では，妻同士，子ども同士の往来も多く，彼らの間をさまざまな情報が行き交う。もちろんトニオとシオネ同士も，村内で開かれる夜のカヴァ飲みの席が，貴重な情報交換の機会となる。

　このように人びとは，さまざまな回路を通して他者の「所有」を知ることができる。たとえば互いにブタを所有する者であれば，給餌の際に他者のブタが寄り集まってくることを通して，「他者の所有するブタ」の存在を否応なしに知ることとなる。また自身がブタを所有しているか否かを問わず，居住地が近接していれば，垣根や柵を越えてやってくる「近所のブタ」を目撃する頻度は高くなる。あるいは毎日 'ma ma ma' という声を発してブタを呼びあつめる給餌者の声は，近隣の人びとの耳へと届き，その姿は，通行人の目にさえもふれる。

　ブタをより徹底的に「管理」することは，物理的な意味ではけっして難しくはない。シオネをはじめとして，複数の世帯に簡易的であれブタ小屋あるいはブタを囲う柵が存在していることからもそれは明らかである。しかし前述したように，トンガにおける所有という行為の社会的文脈においては，「ブタを囲う」という行為は単にブタに対する人間の働きかけだけを意味しない。それは他者に向けられた「ふるまい」のひとつなのだ。人びとは誰が何を所有しているか，互いによく認識していることは先に述べたとおりである。だが肝心なのはその対象ではない，人びとはむしろ「どのように」所有しているか，ということについて強い関心を抱いている。このようにあらゆる所有が「対他的ふるまい」として開かれているという文脈のなかで，ブタの「粗放的」飼育という営みさえも捉えなおされるべきだろう。

第9章
〈ふるまい〉に満ちた社会

1　ローカルな概念と認識世界

(1)　「ふるまい」*anga* の束と経済実践

　本書では，トンガの人びとの経済実践をつぶさに追うことによって，贈与をめぐって営まれる日常と，それを成り立たせている人びとのふるまいについて検討してきた。村落生活では，「儀礼的日常」とでも呼びうるほどの頻度で，さまざまな行事と饗宴が恒常的に開催されていた。そのような場を結節点として，人びとは次々と贈与を繰りひろげ，そこから多様な物資の流れが生まれていた。しかしこれは島という閉じた社会のなかでみられる「伝統的な」営みなどではない。本書でもみてきたように，近年ニュージーランドでの季節労働に従事する機会を手に入れた一部の村の人びとが得た多額の収入さえも，「家族のため」に使われることが目的とされ，具体的にはその多くの割合が教会への献金や饗宴の開催費用となっていることがわかった。すなわち村の外部世界からもたらされた現金もまた，このようにして村落生活における贈与の流れのなかへと積極的に取りこまれているのである。

　現代のトンガの村落生活のなかで，もっとも頻繁に，そして華々しく贈与が繰りひろげられる機会は，伝統財が行き交う冠婚葬祭よりもむしろ，宗教贈与の場面，とくに定期的に開かれるメソジスト系教会の献金行事で

ある。そこでは信者たちの世帯収入に比して莫大な金額が毎年集められ，献金として教会本部に拠出されていた。毎年開催される献金行事ミシナレにおいては，信者たちが持参した札束が積みあげられ，回ってくる洗面器のなかにも人びとは紙幣やコインを投げいれた。さらにその金額は，世帯あるいはグループごとに，その名前と共に逐次読みあげられていく。

　大量の貨幣が飛びかい，その金額が大声で読みあげられるこのような場面を見るかぎり，それはいっけんして信者間での「競覇的な贈与」であるかのように見える。しかし献金行事ミシナレのシステムを詳細に検討すると，それはやみくもな競争などではなく，寄付金額については一定の指標があった。教会本部による希望額の設定と，死者を追悼する際の献金という２つのカテゴリーである。現代において献金は大部分が村の教会へと蓄えられており，必ずしも中央ないし本部による搾取的な構造となっているわけではない。本部に集められた献金もまた，学校教育のために用いられるなど，いわゆる社会的再分配の機能を担っている。一方で，ミシナレがトンガで確立された歴史的経緯をたどると，それは宣教師・国王・貿易商の協力によって構築された，巧みなシステムのうえに成り立っていた。

　宗教行事に限らず多様な目的のもと開催されるトンガの寄付行事コニセティもまた，人びとの集う場において貨幣が飛びかい，その金額が逐次発表されていくという点において，献金行事ミシナレとの構造的な類似性を持っている。しかしコニセティにおいて特筆すべきなのは，寄付の当事者が「踊る」ことを通して，また周囲の人びとは「踊り手の身体に紙幣を貼る」という行為ファカパレを通して，全体としての寄付集めが実現されている，という点である。すなわちこれはただ単に個から個へと贈与が行われているのではない。人びとが集うその場において，身体を介して貨幣を集めていくという，まさに協働的な相互行為プロセスのなかで贈与は立ちあがっているのだ。

　さらに，このような場における人びとの行為（踊りやファカパレ）をより微細に分析したとき，一見したところ踊りのクオリティに対する評価のように見えるファカパレも，じつはその踊りの質の如何を問わず，踊って

いることそれ自体への承認あるいは観客からの共感の表明として行われていることがわかった。つまり，積極的に行事に参与し寄付をおこなっていることを，参加者たちは相互に，目に見えるかたちでふるまいあい，承認しあっているのだ。現代のファカパレが紙幣を用いる一方で，かつてそれは布や花輪であったという歴史的事実からも，それが承認の道具として用いられていることが推論された。また紙幣を貼りにいく人びとの動きが見事に同調・同期していることからも，それは寄付する者が自ら周囲から抜きんでて目立つことを目指しているわけではなく，ここにも競争的な意識を認めることは難しい。

　このように，献金行事や寄付行事の検討からは，多額の寄付が集められていくプロセスと，それを可能にしているふるまいの機構が明らかになった。ここでもうひとつ見逃してはならない要素に，「道化的ふるまい」がある。贈与の場，とりわけ献金や寄付の機会において，実際に人びとの関心を集め，熱狂や笑いを創出しているのは，さまざまな「道化的ふるまい」であった。そのような「道化的ふるまい」には，単にその場に笑いを添える以上の力があった。それは特に女性たちによって入念に準備され，演じられていた。日常生活を覆う規範をつぎつぎと侵犯することによって生みだされる笑いは，献金や寄付が競争的よりもむしろ協働的に集められることと重なりあい，贈与への肯定感と達成感の身体的な表明および確認として機能している。

　そのような共同・協働による贈与の場を維持しつつも，おもに核家族世帯を基本単位として営まれる日々の経済活動においては，個人的な所有や蓄財への志向も当然存在する。贈与・分配が生起する可能性を常に内包する社会空間に身を置くなかで，人びとはときに葛藤しながらも，それをくぐり抜ける回路を見出そうとしていた。そのひとつに村内の貯蓄組合への参加がある。世帯ごとに積み立てを行うこの組合は参加が任意であり，わずかな額を毎週担当者の元に持参するのはむしろ面倒な行為ですらあるが，それでもなおこの組合に多くの人びとが参加している。このように，毎週できるかぎり顔を合わせ，共に現金を貯めていこうとする人びとは，

たとえ蓄財という個人主義的な営みであっても、いやむしろ個人主義的な営みだからこそ、相互注視のなかではじめて完遂可能となることを強く自覚している。それはまた、個人的な貯蓄や排他的な所有に対する否定的な評価が共有されていることとも表裏一体となっている。

このように人びとの一挙手一投足が注視される「まなざしの網の目」のなかに身を置いて生きるとき、彼らにとっての所有とは、ある時点における固定的な状態というよりもむしろモノを伴ったふるまいとして、あるいは一連のふるまいにおけるひとつの動的な相として認識されることは何ら不思議ではない。このような状況下においては、相互的認知環境がモノの分配というふるまいを促し、またブタ飼養の事例で検討したように、粗放的というふるまいにおいて、人びとが家畜などを所有する。

このように、トンガの人びとの実践の核にはふるまい (anga) の領域があることを本書の冒頭でも述べたが、それが贈与を含む一連の経済的相互行為と大きく重なりあうとは、具体的にどのような事象を意味していたのだろうか。その領域に接近し、本書で検討してきた多様な事例のもつ意味を包括的に理解するために、ここでもう少し議論を深めておこう。そのためにはもう一度、ローカルな概念および認識世界に立ち戻っていく必要がある。「ふるまい anga」に加えて、ここで鍵となる更なる2つのローカルな概念とは、「ゆるやかに持つ nima homo」および「あいだを育む tauhi vā」である。

(2) 「ゆるやかに保持し、積極的に手放す」 nima homo

たしかに貨幣は、ずっと持ちやすく、便利だが、もっていても腐らないので、人びとは、首長の義務をみならってわけ与えようともせず、かえって貯めこもうとするだろうし、こうして利己的になってゆくだろう。ところが、食料が人間の主な財産だとしたら——大変有用で必要なものだから、当然そうあるべきだが——すぐ悪くなるので、貯めこむことができない。だから、他の何か有用なものとどうしても交換するか、隣人や下位の首長や従者たち

に，無償でわけ与えねばならないだろう。〔中略〕何がパパランギ（ヨーロッパ人）をあんなに利己的にしているか，いまとてもよくわかった。それは，この貨幣なのだ。（Mariner 1827i：213-214）
　――マリナーの貨幣価値の説明に対する，トンガの首長フィナウの回答より

　ここに挙げたトンガの首長フィナウの言葉は，近代貨幣がまだ受容されていなかった19世紀初頭のトンガにおける首長の義務および人びとの経済倫理について述べられたものだ。第4章でも考察したように，キリスト教の到来の後，とりわけメソジスト教会と貿易商の巧みな連携によってトンガ国内にも貨幣経済の論理が流入し，近代貨幣はその後社会内部へと急速に浸透していった。しかしこの当時フィナウがいみじくも指摘したように，近代貨幣の重要な機能のひとつである「貯蓄」によって，現代トンガの人びとははたして「西洋人のように利己的に」なっていったのだろうか。

　第7章において，トンガの日常生活を覆う，個人的所有に対する批判的なまなざしと，そのまなざしを指し示すニマ・マウ *nima ma'u*〔手放さずに，吝嗇に〕というローカルな概念の存在について指摘した。このとき人びとのモノに対するありかたとして望ましいとされていたのは，「自らの手元に貯めこむことなく，積極的に手放していく」ありかたであり，それは上記のフィナウの予言に反し，食物であるか現金（貨幣）であるかを問わず，現在においてもありとあらゆるモノに対して求められるふるまいであった。すなわち，ニマ・マウの対義語であるニマ・ホモ *nima homo*[1]〔手を開いて，気前よく〕という概念こそが，望ましいふるまいと位置づけられているのである。

　注意したいのは，ここで議論の中心となっているのが，「持つか持たざるか」という二択であるというよりもむしろ，「手放すか手放さないか」という点にあることである。つまりここでは所有という一時的な状態もしくはモノに対する権利について問われているのではなく，個々人があるモノを手にした際の「ふるまいかた」が問われている。「持つか持たざるか」

1）*nima-homo*：open-handed, generous, liberal.（Churchword 1959：377）

ということ，すなわちそのモノが誰に属し，モノの所有権がどこにあるのか，ということよりも，「積極的に手放す」というふるまい自体に主眼が置かれていることについては，重要な論点なので最後にもう一度振り返ることにしたい。ここではまず，そのようにして積極的に手放す先に目指されているものとは何なのか，そのモノおよび所有権が結果的に特定の個人や集団に転移することが行為の主目的でないとすれば（もちろんそれは並立的あるいは副次的な目的とはなりうるだろうが），いったい彼らは手放すこと，すなわち贈与というふるまいをどのように認識しながら，実践しているのだろうか。ここでローカルな社会空間概念である「あいだ」"vā"について参照していこう。

(3) 「あいだを育む」*tauhi vā*

これまでの事例から見てきたように，贈与を含むあらゆるふるまいは，人びとが集う場すなわち社会空間と，相互注視に支えられていた。このような空間について考えるうえで重要な手がかりとなるローカルな認識が，トンガやサモアを始めとするポリネシアの社会空間概念 "vā" である。トンガ語における "vā" という概念は「あいだ」とも呼ぶべき物理的空間を指すと同時に，人と人との「関係」をも示す。そしてこの "vā" の概念が最も鮮明に浮かびあがるのは，人間関係において用いられる "*tauhi vā*"「関係を養う」という表現においてであり，人びとが贈与など様々な相互行為を通して身近な他者との「あいだ」を注視し育てていくことを意味している。

このローカルな空間概念は，トンガの人びとの認識の基盤のひとつとして意味づけられ，さらにそれは現代における移民と母国民との結束や社会的アイデンティティ維持の観念的基盤ともなっている（Ka'ili 2005, Māhina 2004）。サモアの移民・人口移動という現象についてローカルな空間概念から再検討した先行研究においてもトンガの *vā/vaha'a* とほぼ同様の概念としてのサモアの *vā* について論じられており，それが物理的な場所を意

味するだけでなく，象徴的な共有空間を意味し，しかもそれは人びとを分かつものではなく繋ぐものとして捉えられている（Lilomaiava-Doktor 2009）[2]。いずれの研究も，こうしたローカルな社会空間認識およびその概念がこれまで欧米的な概念によって覆い隠され，軽視されてきたことを批判している。ただそれが物理的で経験的な側面と象徴的な側面とを内包するというものの，前者についてはあまり踏みこんだ議論がされてこなかった。

しかしこれまでみてきた贈与の実践こそがまさに明確に示していたように，トンガの人びとの「関係」そして「あいだ」としての社会空間 *vā* はたんなる理念として存在している訳ではなく，人びとが常にそれを意識的に養いつづける *tauhi* という行為によって具体的に立ちあがっていく。つまりそれは身体性および相互行為の積みかさねによって支えられており，本書でも検討してきたような多様なふるまいによってこそ可視化されていく。

2 「あいだ」へと投げかけつづける実践

（1） 二項間贈与モデルの再考

トンガの人びとのモノをめぐる多様な実践と，また彼らにとって望ましいありかたである *nima homo*〔手を開いて，気前よく〕というふるまいとの関わりにおいて考えれば，物理的で経験的なレベルにおける社会空間 *vā* の位置づけをより明確にすることができる。本書の冒頭で私は，これまでの贈与をめぐる議論の大半が，贈与物であるモノへの注視を中心として展開され，さらにその実践も個から個への二項間関係として捉えられつ

2）トンガ人研究者ハウオファはオセアニアにおける海 *moana* の象徴性とそれを基盤とするアイデンティティについて考察し，人びとにとっての海が「分かつのではなく繋ぐ」存在であるとして，*vā* 概念とも重なりあう指摘をしている（Hau'ofa 1993）。

第 9 章 〈ふるまい〉に満ちた社会

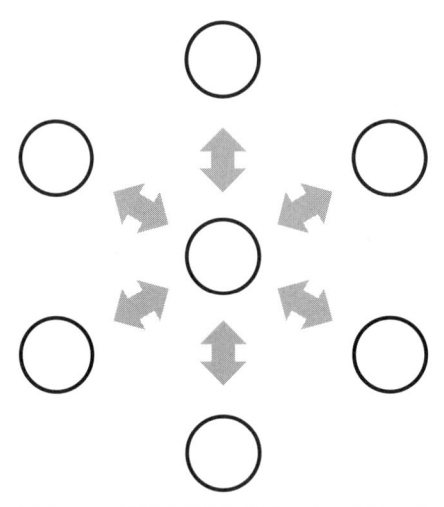

図 9-1　二項間関係の総和としての贈与
　　　　（従来のモデル）

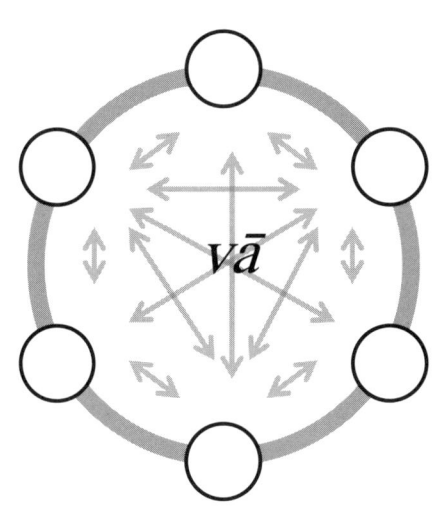

図 9-2　$v\bar{a}$ を満たすふるまいとしての贈
　　　　与（本書のモデル）

づけてきたことを批判した。それが個人であれ集団であれ，個から個へと行われるものとして捉えられてきた既存の贈与のモデル（図9-1）は，ここで論じている，複数行為者が共有する*vā*を個々のふるまいが満たしていくような贈与のモデル（図9-2）とは，大きく異なっている。

　図9-2において*vā*のなかへと向かい，*vā*を満たしている個々の矢印は，たんにモノの往来を示すだけではない。それは行為者によって投じられる彼らの身体そのものをも含み，そのような諸々の要素が積極的に*vā*のなかへと手放されて（*nima homo*）いくという状況を指す。つまりここでの矢印とはまさにふるまいという運動，ベクトルなのであって，そこから単に質量＝物質的なモノだけを取りだすことや，それを二項間関係へと細分化していくことは，ひとつの思考的操作としては可能であれ，人びとの行為実践のレベルにおいては，じっさい不可能であるといっていいだろう。既存の贈与研究においてモノばかりが注目されてきたことの違和感と限界は，このように本来ならば切り離すことのできない「ふるまい」のなかにある一要素としてのモノを，（たとえその文脈や歴史性への注視はあったにせよ）その全体的な運動から切り離してしまうことにあったのではないか。

　ワイナーは譲渡不可能性 inalienability という概念によって，贈与におけるモノと人との関係性を捉えなおすうえで重要な視点を提示した（Weiner 1992）。ワイナーのいう譲渡不可能性とは，たとえあるモノが他者へと贈与されたとしても，モノと元の所有者の紐帯を究極的には切り離すことができない，という状況を指している。これが西洋的な所有観をゆるがすひとつの契機として重要な概念であることは疑いないものの，しかしワイナーのそれはあくまでもモノと人との確固たる紐付けとしての所有の論理に基づく概念であり，ここで私が論じているようなあいだの空間*vā*やふるまいがもつダイナミクスをもこれによって説明することは難しい。

　本書で検討してきたトンガの人びとの贈与実践とは，ローカルな認識および概念に照らせば，人びとのあいだ*vā*へと向かって積極的にモノを手放し *nima homo*，また自らの言葉や身体や道化的な行為を投じることで

そこにふるまいかけ，関与しつづけること，と言い換えられる。そしてトンガの人びとが多様な手段や仕掛けを巧みに用いながら，贈与の場面を可視的 visible 可蝕的 tangible なものにしていることについても，ワイナーの立場に立てば「紐付けとしての所有という状態の強調」としてとらえられてしまうが，じっさいは「紐帯を切り離す（手放し差しだす）という行為の強調」として理解するのが，$vā$ への関与が核となっているトンガの人びとのありかたとしては適切だろう。あるいは，所有という行為が一過性であり，一時的な状態であることを熟知しながら実践している人びと自身にとって，モノと人をつなぐ紐帯というのは，その瞬間におけるかりそめの関係を示すにすぎず，それはまた次の瞬間には軽やかに手放されていく。手放すという行為を実現するためにはいったん保持しなければならないのであり，彼らの主眼は手放すことや差しだすことにあるとしたとき，保持することを究極的な目的と据えた私たちの側の見方こそ転換が迫られるのではないだろうか。

(2) 「あいだ」の維持と拡張する世界

本書の冒頭でも述べたような，フィールドワークの当初に自分を当惑させたさまざまな出来事について振りかえったとき，それは主として私自身の側がまだトンガの人びととの認識世界に寄り添うことができていなかった為に生じた当惑であったことがわかる。多様な〈ふるまい〉に根ざした彼らの日々と〈あいだ〉に対する積極的な関与が彼らの社会実践の核であることが明らかになった今，何かを所有することは，絶対的な状態などではなく，全体的な運動における一時的な位相を示しているにすぎない。また人びとが〈あいだ〉を共に支えつづけている限りにおいて，あらゆる相互行為は個別的な営みには還元できず，それは常に人びとのまなざしの網の目のなかで繰りひろげられていく。

特にそれがモノを手放す行為，すなわち贈与という行為であり，それが集合的かつ儀礼的な場面であるとき，人びとはできるだけ可視的で可蝕

な装置や道具を用いながらふるまうことで，目の前にある社会空間 *vā* を豊かに満たそうと試みる。貨幣や札束さえも単なる贈与物であるのみならず，チャリンと音を立てたらいの中へと投げこまれ，踊り手の艶めいた肌に貼られていくことで，空間を満たす。タパ布は大きく広げて掲げて持参され，ブタの丸焼きは華々しくテーブルの上やカゴの中に鎮座し，饗宴には明らかな余剰をともなう大量の食物が並ぶ。それらは確かに「誇示的」ではあるが，それは *vā* を満たすうえでの不可欠なプロセスとして考えるべきだろう。グループ分けされた信者たちによるいっけん競合的に見える献金の場面もまた，そこで繰りひろげられる賑やかな道化的ふるまいと併せて理解するのであれば，それは個々の競争心に根ざしていると考えるより，*vā* に対する積極的な関与を互いに示しあうふるまいとして考えるほうがふさわしい。

　トンガの人びとの営みがこうした認識と実践に強く支えられていることの一方で，もちろんそれとは相反せざるを得ない状況も多く存在する。モノを排他的に保持するような営みに付与される否定的な意味を強く自覚しながらも，それに該当するような個人主義的な選択が避けられない場面は度々訪れ，それは本書の事例のなかでも人びとのビジネスにおける葛藤や物資の秘匿といったある種の戦略のなかに現れていた。そして今後，彼らの経済や社会の変容に伴ってそのような状況がさらに増えていくであることは，想像に難くない。しかし先にも述べたように，例えばトンガからの海外移住者が母国の人びととの紐帯を「あいだを養う *tauhi vā*」こととして捉えている限りにおいて，つまりその紐帯はアプリオリに存在するのではなく，人びとが常にそこに関心と関与をはらい，養いつづけることによって生起するものであることを，観念的よりもむしろ実践的に理解している限りにおいて，たとえ海を越えてもなお，*vā* の空間は拡大しつづけ，そして彼らの贈与という運動はその *vā* を満たすべく，とどまることなく活発につづいていくことだろう。

おわりに

　まず先にことわっておかなければならないこととして，本書を完成するにあたっては，私の個人的な事情によって，想定していたよりもはるかに長い時間がかかってしまったという事実がある。そのことで関係各位に対して多大なご迷惑をおかけしたことはいうまでもなく，この場をかりて心からお詫び申しあげたい。中途半端な状態の原稿を抱えたまま身動きがとれなくなったことで，時間が経てば経つほどに，そこまでして自著を出版させていただく意味などないのではないだろうか，全てをいったん白紙にさせていただくことが適切なのではないか，などと勝手ながら苦悶しつづけていた。

　しかしそんな個人的な葛藤の間にも，トンガのファミリーや友人たちからの連絡が途絶えることはなかった。自分の近況をその細部まで伝えることは難しかったにせよ，長期間さまざまに現地で聞き取りをさせてもらった結果としての「彼らについての書き物」が完成できずにいる，ということをあるとき彼らにも伝えてみた。すると彼らは驚いて，励ましの言葉とともに私の背中を押し，執筆を強く促してくれた…などといった感動的なエピソードでは，残念ながら全くない。実際には，そんなことに興味はないといった反応とともに，この話はあっさりと受けながされてしまった。その態度には少し拍子抜けもしたが，そもそも私が執筆するか否かなど彼らにとって直接的な影響は何もないのだから，よく考えてみればもっともな反応でもあった。

　ただし彼らは定期的に，家族や村の人びととの近況を定期的に更新してくれるとともに，私に変わりはないか，健やかでいるか，満たされているか，ということを常に気にかけてくれた。そして次に私がトンガに来るのはいつなのか，数ヶ月後や翌年以降に予定されている家族や村の行事に参加す

ることはできるのか，問いかけつづけてくれた。そんなふうに連絡を取りあうことが可能なのは，もちろん近年のインターネットやSNSの普及に依るところが大きいのだけれど，申し訳ないことに私はそんな彼らへの返答さえままならず，ずっと音信を滞らせていた。それでもなお，遠く離れた顔の見えない相手にたいしても根気強く言葉を投げかけつづける彼らは，まさに「あいだ」へと向かって何かを投げかけつづけるといったありかたにおいて，本書でも見てきたような根源的な「ふるまい」を変わらず示してくれていた，ともいえる。

そのような彼らのありかたに触れながら，いっぽうで私は現在の自分が，まったく彼らと調和できていないかのような感覚をおぼえた。フィールドにおいて寝食を共にし，全面的に彼らの生に向きあっていたときには，ある意味で必然的なこととして，あるいは無意識的なレベルにおいてさえ，私も彼らとそのありかたの多くを同調させていたように思う。けれどもそこから物理的に離れ，日本の生活に戻って久しくなった自分は，フィールドにいた当時の「他者へと開かれた」ありかたから，知らぬ間に乖離してしまっていたのかもしれない。

執筆を続けることが困難な状況だったとはいえ，もしこのまま出版を取りやめてしまうとすれば，それはまさに本書でも描いてきた彼らのありかたとは真逆のこと，つまり他者から手渡されゆだねられたモノを，そのまま自分個人の手の中に留めてしまうようなふるまい，になってしまう。突然やってきた私に対してさえも心を開いてくれ，さまざまなモノや知識や経験を，惜しみなく最大限分け与えてくれたトンガの人びとを思うとき，彼らから得られた貴重な資源を，私個人の理由で握りつぶし，その回路を勝手に閉ざしてしまうわけにはいかないと思った。とにかく本書を書きあげることによってのみ，私は彼らから得たものを，たとえその一部分であれ世界に向かって手放すことができる。それこそが，彼らのふるまいの世界に，そして贈与の運動のなかに一度でも取り込まれた私がとるべき唯一のふるまいかたであって，それ以外の選択肢などそもそも存在していなかったのだと，時間をかけて，ようやく気づけたように思う。

おわりに

　フィールドワークにおいては，調査村のすべての人びとにあらゆる形でお世話になった。なかでも特に私を「娘」として受けいれてくれた2つの世帯の人びととは，特に濃密な時間を過ごした。なんの前ぶれもつながりもなく，突然転がりこんできた私に惜しみなく愛情を注ぎ，別れの時はそのつど大粒の涙を流してくれた彼らのお名前は，残念ながらプライバシーの観点からここで挙げることは叶わないものの，まず誰よりも先に感謝の言葉を伝えたい。トンガではまた，現在トンガの教育省で副長官を務めるRaelyn, L. 'Esau氏ともつながりを築く幸運に恵まれた。私の研究を理解し，多くのアドバイスをくれただけでなく，彼女は個人的にも心おきなくつきあえる大切な友人となった。彼女と彼女の家族にも，感謝してやまない。

　本書全体の土台となった博士学位論文の主査であり，現在京都大学名誉教授の菅原和孝先生には，学部時代から長きにわたって懇切丁寧なご指導をいただいた。人類学の徒となって以降，先生の思想や仕事から学ばせていただいたことはあまりにも多く，その存在なくして私の研究は成りたたなかったと思う。ここに深く御礼申しあげたい。また博士論文の副査をつとめてくださった京都大学人文科学研究所の田中雅一先生，京都大学人間・環境学研究科の風間計博先生にも，親身なご指導と的確かつ建設的なコメントをいただいた。国立民族学博物館の須藤健一先生はまた，館長職という大変お忙しいなかでも丁寧に拙稿を読んでくださり，トンガ研究の大先輩としていつも具体的な助言や励ましをくださった。本書が博士論文と比べて多少なりとも改善されている点があるとすれば，それはここに挙げた諸先生方からいただいたコメントを可能な限り反映させることのできた結果である。

　本書の研究はまた，京都大学大学院人間・環境学研究科在学中および研究員として在籍中に受けた指導に多くを拠っている。すぐれた諸先輩方や，同僚たちに恵まれたことで，多くの知的刺激を受けることができた。また京都大学の「コミュニケーションの自然誌研究会」や国立民族学博物館共

同研究「オセアニアにおける独立期以降の＜紛争＞に関する比較民族誌的研究（代表：丹羽典生氏）」「贈与論再考―「贈与」・「交換」・「分配」に関する学際的比較研究（代表：岸上伸啓氏）」などの場に参加させていただいたことも，本研究を進めるうえでたいへん有意義だった。

　なお，この研究を遂行するにあたり，私は以下の調査・研究助成および奨学金の援助を受けている。奨学金によって可能となったハワイ大学人類学部博士課程への留学では，指導教員であったAndrew Arno氏をはじめ，第一線のオセアニア研究者の指導を仰ぐ機会に恵まれ，京都とはまた異なった刺激を受けた。

『科学研究費補助金（特別研究員奨励費）』
　2005年度～2007年度／2012年度～2015年度
『公益信託澁澤民族学振興基金　大学院生等に対する研究活動助成』
　2008年度
『りそなアジア・オセアニア財団　調査研究助成（個人研究）』2010年度
『皇太子明仁親王奨学金』2008年～2010年

　また本書の第4章は *Research in Economic Anthropology* の所収論文（Higa 2011）を，第5章は *People and Culture in Oceania* 所収論文（Higa 2007）を，第8章の一部は『動物と出会うⅡ〈心と社会の生成〉』所収論文（比嘉 2015）を基にしている。本書への引用を快諾してくださったナカニシヤ出版の米谷龍幸氏にもこの場を借りてお礼申しあげたい。

　最後に，本書の出版は『りそなアジア・オセアニア財団　啓発・広報活動助成（出版助成）』からの助成を受けることによって実現した。財団の理事を務める仁井裕幸氏にも，あろうことか多くのご心配やご迷惑をおかけしてしまったが，その都度に温かく励ましてくださり，寛大にご対応いただいたことに対して，深く御礼申しあげたい。そして出版を引き受けてくださった京都大学学術出版会の編集長である鈴木哲也氏，編集を担当してくださった渕上皓一朗氏，そして高垣重和氏には，親身なコメントをい

おわりに

ただいたのみならず，辛抱強く原稿を待っていただき，そしてこちらの勝手な状況にも丁寧にご対応いただき，なんとか出版へと導いていただいた。ここに改めて感謝したい。

　　　　本書がこの世界に対するひとつの贈与となることを祈って。

　　　　　　　　　　　　　　　　　　　　　　　　　　　　比嘉　夏子

参照文献

外国語文献

Addo, P.
  2009　Forms of Transnationalism, Forms of Tradition : Cloth and Cash as Ritual Exchange Valuables in the Tongan Diaspora. In H. Lee and S.T. Francis (eds.). *Migration and Transnationalism : Pacific Perspectives.* pp.43−55. Canberra : ANU E Press. [http : //epress. anu.edu.au/migration/pdf/ch02.pdf]

Addo, P. and N, Besnier
  2008　When Gifts Become Commodities : Pawnshops, Valuables, and Shame in Tonga and the Tongan Diaspora. *Journal of the Royal Anthropological Institute.* vol.14 (1) : 35−40.

Akin, D. and J, Robbins (eds.)
  1999　*Money and Modernity : State and Local Currencies in Melanesia.* Pittsburgh : University of Pittsburgh Press.

Ardener, S. and S, Burman (eds.)
  1995　*Money Go Rounds : The Importance of Rotating Savings and Credit Associations for Women.* Washington, DC : Berg.

Arno, A.
  1993　*The World of Talk on a Fijian Island : An Ethnography of Law and Communicative Causation.* Norwood, N. J. : Ablex.

Barker, J. (ed.)
  1990　*Christianity in Oceania : Ethnographic Perspectives.* Lanham, New York & London : University Press of America.

Bertram, G.
  1999　The MIRAB Model Twelve Years On. *The Contemporary Pacific* 11 (1) : 105-38.
  2006　Introduction : The MIRAB Model in the Twenty-first Century. *Asia Pacific Viewpoint* 47 (1) : 1–13.

Bertram, G. and R. F. Watters
  1986　The MIRAB Process : Ealier Analysis in Context. *Pacific Viewpoint* 27 : 47−59.

Besnier, N.
  2009　*Gossip and the Everyday Production of Politics.* Honolulu : University of Hawai'i Press.
  2011　*On the Edge of the Global : Modern Anxieties in a Pacific Island Nation.* Stanford, CA : Stanford University Press.

Boas, F.
  1897　The Social Organization and Secret Societies of the Kwakiutl Indians. *United States National Museum Annual Report 1985* : 311−738. Washington, D.C.

Bohannan, P. and L, Bohannan
    1959   The Impact of Money on an African Subsistence Economy. *The Journal of Economic History 19* (4) : 491-503.
    1968   *Tiv Economy*. Evanston : Northwestern University Press.
Campbell, I. C.
    2001   *Island Kingdom : Tonga Ancient and Modern*. Christchurch, Canterbury University Press.
Churchward, C. M.
    1959   *Tongan Dictionary*. London : Oxford University Press.
Codere, H.
    1956   The Amiable Side of Kwakiutl Life : The Potlatch and the Play Potlatch. *American Anthropologist* 28 : 334-351.
Duranti, A.
    1992   Language and Bodies in Social Space : Samoan Ceremonial Greetings. *American Anthropologist* 94 : 657-691.
    1994   *From Grammar to Politics : Linguistic Anthropology in a Western Samoan Village*. Berkeley and Los Angeles : University of California Press.
Evans, M.
    1996   *Gifts and Commodities on a Tongan Atoll : Understanding Intention and Action in a MIRAB Economy*. Ph.D. Thesis, McMaster University.
    2001   *Persistence of the Gift : Tongan Tradition in Transnational Context*. Waterloo & Ontario : Wilfrid Laurier University Press.
Firth, R.
    1939   *Primitive Polynesian Economy*. London, George Routledge & Sons.
    1959   *Social Change in Tikopia*. Allen and Unwin, London.
    1972   Verbal and Bodily Rituals of Greeting and Parting. In J.S. La Fontaine (ed.), *The Interpretation of Ritual : Essays in Honour of A.I. Richards*. pp.1-38. London : Tavistock.
Firth, R. and B. S. Yamey (eds.)
    1964   *Capital, Savings and Credit in Peasant Societies*. London : Allen and Unwin.
Geertz, C.
    1962   The Rotating Credit Association : A' Middle Rung' in Development. *Economic Development and Cultural Change* 11 : 241-263.
Gifford, E. W.
    1929   *Tongan Society*. Bishop Museum Bulletin 61. Honolulu : The Bernice P. Bishop Museum.
Goffman E.
    1959   *The Presentation of Self in Everyday Life*. Doubleday & Company.
    1963   *Behavior in Public Places ; Notes on the Social Organization of Gatherings*. The Free Press of Glencoe.
    1974   *Frame Analysis ; An Essay on the Organization of Experience*. Harper & Row.
    1983   The Interaction Order. *American Sociological Review* 48 : 1-17.
Gordon, T.
    1990   Inventing the Mormon Tongan family. In : J. Barker (ed.), *Christianity in*

参照文献

    Oceania : Ethnographic Perspectives, pp.197-219. Lanham, New York & London : University Press of America.
Government of Tonga
 2002 *Report on the Household Income and Expenditure Survey 2000/01*. Nuku 'alofa : Statistics Department.
 2008 *Tonga 2006 Census of Population and Housing, Volume 1 : Administrative Report and Basic Tables*. Nuku'alofa : Statistics Department.
 2010 *Household Income and Expenditure Survey 2009 Report*. Nuku'alofa : Statistics Department.
Gregory, C. A.
 1980 Gifts to Men and Gifts to God : Gift Exchange and Capital Accumulation in Contemporary Papua. *Man*, 15 (4).
 1982 *Gifts and Commodities*. London : Academic Press.
 1997 *Savage Money : The Anthropology and Politics of Commodity Exchange*. London : Routledge.
Grijp, Van Der P.
 1993 *Islanders of the South : Production, Kinship and Ideology in the Polynesian Kingdom of Tonga*. Leiden : KITLV Press.
 2004 *Identity and Development : Tongan Culture, Agriculture, and the Perenniality of Gift*. Leiden : KITLV Press.
Hau'ofa, E.
 1993 'Our sea of islands', in E. Waddel, V. Naidu and E. Hau'ofa (eds), *A New Oceania : rediscovering our sea of islands*, pp.2-16, School of Social and Economic Development University of the South Pacific, Suva.
Herda, P. S.
 1999 The Changing Texture of Textiles in Tonga. *The Journal of the Polynesian Society* 108 (2) : 149-167.
Higa, N.
 2007 Continuity and Change of Gift and Tribute : Spectacular Practice in the Modern Kingdom of Tonga. Paper Presented in the 21st Pacific Science Congress.
 2011 Economic, religious and social practice of giving : A microanalysis of donating event in the Kingdom of Tonga. *Research in Economic Anthropology* 31 : 243-265.
 2011 Dance, Money, and Interaction: Microanalysis of a Fund-raising Concert in the Kingdom of Tonga. *People and Culture in Oceania* 27: 19-37.
James, K.
 1991 Migration and Remittances : A Tongan Village Perspective. *Pacific Viewpoint* 32 (1) : 1-23.
 1997 Rank and leadership in Tonga. In White, G. and L, Lindstrom (eds.), *Chiefs Today : Traditional Pacific Leadership and the Postcolonial State*, pp.49-70. Stanford : Stanford University Press.
 2002 The Cost of Custom : A Recent Funeral in Tonga. *The Journal of the Polynesian Society* 111 (3) : 223-238.
 2003 Is There a Tongan Middle Class? Hierarchy and Protest in Contemporary

    Togna. *The Contemporary Pacific* 15 (2) : 309-336.
Kaeppler, A. L.
 1970 Tongan dance : A study in cultural change. *Ethnomusicology* 14 (2) : 266-277.
 1971 Aesthetics of Tongan dance. *Ethnomusicology* 15 (2) : 175-185.
 1978 'Me'a faka' eiki ; Tongan funevals in a changing society', in Niel Guuson (ed.), *The changing pacific ; Essays in houour of H. E. Maude*, pp.174-202. Melbourue : Oxford University Press.
 1987 Spontaneous choreography : Improvisation in Polynesian dance. *Yearbook for Traditional Music* 19 : 13-22.
 1999 Kie Hingoa : Mats of Power, Rank Prestige and History. *The Journal of the Polynesian Society* 108 (2) : 168-232.
Ka'ili, T.
 2005 Tauhi Vā : Nurturing To ngan Sociospatial Ties in Mauiand Beyond. *The Contemporary Pacific* 17 : 83-114.
Lātūkefu, S.
 1974 *Church and State in Tonga : The Wesleyan Methodist Missionaries and Political Development, 1822-1875*. Canberra : Australian National University Press.
Lee, H. and S. T. Francis (eds.)
 2009 *Migration and Transnationalism : Pacific Perspectives*. Canberra : ANU E Press. [URL : http : //epress.anu.edu.au/?p=32931]
Lilomaiava-Doktor, S.
 2009 Beyond "Migration" : Samoan Population Movement(Malaga)and the Geography of Social Space (Vā). *The Contemporary Padific* 21 : 1-32
Māhina, 'O.
 2004 Artas Ta-vā "Time-space" Transformation. In 'O. Māhina, N. Williams and U. Nabobo-Baba (eds). *Researching the Pacific and Indigenous Peoples : Issues and Perspectives*, pp.86-93. Auckland : Centre for Pacific Studies, University of Auckland.
Marcus, G, E.
 1975 Alternative Social Structures and the Limits of Hierarchy in the Modem Kingdom of Tonga. *Bijdragen Tot de Taal-Land-En Volkerkunde* 131 : 35-66.
 1980 *The Nobility and the Chiefly Tradition in the Modern Kingdom of Tonga*. Wellington : The Polynesian Society.
 1981 Power on the Extreme Periphery : The Perspective of Tongan Elites in the Modern World System. *Pacific Viewpoint* 22 (1) : 48-64.
Mariner, W.
 1827 *An Account of the Tongan Islands in the South Pacific Ocean, vol.1*. London, Constable & Co.
Martin, J.
 1981 *Tonga Islands : William Mariner's Account*. Tonga : Vava'u Press.
Maurer, B.
 2006 The Anthropology of Money. *Annual Review of Anthropology* 35 : 15-36

McLean, M.
　1999　*Weavers of Song : Polynesian Music and Dance*. Honolulu : University of Hawai'i Press.

Mitchell, W. (ed.)
　1992　*Clowning as Critical Practice : Performance Humor in the South Pacific*. University of Pittsburgh Press.

Morton, H.
　1996　*Becoming Tongan : an Ethnography of Childhood*. Honolulu : University of Hawai'i Press.

Morton, K. L.
　1978　Mobilizing Money in a Communal Economy : A Tongan Example. *Human Organization* 37 : 50–56.

Parry, J. and M. Bloch (eds.)
　1989　*Money and the Morality of Exchange*. Cambridge : Cambridge University Press.

Pond, W. R.
　1995　*Faiva : Trials of Skill : The Song and Dance of Tongan Politics, 1773–1993*. Ph.D. Dissertation, Victoria University of Wellington.

Rutherford, N.
　1996　*Shirley Baker and the King of Tonga*. Honolulu : University of Hawai'i Press.

Sahlins, M.
　1972　*Stone Age Economics*. Chicago : Aldine.

Siasi Uesiliana Tau'atāina 'o Tonga.
　2005　*Ko e Fakamatala Pa'anga 'a e Konifelenisi Valungofulu Ma Ua*. Nuku'alofa.

Small, C.
　1997　*Voyages : From Tongan Villages to American Suburbs*. Ithaca, NY : Cornell University Press.

Sperber, D. and D, Wilson.
　1986　*Relevance* : Communication and Cognition. Cambridge, MA : MIT Press.

Strathern, A. and P. J. Stewart
　1999　Objects, Relationships, and Meanings : Historical Switches in Currencies in Mount Hagen, Papua New Guinea. in D. Akin and J. Robbins (eds). *Money and Modernity : State and Local Currencies in Melanesia*. Pittsburgh : University of Pittsburgh Press.

Turner, V.
　1969　*The Ritual Process: Structure and Anti-Structure*. Chicago: Aldine Publishing.
　1974　*Dramas, Fields, and Metaphors ; Symbolic Action in Human Society*. Cornell University Press.

Weiner, A.
　1992　*Inalienable Possessions : The Paradox of Keeping While Giving*. Berkeley, University of California Press.

日本語文献
青柳まちこ
　　1991　『トンガの文化と社会』三一書房.
今村仁司
　　2000　『交易する人間』講談社.
大谷裕文
　　2010　「トンガ―揺らぐ王権―」立川武蔵・安田喜憲監修, 熊谷圭知・片山一道（編）『オセアニア（朝倉世界地理講座15）』pp.318-330, 朝倉書店.
　　1994　「トンガ王権とモルモン教」『研究双書（444）／マタンギ・パシフィカ：太平洋島嶼国の政治・社会変動』pp.227-256, アジア経済研究所.
風間計博
　　2003　『窮乏の民族誌―中部太平洋・キリバス南部環礁の社会生活』大学教育出版.
春日直樹
　　2007　『貨幣と資源』（資源人類学第5巻）弘文堂.
クック, J.（増田義郎訳）
　　2005　『クック　太平洋探検（1）―（6）』岩波書店.
坂部恵
　　1997　『〈ふるまい〉の詩学』岩波書店.
菅原和孝
　　1996　「序論　コミュニケーションとしての身体」菅原和孝・野村雅一（編）『コミュニケーションとしての身体』pp.8-38, 大修館書店.
須藤健一
　　2008　『オセアニアの人類学―海外移住・民主化・伝統政治』風響社.
西井涼子
　　2006　「社会空間の人類学―マテリアリティ・主体・モダニティ」西井涼子・田辺繁治（編）『社会空間の人類学―マテリアリティ・主体・モダニティ』pp.1-29, 世界思想社.
比嘉夏子
　　2013　『相互行為から生成する経済―トンガ王国村落における贈与とふるまいの民族誌』京都大学大学院人間・環境学研究科提出学位論文（博士）.
　　2015　「対他的な〈ふるまい〉としての粗放的飼育―トンガのブタをめぐる儀礼的相互行為―」木村大治（編）『動物と出会うII〈心と社会の生成〉』pp.59-67. ナカニシヤ出版.
深田淳太郎
　　2009　「つながる実践と区切り出される意味：パプアニューギニア, トーライ社会の葬式における貝貨の使い方」『文化人類学』73（4）：535-559.
松村明（編）
　　2006　『大辞林　（第三版)』三省堂.
松村圭一郎
　　2008　『所有と分配の人類学―エチオピア農村社会の土地と富をめぐる力学』世界思想社.
　　2009　「〈関係〉を可視化する　エチオピア農村社会における共同性のリアリティ」『文化人類学』73（4）：510-534.
マリノフスキー, B.（泉靖一・増田義郎編訳）
　　1967　『西太平洋の遠洋航海者』（『世界の名著（59）マリノフスキー／レヴィ＝スト

ロース』所収）中央公論社.
山本泰・山本真鳥
　　1996　　『儀礼としての経済：サモア社会の贈与・権力・セクシュアリティ』弘文堂.

Webページ
Beaglehole, A.
　　'Immigration regulation', Te Ara-the Encyclopedia of New Zealand.
　　http : //www.TeAra.govt.nz/en/immigration-regulation
Grace, G.
　　Visit to the Free Wesleyan Church in Tonga.
　　http : //www.methodist.org.uk/downloads/wc_tonga03.pdf
Puloka, T.
　　Theory and practice of Misinale in the Free Wesleyan Church of Tonga.
　　http : //www.gbod.org/stewardship/articles/tonga.pdf
RSE Policy
　　http : //www.immigration.govt.nz/opsmanual/20451.htm
Statistics New Zealand
　　http : //www.stats.govt.nz/
　　http : //www.immigration.govt.nz/
Taumoefolau, M.
　　'Tongans', Te Ara-the Encyclopedia of New Zealand.
　　http : //www.TeAra.govt.nz/en/tongans
Taumoepeau, 'A.
　　The Worship Life of the Tongan People.
　　http : //www.une.edu.au/chaplaincy/uniting/finding_god/tongan.pdf

映像資料
POTOLAHI Productious
　　2006　　Tinitini in Concert.［DVD］

索　引

事項索引

【ア行】
RSE 政策　63-66, 68
あいだ　215, 217, 218, 220-222　→ヴァ vā
アカウンタビリティ　141
アンガ anga　7, 155
アンガファカトンガ anga fakatonga　7, 32, 190
アンガファカパランギ anga fakapalangi　7
移民　24, 29, 30, 61, 82
ヴァ vā　217
ウェスレー派　118-121
嘘　74-77
王族　35, 81, 119, 150
オセアニア　22, 23, 160, 172

【カ行】
海外移住　30, 40, 62
階層社会　29, 35, 60
カイポー kaipo　169, 170
カヴァ　58, 125, 126, 155
カウタハ kautaha　41, 172-174
拡大家族　32, 49, 60
核家族　49
掛け売り　70, 169, 184-187
カトリック　41, 42, 188
学校教育　113, 213
貨幣　4, 11, 12, 26, 142, 213, 215, 216
カラプ kalapu　41, 58, 106, 125, 181-184
貴族　14, 15, 29, 35-38
キリスト教　25, 26, 41, 89, 102, 118
儀礼的交換　21
儀礼的場面　21, 164
教会　24, 41, 42, 70, 88, 102, 146, 188
饗宴　88, 89, 202, 203
空間構成　126, 127
経済人類学　9, 12, 23, 26, 27

献金行事　102, 108, 145, 188
現金　24, 25, 33, 40, 63, 71, 121, 165
貢納　37
国勢調査　75, 76
コニセティ koniseti　44, 106, 124, 125, 154
コロア koloa　9, 10, 80, 84, 91

【サ行】
紙幣　124, 128, 129, 139-141
自由ウェスレアン教会　42, 89, 105, 146, 170
宗派　41, 97, 134
商店　9, 166, 168, 184-186
商品経済　11, 24, 171, 172
商品交換　27
食物贈与　91, 168
食物分配　21, 91, 96
親族関係　14, 81-83, 107
親族集団　14
世帯支出　39, 102
世帯収入　39, 40, 102
生業　30, 31, 39, 40
宣教師　29, 45, 118-120
相互的認知環境　195, 199, 201, 215
葬儀　10, 15, 79-82, 204
送金　29, 61, 62
贈与　3-6, 9-13, 18, 19, 23-25
贈与経済　4, 31, 32
粗放的　206, 207, 211

【タ行】
タウオルンガ tau'olunga　124, 125, 128, 138
タンジビリティ　142, 144
中産階級　29, 60
貯蓄組合　171-174
ディアスポラ　30, 59, 60, 63, 125
伝統財　3, 4, 11, 12, 19, 55, 86, 206
同調　133, 136, 137
道化　144-147, 153, 160, 161, 220, 222

237

トゥラファレ *tulafale* 128-130
トコニ *tokoni* 110, 111, 151, 154
土地 14, 30, 35-37
トンガ 29, 35, 46, 59-62, 119
トンガタプ島 37, 40, 46, 47, 55, 115
トンガホウエイキ教会 42, 90, 103, 104, 148
トンガ自由教会 42, 89, 103, 104

【ナ行】
ニママウ *nima mau* 170, 216, 222
ニマホモ *nima homo* 215, 216, 218, 220
ニュージーランド 61-64, 135
ヌクアロファ 37, 38, 47, 48

【ハ行】
ハアモ *ha'amo* 15
恥 76, 184, 188-190, 205, 206
パフォーマンス 22, 125, 133, 138, 139, 160
ヒエラルキー 26, 29
秘匿 20, 192, 202, 205
平民 15, 16, 25, 29, 35-38, 46, 60
返礼 79, 82, 85, 87, 88, 97, 98
ファカアム *faka'amu* 116
ファカパレ *fakapale* 124, 129, 130, 133-139
ファカマナトゥ *fakamanatu* 110
ブタ 206-211
ふるまい 6, 8, 16-18, 212, 214, 215
ポトラッチ 24, 25, 104
ポリネシア 11, 24-26, 125, 217

【マ行】
メラネシア 23-26, 28
モルモン教 41-44, 70
ミシナレ *misinale* 102, 103, 106, 118, 143, 146, 148

【ヤ行】
ヤシ油 120-122

【ラ行】
リーパアンガ *li pa'anga* 103, 172-174

人名索引

【ア行】
青柳まちこ 37, 173
エイキン, D. 28
エヴァンス, M. 14, 32, 33

【カ行】
ギフォード, E. W. 29, 139
グリーブ, P. van der 30-32
グレゴリー, C. A. 24, 27, 122
ケプラー, A. L. 14, 125, 128
ゴフマン, E. 21, 22

【サ行】
サーリンズ, M. 9, 10, 24, 28
坂部恵 17
須藤健一 30, 37

【タ行】
ターナー, V. 22
タウファアハウ 35, 119
デュランティ, A. 23

【ハ行】
パリー, J. 27, 28
ファース, R. 11, 12, 23, 24
ベーカー, J. 118, 119, 121
ベズニエ, N. 30
ブロック, M. 27, 28
ボハナン, P. 9, 27, 28
ボハナン, L. 9, 27, 28
ボンド, W. R. 139, 141

【マ行】
モートン, H. 7, 173
ミッチェル, W. 160

【ヤ行】
山本泰 10, 11
山本真鳥 10, 11

【ラ行】
ロビンス, J. 28

【ワ行】
ワイナー, A. 220, 221

比嘉 夏子（ひが なつこ）

1979年生まれ。京都大学大学院人間・環境学研究科博士後期課程満期退学。博士（人間・環境学）。専門は人類学で，ポリネシアにおける経済実践，身体的相互行為などを研究テーマとする。現在，日本学術振興会特別研究員（ＰＤ）／国立民族学博物館外来研究員。
主要著作には，「対他的な〈ふるまい〉としての粗放的飼育―トンガのブタをめぐる儀礼的相互行為―」（2015年，木村大治（編）『動物と出会うⅡ〈相互行為と社会の生成〉』ナカニシヤ出版），Economic, Religious and Social Practice of Giving : A Microanalysis of Donating Event in the Kingdom of Tonga（2011年，*Research in Economic Anthropology*. 31 : 243-265）などがある。

贈与とふるまいの人類学
──トンガ王国の〈経済〉実践

2016年3月31日　初版第一刷発行

著　者	比　嘉　夏　子
発行人	末　原　達　郎
発行所	京都大学学術出版会
	京都市左京区吉田近衛町69
	京都大学吉田南構内（〒606-8315）
	電　話　075（761）6182
	FAX 075（761）6190
	URL http://www.kyoto-up.or.jp
印刷・製本	亜細亜印刷株式会社

Ⓒ Natsuko Higa 2016　　　　　　　　　Printed in Japan
ISBN978-4-8140-0024-1　　　　定価はカバーに表示してあります

本書のコピー，スキャン，デジタル化等の無断複製は著作権法上での例外を除き禁じられています。本書を代行業者等の第三者に依頼してスキャンやデジタル化することは，たとえ個人や家庭内での利用でも著作権法違反です。